Geschichte und Geschehen

OBERSTUFE

THEMENHEFT

Krisen, Umbrüche und Revolutionen:
Die Unabhängigkeit der USA
Die Französische Revolution

Michael Sauer (Herausgeber)

Marco Dräger
Michael Epkenhans
Benedikt Giesing
Thomas Kahl
Michael Sauer

Ernst Klett Verlag
Stuttgart · Leipzig

Umschlagbild links: Portrait von Olympe de Gouges, französische Revolutionärin, anonymes Aquarell, 1784
rechts: „George Washington überquert den Delaware". Ölgemälde (1851) von Emanuel Gottlieb Leutze

1. Auflage 1 5 4 3 2 1 | 23 22 21 20 19

Herausgeber: Prof. Dr. Michael Sauer
Autoren: Dr. Marco Dräger: S. 30–77; Prof. Dr. Michael Epkenhans: S. 8–25, 28–29; Dr. Benedikt Giesing: S. 134–141; Thomas Kahl: S. 78–129; Prof. Dr. Michael Sauer: S. 142–145

Redaktion: Dr. Mathias Wiards
Herstellung: Kerstin Wilk
Bildassistenz: Katja Schnürpel

Gestaltung: Grafikdesign Petra Michel, Stuttgart
Umschlaggestaltung: Grafikdesign Petra Michel, Stuttgart
Karten: Ernst Klett Verlag GmbH, Leipzig (Matthias Dietrich, Peer Janson, Ralf Ruge, Dr. Henry Waldenburger)
Satz: Anja Fengler, Potsdam
Reproduktion: Meyle+Müller GmbH+Co. KG, Pforzheim
Druck: PASSAVIA Druckservice GmbH & Co. KG, Passau

Printed in Germany
ISBN 978-3-12-430086-7

9 783124 300867

Seit jeher gehören tief greifende Veränderungen in Politik, Wirtschaft, Gesellschaft und Kultur zur Geschichte der Menschheit. Im Rückblick erscheinen solche Veränderungen zum Teil als „Wendepunkte" in der Geschichte. In diesem Kapitel werden Sie sich mit unterschiedlichen Ausprägungen und Erscheinungsformen solcher Wendepunkte auseinandersetzen. Auf der Grundlage von Deutungsmustern und Erklärungsmodellen können Sie selbstständig vergangene und gegenwärtige Umbruchsituationen deuten und beurteilen.

In diesem Kapitel können Sie die politische und soziale Entwicklung in Nordamerika bis zur Unabhängigkeit der USA von Großbritannien nachvollziehen. Welche Interessenkonflikte gab es – sowohl zwischen nordamerikanischen Siedlern und britischer Regierung als auch innerhalb der Siedlergemeinschaft selbst? Wie kam es zur Eskalation? Welche politischen Konsequenzen zogen die Befürworter einer Unabhängigkeit? Anhand dieser und anderer Fragen können Sie die Herausbildung der US-Demokratie analysieren, deren Einfluss weit über Nordamerika hinausreichte.

1789 begann in Frankreich eine weltgeschichtlich bedeutsame Revolution. Sie hat Frankreich, Europa, sogar die ganze Welt nachhaltig geprägt. In diesem Kapitel können Sie Ursachen und Verlauf der Revolution analysieren und erarbeiten, wie die Revolution in die kaiserliche Herrschaft Napoleon Bonapartes mündete. Ein besonderes Augenmerk legt das Kapitel auf die Auswirkungen der Revolution in Deutschland und die Veränderungen, die sich in der Erinnerung an die Revolutionszeit seit dem 19. Jahrhundert ergeben haben.

SEITE

130 Abitur kompakt

In diesem Abschnitt haben wir Hilfen für Ihre individuelle Vorbereitung auf die Abiturprüfung bereitgestellt. Von Beginn an können Sie anhand der einzelnen Elemente überprüfen, welche Inhalte und Kompetenzen Sie bereits beherrschen und in welchen Teilbereichen noch Übungsbedarf besteht. Eine ausführliche Übung trainiert die Analyse politischer Reden.

So arbeiten Sie mit dem Themenheft

In diesem Heft zum Rahmenthema „Krisen, Umbrüche und Revolutionen“ finden Sie neben dem entsprechenden Kernmodul die beiden Module „‚American Revolution‘ – Die Unabhängigkeit der USA“ und „Die Französische Revolution“.

Orientierungsseiten zu Beginn eines jeden Kapitels geben Ihnen einen **Problemaufriss** und schlagen **Leitfragen** für die Arbeit am Thema vor.

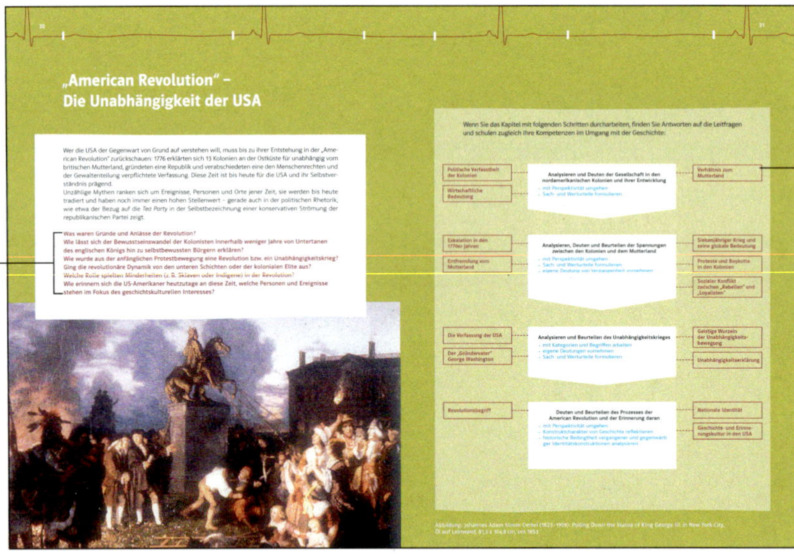

Eine Verlaufsskizze verdeutlicht die **Kapitelstruktur,** einen möglichen **Untersuchungsgang** durch das Thema sowie die **Fachkompetenzen,** die Sie erwerben und anwenden können.

Der Darstellungsteil jedes Unterkapitels beginnt mit einem **Problemaufriss** sowie **Anregungen** für die Arbeit mit den Verfassertexten und Abbildungen. Darin eingebettet sind Hinweise auf die zu übenden **Fachkompetenzen.**

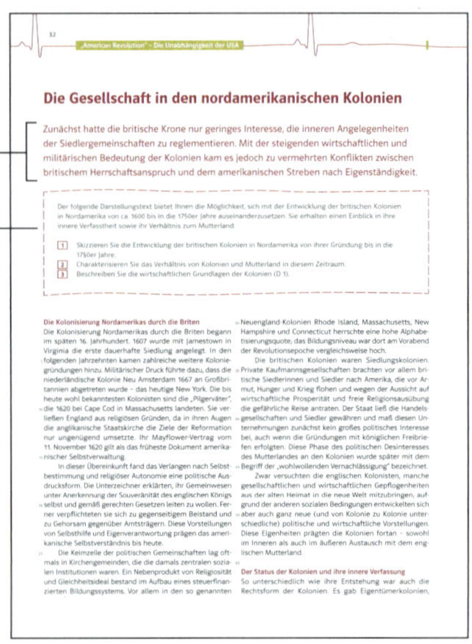

Historische Quellen sind durch Q (z. B. **Q 1**), **Geschichtsdarstellungen** immer mit D (z. B. **D 3**) gekennzeichnet.

Der Materialteil beginnt immer mit einer Erläuterung der **inhaltlichen Schwerpunkte** und der **konzeptionellen Überlegungen,** unter denen die Materialien ausgewählt wurden, sowie einer Darlegung des **Lernpotenzials,** das ihnen innewohnt. Es folgen **Untersuchungsaufträge** für die Arbeit mit dem Material.

Am Ende des Buches finden Sie den Bereich „Abitur kompakt".

Anhand eines **Überblicks des Abiturwissens,** der **Methoden** sowie der **Operatoren und Anforderungsbereiche** können Sie selbst überprüfen, inwieweit Sie fit fürs Abitur sind.

Wie kompetent Sie hinsichtlich der Arbeit mit Quellen und Materialien sind, können Sie auch mithilfe der **Probeklausur** selbst überprüfen.

Probeklausur zur „American Revolution"
c9h2gm

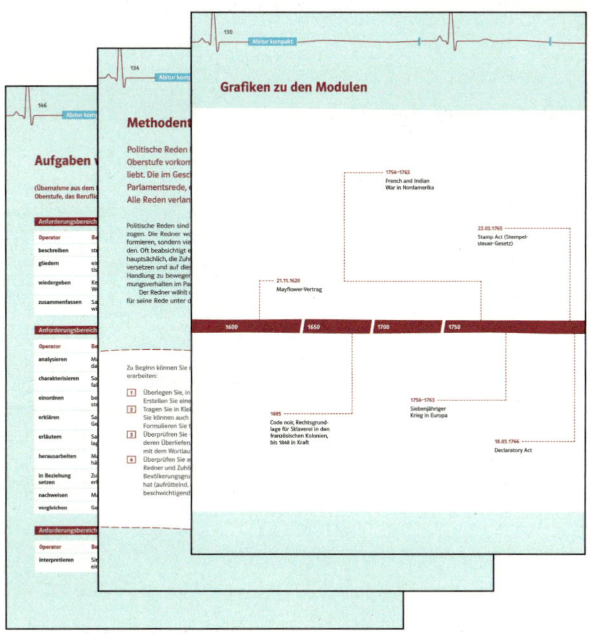

Wichtige Daten und Fakten sind im Überblick noch einmal **grafisch zusammengefasst** und in Beziehung zueinander gesetzt.

Krisen, Umbrüche und Revolutionen

Die Lebensbedingungen von Menschen hängen nicht nur von natürlichen Voraussetzungen ab. Sie werden vor allem auch durch die wirtschaftlichen, politischen und gesellschaftlichen Verhältnisse geprägt. Manchmal vergehen sehr lange Zeiträume, in denen kaum Veränderungen all dieser Bedingungen vonstattengehen, oder solche Veränderungen vollziehen sich in so kleinen Schritten, dass sie von den Zeitgenossen kaum wahrgenommen werden. Dann wiederum gibt es Zeiten, in denen sich die Lebensbedingungen grundlegend verändern, vielleicht sogar für die meisten Menschen verschlechtern. Ob es sich dabei um Beispiele wie Hungerkrisen im Mittelalter, die Herrschaftsverhältnisse vor der Französischen Revolution, die rasante technische und wirtschaftliche Entwicklung in Zeiten der Industrialisierung oder die Bankenkrise in der Gegenwart handelt, eins war und ist immer ähnlich: Die Menschen müssen auf derartige Situationen reagieren. Ihr Handeln führt häufig zu tief greifenden Umbrüchen in der Gesellschaft, auch wenn ihnen das nicht immer bewusst ist. Rückblickend werden solche Wendepunkte in der Geschichte von Historikern und anderen Wissenschaftlern genau analysiert und Konzepte und Theorien daraus hergeleitet. Einerseits kann damit das Geschehene besser verständlich gemacht werden, andererseits wird damit auch versucht, zukünftige Entwicklungen in den Blick zu nehmen.

Wie kommt es zu Umbruchssituationen in der Geschichte?
Welche Formen von Umbrüchen haben die Entwicklung vorangetrieben?
Wie wurden und werden Entwicklungsschübe und Wendepunkte gedeutet?
Welche Erklärungsmuster und Theorien wurden dafür entworfen und wie tragen diese zum Verständnis der Gegenwart bei?

Bei der Arbeit mit dem vorliegenden Themenheft werden Sie an Beispielen lernen, Wendepunkte und beschleunigte Veränderungsprozesse in der Geschichte zu analysieren, zu deuten und zu bewerten. Folgende Schritte führen Sie zum Ziel:

Erklärungsmodelle und Theorien zu Krisen, Revolutionen und Modernisierung

- → Benennen und Erklären allgemeingültiger Theorien und Modelle zu historischen Umbruchssituationen
- → Arbeiten mit Kategorien und Begriffen

Theorie der wirtschaftlichen Entwicklung nach Keynes

Theorie der wirtschaftlichen Entwicklung nach Schumpeter

historischer Materialismus

Modernisierungstheorie

Exemplarischer Überblick über wichtige Umbrüche in der Geschichte

- → Benennen und Erklären von beschleunigten Veränderungsprozessen und Wendepunkten
- → theoriebezogenes Deuten der jeweiligen Formen des Wandels als Krise, Umbruch oder Revolution

Krisen der römischen Republik

American Revolution

Französische Revolution

Russische Revolutionen 1905 und 1917

Weltwirtschaftskrise am Ende der 1920er-Jahre

Krise und Umbruch in Osteuropa am Ende des 20. Jahrhunderts

Vertiefende quellengestützte Analyse zweier historischer Sachverhalte und deren theoriebezogene Deutung

- → Analysieren und Beurteilen ausgewählter Umbrüche hinsichtlich ihrer Ursachen und Bedingungen, ihres Verlaufs und ihrer Folgen
- → Erläutern zeitgenössischer und gegenwärtiger Deutungen dieser Umbrüche
- → Entwickeln eigener Deutungsansätze und Werturteile auf der Grundlage von Erklärungsmodellen und Theorien

Krise des späten Mittelalters

Mauerfall und Friedliche Revolution in der DDR

Abbildung: Der Sturm auf die Bastille am 14. Juli 1789.
Gemälde von Jean-Pierre Houël, Öl auf Leinwand, 58 × 73 cm, Paris 1789/90

Krisen – Voraussetzung für den Fortschritt?

Dem Begriff „Krise“ werden Sie im Alltag immer wieder begegnen. Menschen können ebenso in Krisen geraten wie Wirtschaftsunternehmen, Fußballklubs, Regierungen oder ganze Gesellschaften. Meistens verbindet man damit etwas Unangenehmes, etwas, das man schnell überwinden müsse. Manche meinen jedoch auch, dass man Krisen als Chance begreifen sollte. Welche Rolle können Krisen in der Geschichte spielen? Woran kann man historisch bedeutsame Krisen erkennen? Wie kann man sie erklären und beurteilen?

Der Begriff „Krise“ hat erst spät in die Geschichtswissenschaft Eingang gefunden, ist aber heute nicht mehr daraus wegzudenken. Mithilfe der Texte und des Schemas auf dieser Doppelseite können Sie analysieren, wie dieser Begriff zur Deutung und Beurteilung historischer Ereignisse und Entwicklungen genutzt wird. Ausgewählte Beispiele sollen Ihnen helfen, verschiedene Formen von Krisen zu unterscheiden.

1. Erklären Sie auf Grundlage des Verfassertextes den Begriff „Krise“ in Bezug auf historische Entwicklungen. Gehen Sie dabei auch auf unterschiedliche Formen von Krisen ein und erläutern Sie verschiedene Herangehensweisen zur Krisenbewältigung.
2. Schreiben Sie einen Lexikonartikel über den Zusammenhang von Krisen und Wendepunkten in der Geschichte.
3. Viele Menschen sind der Auffassung, dass „Modernisierungskrisen“ ein Kennzeichen unserer Zeit sind. Diskutieren Sie diese Auffassung anhand von Beispielen.

Was ist eine Krise?

In der Antike bezeichnete der Begriff „Krise“ in der Medizin, vor Gericht und in der Religion jeweils Situationen, die eine Entscheidung verlangten: Leben oder Tod, Freispruch oder Verurteilung, Heil oder Verdammnis. Bis heute hat dieser Begriff in viele Wissenschaften Eingang gefunden. Allerdings verstehen Historiker, Politologen, Sozial- und Kulturwissenschaftler, Ökonomen und andere Fachwissenschaftler darunter jeweils etwas anderes. Historiker benutzten die Bezeichnung seit dem 18. Jahrhundert zunehmend im Sinne einer neuen Zeiterfahrung und als Merkmal epochaler Umbrüche. Dieser Wortgebrauch hat sich in der Folgezeit schnell durchgesetzt. Eng verknüpft damit war die Erwartung, dass „Krisen“ eine Stufe auf dem Weg der Menschen in eine Epoche des Fortschritts seien.

Eine eindeutige Definition des Begriffes Krise gibt es bis heute nicht: Für viele ist er ein Schlüsselbegriff, um Epochenübergänge zu kennzeichnen. Andere gebrauchen „Krise“ als Umschreibung von „Unruhe“ oder gar „Revolution“. Auch wenn politische, soziale, wirtschaftliche oder auch kulturelle Krisen häufig eng miteinander verknüpft sind oder sogar einander bedingen, ist es hilfreich, diese bei der Suche nach Erklärungen für historische Entwicklungen jeweils besonders zu untersuchen. Für die historische Betrachtung geht es dabei insbesondere darum herauszufinden, wie Krisen und deren Bewältigung Einfluss auf den Gang der Geschichte genommen haben.

Politische Krisen

Politische Krisen entstehen, wenn politische Systeme nicht mehr fähig sind, die Zustimmung der Bevölkerung zur Art und Weise politischer Machtausübung zu bekommen. Das gilt nicht nur für Demokratien. Auch z. B. Monarchien sind auf ein gewisses Maß an Zustimmung durch die Bevölkerung angewiesen. Die Weigerung, Missstände durch Reformen zu beheben oder vom politischen Willensbildungs- und Entscheidungsprozess ausgeschlossene Gruppen an diesen zu beteiligen, ist häufig die Ursache für wachsende Spannungen und die Erschütterung des Systems. Diese äußern sich in öffentlicher oder – in autoritären Systemen – versteckt geäußerter Kritik in Form von Demonstrationen, Flugblättern, in Zeitungen oder heute im Internet, die das System infrage stellt (→ Kritik). Darüber hinaus kann der Begriff „politische Krise“ auch die außenpolitische bzw. militärische Lage eines Landes kennzeichnen. Fehlende oder schwache Bündnispartner und überlegene Gegner können zur Folge haben, dass Staaten sich isoliert fühlen. Dieses „Krisengefühl“ verleitet Staatsmänner häufig dazu, internationale Krisen zu provozieren, mit Rivalen um die Wette zu rüsten oder auch mit Krieg zu drohen.

Gesellschaftliche Krisen

Verantwortlich für gesellschaftliche oder soziale Krisen ist in der Regel das wachsende Auseinanderklaffen zwischen verschiedenen Schichten der Gesellschaft. Insbesondere wenn kleine Teile der Bevölkerung immer reicher werden, während andere zunehmend verarmen, kommt es zu sozialen Krisen. Ursächlich dafür sind häufig eine ungerechte Verteilung von Steuerlasten oder das Vorhandensein von Privilegien für bestimmte Schichten.

Wirtschaftliche Krisen

Das bekannteste Beispiel für Krisen sind Wirtschaftskrisen: Der Verfall von Währungen durch Inflation und der damit einhergehende Verlust von Kaufkraft führen zum Rückgang der Produktion mangels Nachfrage. Firmenzusammenbrüche, Massenarbeitslosigkeit und Börsencrashs sind Folgen und zugleich Kennzeichen wirtschaftlicher Krisen. Häufig handelt es sich dabei nicht allein um nationale, sondern um internationale Entwicklungen.

Kulturkrisen

Zwischen den verschiedenen Schichten und Generationen oder religiösen und ethnischen Gruppen einer Gesellschaft kommt es aufgrund unterschiedlicher Auffassungen über alte und neue Wertvorstellungen, Lebensformen und Überzeugungen häufig zu Spannungen. Solche Kultur- oder Modernisierungskrisen spiegeln sich z.B. in Kleidung und Musik, Literatur, Freizeitverhalten und Kunst sowie in öffentlichen Diskussionen und Protesten wider.

D 1

Krisen und ihre Auswirkungen auf den Geschichtsverlauf

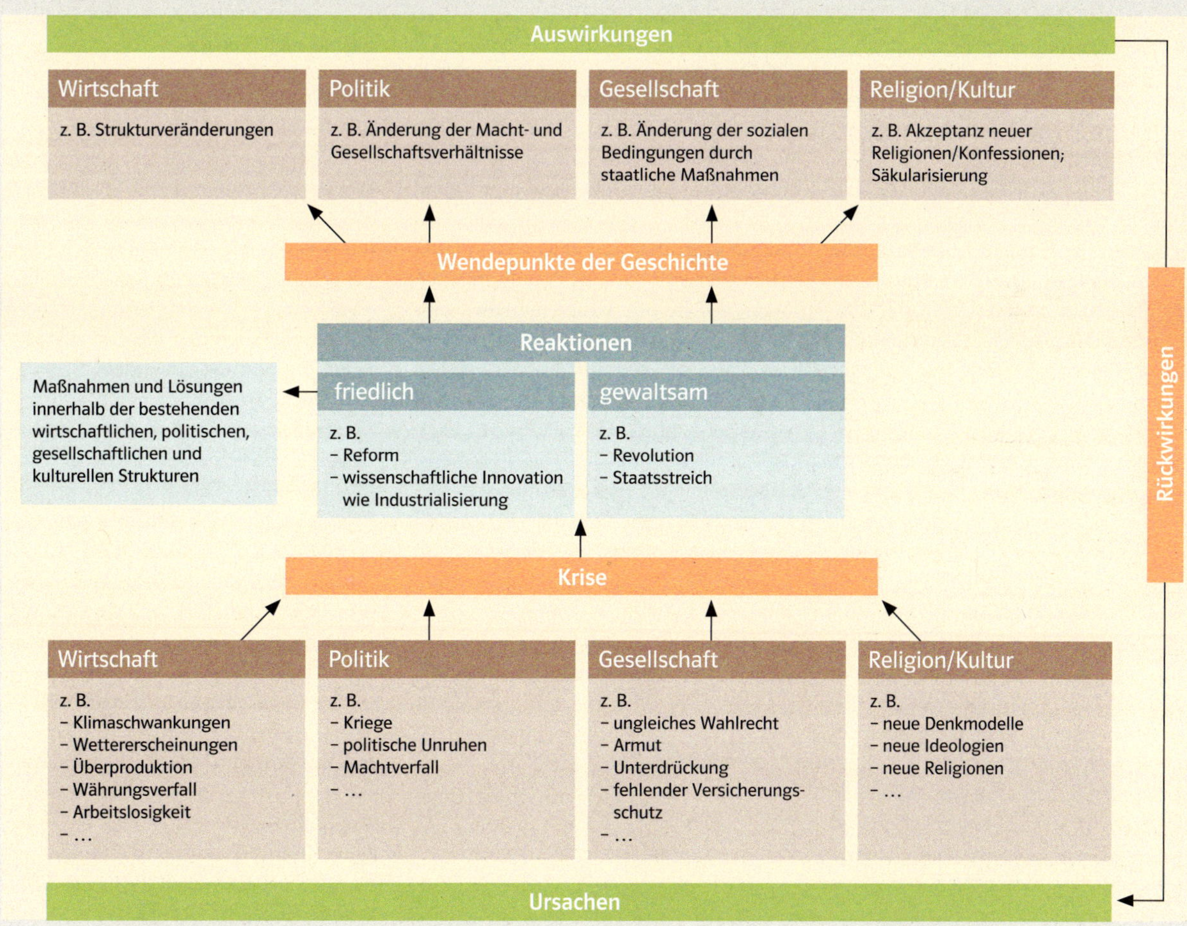

Besonders intensiv haben sich Ökonomen mit Krisen beschäftigt. Anlass dafür sind die schwerwiegenden wirtschaftlichen Krisen im ausgehenden 19., vor allem aber in der ersten Hälfte des 20. Jahrhunderts gewesen. Zunächst wird Ihnen eine Schrift aus dem 19. Jahrhundert vorgestellt, die sich damit auseinandersetzt, welche Rolle Krisen in der Geschichte spielen. Der anschließende Text D 2 verdeutlicht den Zusammenhang von natürlichen und gesellschaftlichen Faktoren. D 3 betont das Verhältnis von wahrgenommener Veränderung und krisenübergreifender Kontinuität. Ein anderer und zugleich äußerst aktueller Aspekt wird in den Arbeiten des englischen Wirtschaftswissenschaftlers John Maynard Keynes und des amerikanischen Ökonomen Joseph Schumpeter aufgegriffen. Sie entwickelten Theorien über die Rolle des Staates bei der Bewältigung wirtschaftlicher Krisen.

1 Charakterisieren Sie, wie Krisen in der Geschichte in Q 1, D 2 und D 3 gedeutet werden, und diskutieren Sie die unterschiedlichen Deutungsansätze.
2 Vergleichen Sie die von Keynes und Schumpeter vertretenen Theorien, wie auf Wirtschaftskrisen zu reagieren sei. Bewerten Sie die jeweiligen Lösungsansätze (Q 3, Q 4).
3 Nehmen Sie Stellung zu Schumpeters Auffassung, dass Depressionsphasen ein normales Ereignis in der Konjunkturbewegung seien. Berücksichtigen Sie dabei auch Q 2.
4 Vergleichen Sie die Empfehlungen von Keynes mit der Politik heutiger Regierungen (Q 3).
5 Führen Sie in der Klasse eine Debatte zu dem Thema „Sind Krisen ein ‚Störfall der Geschichte' oder gehören sie notwendigerweise zur historischen Entwicklung?"

Q 1

„Krisen räumen auf"

Der Schweizer Historiker Jacob Burckhardt schreibt 1868 über „Die geschichtlichen Krisen":

Zum Lobe der Krisen läßt sich nun vor allem sagen: die Leidenschaft ist die Mutter großer Dinge, d.h. die wirkliche Leidenschaft, die etwas Neues und nicht nur das Umstürzen des Alten will. Ungeahnte Kräfte werden in den einzelnen und in den Massen wach, und auch der Himmel hat einen andern Ton. Was etwas ist, kann sich geltend machen, weil die Schranken zu Boden gerannt sind oder eben werden.

Die Krisen und selbst ihre Fanatismen sind [...] als echte Zeichen des Lebens zu betrachten, die Krisis selbst als eine Aushilfe der Natur, gleich einem Fieber, die Fanatismen als Zeichen, daß man noch Dinge kennt, die man höher als Habe und Leben schätzt. Nur muß man eben nicht bloß fanatisch gegen andere und für sich ein zitternder Egoist sein. Überhaupt geschehen alle geistigen Entwicklungen sprung- und stoßweise, wie im Individuum, so hier in irgendeiner Gesamtheit. Die Krisis ist als ein neuer Entwicklungsknoten zu betrachten.

Die Krisen räumen auf: zunächst mit einer Menge von Lebensformen, aus welchen das Leben längst entwichen war, und welche sonst mit ihrem historischen Recht nicht aus der Welt wären wegzubringen gewesen. Sodann aber auch mit wahren Pseudoorganismen, welche überhaupt nie ein Recht des Daseins gehabt und sich dennoch im Laufe der Zeit auf das stärkste bei dem ganzen übrigen Leben assekuriert, ja hauptsächlich die Vorliebe für alles Mittelmäßige und den Haß gegen das Ungewöhnliche verschuldet hatten. Die Krisen beseitigen auch die ganz unverhältnismäßig angewachsene Scheu vor „Störung" und bringen frische und mächtige Individuen empor.

Zit. nach: Jacob Burckhardt, Weltgeschichtliche Betrachtungen, hrsg. von Rudolf Marx, Kröner, Stuttgart 1955, S. 188 f.

D 2

Klima und Krisen

Der Wissenschaftsjournalist Axel Bojanowski schreibt 2011:

Es begann damit, dass aufgrund des Wetters die Ernte ausblieb. Von 1315 bis 1322 dezimierte der „Große Hunger" die Bevölkerung. Bereits 1315 mussten viele Leute Hunde und Pferde essen. 1346 und 1347 waren besonders kalte Jahre, der Wein erfror, das Getreide verfaulte. Die geschwächten Menschen hatten Seuchen nichts entgegenzusetzen. Vermutlich aus China brachten Reisende den „Schwarzen Tod" mit: Von 1346 bis 1352 soll die Hälfte der Bevölkerung Europas an der Pest gestorben sein.

Südlich der Alpen sanken die Temperaturen nicht ganz so stark. Vermutlich war das ein Grund dafür, dass sich nun in Italien die Renaissance („Wiedergeburt") entfalten konnte.

[...] Die Renaissance hatte es schwer, über die Alpen zu kommen. Im Norden war das finstere Mittelalter zurückgekehrt, die Macht des Glaubens erstarkt. Die Kirche schob den Hexen die Schuld für schlechte Ernten und Krankheiten zu, sie ließ Frauen verbrennen. 1524 erhoben sich die Bauern in ihrer Not gegen den Adel, der immer mehr aus ihnen herauspressen wollte.

Und es wurde noch kälter. Die Kleine Eiszeit hatte begonnen. […] In der „Grausamen Kälte von 1709“ gefroren noch in Portugal die Flüsse, Palmen versanken im Schnee. In ganz Europa trieben erstarrte Fische im Wasser, das Vieh erfror in den Ställen. […]

Zu jener Zeit feierte der Absolutismus Triumphe, es war die totale Entmündigung des Volkes. […] Doch mit dem Ende der Kleinen Eiszeit erwachte das Volk aus seiner Erstarrung. Die Zeit der Aufklärung kam, Widerspruch regte sich.

„Hungerkrisen wurden nun als Folge von Missmanagement verstanden“, erläutert der Historiker Behringer. Bauern stellten auf Fruchtwechsel-Wirtschaft um: Auf einem Feld wurden fortan wechselnde Sorten angebaut, um die Ergiebigkeit zu erhöhen. Zudem wurde die Bewässerung modernisiert, Moore urbar gemacht, bessere Straßen gebaut und Deiche aufgerüstet. Die Agrarrevolution bewirkte, dass Hungersnöte seltener wurden. Die Menschen hätten ihre Lehren aus den Klimakrisen gezogen, folgert Behringer.

von Axel Bojanowski, SPIEGEL ONLINE, 14.01.2011. Wetterdaten erklären Geheimnisse der Geschichte, www.spiegel.de/wissenschaft/natur/klimaforschung-wetterdaten-erklaeren-geheimnisse-der-geschichte-a-739422-4.html (aufgerufen am 19.11.2018).

D 3

Was sind Krisen?

Der Historiker Rudolf Vierhaus (1922–2011) definiert den Begriff „Krisen“ in einem Lexikonartikel so:

Krisen sind Prozesse, deren Anfänge, Höhepunkte, Ende prinzipiell datierbar sind. Niedergangs-, Auflösungs-, Verfallsprozesse sind keine Krisen, wohl aber können ihnen sich steigernde Krisen vorangegangen sein. Krisen sind prinzipiell offene Prozesse; ihre Geschwindigkeit, ihr Ausgang sind nicht zwangsläufig, ihr Ablauf und ihr Wendepunkt selten so deutlich erkennbar wie in einem Krankheitsprozess. Der medizinische Krisen-Begriff – von griech. krisis – bezeichnet eine „kritische“ Phase, in der es sich entscheidet, ob im Krankheitsverlauf eine Wendung zum Besseren oder zum Exitus eintritt.

Von Krisen kann gesprochen werden, wenn zuvor bestehende stabile und funktionierende Zustände sich aufzulösen beginnen, erodieren, dysfunktional werden und die eingetretenen Störungen nicht mit hergebrachten Mitteln überwunden werden können, sondern eine renovatio, eine Reform, eine Revolution erforderlich wird und erfolgt; geschieht dies nicht, handelt es sich nicht (mehr) nur um eine Krise. Kennzeichen von Krise ist, dass es in ihrem Prozess Alternativen gibt, Phasen und Konstellationen, in denen sich entscheidet, ob sie überwunden werden können. […]

Es geschieht nicht selten, dass der Krisen-Charakter gerade langfristiger Veränderungsprozesse, in die viele Menschen und Lebensbereiche involviert waren, nachträglich von der historischen Forschung unterschiedlich interpretiert, infrage gestellt oder überhaupt bestritten wird. […] So ist gegen die allerdings sehr pauschale Rede von der „Krise des späten Mittelalters“ unter Hinweis auf Kontinuitäten, die Lebendigkeit religiösen Lebens und kirchliche Reformansätze Einspruch erhoben worden.

Rudolf Vierhaus, zit. nach: Stefan Jordan (Hrsg.): Lexikon Geschichtswissenschaft. Hundert Grundbegriffe, Reclam, Stuttgart 2002, S. 193–195.

Q 2

„Der fliegende Holländer.
Vor Anker alle sieben Jahr, die Börs' zu schrecken, geht er an's Land!“, Karikatur auf den Börsenkrach 1901, Farbdruck eines unbekannten Künstlers, aus: Der Wahre Jacob vom 15. Januar 1901

Q 3

Die nationale Produktion erhöhen

Der englische Ökonom John Maynard Keynes schreibt in einem Brief an den amerikanischen Präsidenten Theodore Roosevelt über die Notwendigkeit einer neuen Wirtschaftspolitik, 31. Dezember 1933:

[...] Ziel einer wirtschaftlichen Erholung ist es, die nationale Produktion zu erhöhen und mehr Menschen in Arbeit zu bringen. Im Wirtschaftssystem der modernen Welt wird die Produktion in erster Linie für den Verkauf hergestellt; und die produzierte Menge hängt vom Umfang der Kaufkraft im Vergleich zum Herstellungspreis der Produkte ab, deren Absatz man am Markt erwartet.

Grob gesagt kann es daher zu keiner Ausweitung der Produktion kommen, ohne dass der eine oder andere von drei Faktoren zum Einsatz kommt. Die einzelnen Menschen müssen veranlasst werden, mehr von ihrem bestehenden Einkommen auszugeben, oder die Unternehmen müssen, entweder durch erhöhtes Vertrauen in die Geschäftsaussichten oder durch einen niedrigeren Zins, dazu gebracht werden, zusätzliche laufende Einkommen in den Händen ihrer Beschäftigten zu schaffen, was geschieht, wenn entweder das Umlauf- oder das Anlagevermögen des Landes erhöht wird; oder die Staatsgewalt muss zur Hilfe gerufen werden, um zusätzliche laufende Einkommen zu schaffen, indem sie geliehenes oder gedrucktes Geld ausgibt.

In schlechten Zeiten ist nicht zu erwarten, dass der erste Faktor in ausreichendem Umfang zum Tragen kommt. Der zweite Faktor wird erst als zweite Welle des Angriffs auf die Wirtschaftskrise hinzukommen, nachdem durch die Ausgaben der öffentlichen Hand eine Trendwende eingetreten ist. Wir können daher nur vom dritten Faktor den anfänglichen starken Impuls erwarten. [...]

Steigende Preise sind zu begrüßen, weil sie gewöhnlich ein Symptom steigender Produktion und Beschäftigung sind. Wenn mehr Kaufkraft ausgegeben wird, erwartet man eine steigende Produktion bei steigenden Preisen. Da es keine steigende Produktion ohne steigende Preise gibt, ist es notwendig sicherzustellen, dass der Aufschwung nicht dadurch behindert wird, dass das Geldangebot nicht für den erhöhten nominalen Umsatz [kein real gestiegener Umsatz, sondern nur durch Preiserhöhung erzielte Umsatzzahlen] ausreicht.

[...] Es lässt sich jedoch viel weniger zugunsten von steigenden Preisen sagen, wenn sie auf Kosten einer steigenden Produktion zustande kommen.

[...] Die Anregung der Produktion durch eine Erhöhung der gesamtwirtschaftlichen Kaufkraft ist der richtige Weg, um Preise steigen zu lassen; nicht umgekehrt.

Als wichtigsten Motor in der Anfangsphase einer Politik für einen Aufschwung betone ich somit ganz besonders die Erhöhung der gesamtwirtschaftlichen Kaufkraft durch Staatsausgaben, die durch Kredite finanziert sind und nicht nur einen Transfer aus der Besteuerung [Veränderung der Verwendung/Verteilung von Steuergeldern] bestehender Einkommen darstellen. Im Vergleich dazu zählt nichts anderes.

[...] In einer Phase der Hochkonjunktur kann es zu Inflation kommen, wenn man zulässt, dass eine unbegrenzte Kreditvergabe den begeisterten Enthusiasmus von Wirtschaftsspekulanten stützt. Aber in einer wirtschaftlichen Schwächephase ist die öffentliche Kreditausweitung das einzige sichere Mittel, mit dem man schnell eine steigende Produktion bei steigenden Preisen erreichen kann. Aus diesem Grund haben Kriege immer eine starke Aktivität der Industrie ausgelöst. In der Vergangenheit hat das orthodoxe Finanzwesen den Krieg als einzige legitime Ausrede für die Schaffung von Beschäftigung durch Staatsausgaben angesehen. Sie, Herr Präsident, haben, nachdem Sie solche Fesseln abgestreift haben, die Freiheit, im Interesse von Frieden und Wohlstand die Vorgehensweise anzuwenden, die bislang nur dem Zweck des Krieges und der Zerstörung dienen durfte.

[...] Im Bereich der nationalen Politik stelle ich aus den oben genannten Gründen sehr umfangreiche kreditfinanzierte Ausgaben unter der Führung des Staates in den Vordergrund. Es ist nicht meine Aufgabe, bestimmte Ausgabenzwecke auszuwählen. Der Vorzug sollte jedoch denjenigen gegeben werden, die schnell und in großem Stile realisiert werden können, wie zum Beispiel die Sanierung der Eisenbahn. Das Ziel ist es, den Ball ins Rollen zu bringen.

Die Vereinigten Staaten sind bereit, auf den Wohlstand zuzurollen, wenn in den nächsten sechs Monaten kräftig angeschoben werden kann. Könnten nicht die Energie und die Begeisterung, die das NRA [National Recovery Administration = US-Behörde, die während der Weltwirtschaftskrise geschaffen wurde und die die Bereitstellung und Verteilung von Geldern für öffentliche Investitionen überwachte – vgl. S. 120] in seiner Anfangsphase in Gang gesetzt haben, in den Dienst einer Kampagne für beschleunigte Investitionsausgaben, so klug gewählt, wie es der Druck der Umstände erlaubt, gestellt werden? Sie können sich zumindest sicher sein, dass das Land durch solche Projekte eher bereichert wird als durch die unfreiwillige Arbeitslosigkeit von Millionen.

[...] An die zweite Stelle setze ich die Aufrechterhaltung einer günstigen und reichlichen Kreditvergabe, insbesondere die Senkung des langfristigen Zinssatzes. [...] Bei diesen Anpassungen und Erweiterungen Ihrer bestehenden Politikmaßnahmen erwarte ich mit großer Zuversicht ein erfolgreiches Ergebnis. Wie viel dies bedeuten würde, nicht nur für den materiellen Wohlstand der Vereinigten Staaten und der ganzen Welt, sondern auch als Trost für die menschliche Seele, durch eine Wiederherstellung ihres Glaubens an die Weisheit und die Macht des Staates!

John Maynard Keynes, übers. v. Harald Hagemann, unter: http://keynes-gesellschaft.de/the-general-theory-1936/weltwirtschaftskrise-und-new-deal/brief-keynes-31-12-1933/ (aufgerufen am 23.11.2018).

Q 4

Normale Konjunkturbewegungen

Der aus Österreich stammende und in den USA lehrende Wirtschaftswissenschaftler Joseph Schumpeter schreibt 1932:

Ja, zunächst haben wir [...] die Depressionsphase eines normalen Konjunkturzyklus vor uns. Aber dessen Symptome [...] wurden zum Gesamtbild einer Katastrophe verschärft, und es traten Erscheinungen auf, die normalen Depressionsperioden fremd sind, weil eine andere Gruppe von Ursachen, die nicht in der Sphäre des Wirtschaftens wurzeln, hinzutraten – wir wollen sie kurz die politischen nennen. Das Verhältnis zwischen der konjunkturellen und der politischen Komponente ist so zu denken, daß die aus der politischen und sozialen Sphäre auf die Wirtschaft wirkenden Läsionen [Verletzungen] ihren Druck grundsätzlich stetig ausüben, so daß die Aufschwungsperioden schwächer und kürzer, die Depressionen stärker und länger werden, als sie sonst wären. Dazu kommt nur noch die Gruppe jener Schädigungen, die in der heutigen Depression dem Wirtschaftskörper in therapeutischer Absicht beigebracht werden. [...]

Freilich scheint es mir zweifellos, daß heute Depressionen lediglich infolge der Einwirkungen der politischen Sphäre auf die wirtschaftliche zu Katastrophen werden: von Einwirkungen aller Größenordnungen und Typen, die sich in unübersehbarer Reihe, angefangen von Weltkriegen bis herunter zu unvernünftigen Verwaltungsakten, aufzählen ließen, Einwirkungen, deren Druck in Aufschwungsperioden erträglich, in Depressionen unerträglich, doch konstant wirkt, und anderen, die erst in der Depressionsperiode entstehen aus der sachunkundig verfolgten Absicht, ihre Symptome zu mildern. Aber eben diese Art von Wirtschaftspolitik steht zum Teil auf dem Schuldkonto der privatwirtschaftlichen Gesellschaftsordnung, zu jenem Teil nämlich, zu welchem sie verhüllte oder unverhüllte Interessenpolitik in Dienst von Gruppen ist, deren Existenz mit bestimmten Produktionsapparaten verbunden ist. Diese Kategorie von Schädigungen würde mangels Motivs in einer sozialistischen Welt entfallen, und darin mag wohl eine Überlegenheit liegen, die so manches andere kompensiert. [...] Die Sache liegt ungefähr gerade umgekehrt, als meist angenommen wird. Das kapitalistische System als solches bedarf keiner Regelung oder Planung innerhalb oder außerhalb der Depression, um zu funktionieren, Erfolge zu erzielen und Zusammenbrüche zu vermeiden. Es bedarf weder des Modelns noch des Ankurbelns, es läuft von selbst und mit wirtschaftsgeschichtlich unerhörten Resultaten. Das logisch nächstliegende Heilmittel für eine Reihe schreiender Übel wäre nicht Vermehrung, sondern Verminderung der planwirtschaftlichen Eingriffe. Überblickt man manche der größten Schwierigkeiten der heutigen Weltwirtschaft – die Lage des deutschen Getreidebaus z. B. –, so erkennt man, daß die Kausalkette fast immer auf Industrieförderungen der Vergangenheit zurückführt, die lebensunfähige Gebilde geschaffen oder lebensfähige Gebilde zu lebensunfähigen Dimensionen aufgebauscht hat. Aber da es so aussieht, als ob das kapitalistische System unrettbar störender und zerstörender Wirtschafts- und Finanzpolitik verhaftet wäre, so darf der Sozialist reinsten Wassers – nur er freilich und nicht der planwirtschaftliche Halbsozialist – die Not der Depressionszeiten, so wie sie ist, im Gegensatz dazu, wie sie sein könnte, mit vollem Recht in seine Wagschale werfen.

[...] Beschränken wir uns auf Amerika und gehen wir nur zwei Jahrzehnte hinter den Kriegsausbruch zurück, so sehen wir Rezessionen von verschiedener Intensität in den Jahren 1893, 1896, 1900, 1903, 1907, 1911, und wenn wir den Krieg überspringen, wiederum in den Jahren 1921, 1924 und 1927, so daß für 1930 wieder Depression im 40-Monate-Zyklus zu erwarten war, wenn wir der statistischen Regelmäßigkeit vertrauen dürfen. [...] Daraus denn das tröstliche Ergebnis, daß, was der heutigen Wirtschaftslage zugrunde liegt, in der Tat nicht mehr als die Depressionsphase der normalen Konjunkturbewegung ist. Tröstlich nenne ich das Ergebnis aus zwei Gründen: Einmal deshalb, weil es in der Tat noch viel schlimmer stünde um unsere Wirtschaft und die Kultur, deren Basis sie ist, wenn wir uns sagen müßten, daß alles, was wir durchleben, zu einer Zeit einträte, für die Statistik und Theorie Aufschwung erwarten lassen würden. Erst am Tage, an dem das eintritt [...], wird es den politischen Schädigungen gelungen sein, der Wirtschaft das Rückgrat zu brechen, erst dann wird es auch richtig sein zu sagen, daß es aus ist mit dem Kapitalismus und allem, was er der Menschheit noch zu bieten hat, erst dann wird nichts anderes übrig bleiben als stabilisierte Armut. Und der andere tröstliche Punkt an der Sache ist, daß eben deshalb angenommen werden kann, daß das kommende Jahr jene bescheidene Erholung bringen wird, die schon eingetreten wäre, wenn es keine politischen Schädigungen und namentlich keine Krisentherapie gäbe, die sich ja nach und nach, besonders in ihrer deflationistischen Spielart – in der Form der Politik gleichzeitiger Senkung von Preisen und Einkommen – zu einer selbständigen Ursache depressiver Erscheinungen entwickelt, die für sich allein schon ausreichen würde, eine Depression hervorzurufen, und, wenn konsequent fortgesetzt, von der Zinssenkung über Kreditrationierung zur Brotkarte führen würde. Vielleicht bedarf es keines langen Beweises dafür, daß Deflationspolitik Deflationskrisen hervorrufen muß – Verluste, Bankerotte und Arbeitslosigkeit, die andernfalls nicht existierten, bzw. daß sie Verluste, Bankerotte und Arbeitslosigkeit den schon vorhandenen hinzufügen muß.

Joseph A. Schumpeter: Aufsätze zur Wirtschaftspolitik. Hrsg. von Wolfgang F. Stolper und Christian Seidl, Mohr, Tübingen 1985, S. 207–209.

Revolutionen – „Lokomotiven der Geschichte"?

„Revolutionen sind die Lokomotiven der Geschichte", behauptete der deutsche Philosoph und Kommunist Karl Marx in der Mitte des 19. Jahrhunderts. Doch was ist eine Revolution? Wie kommt es zu Revolutionen und welche Folgen haben sie? In diesem Kapitel erfahren Sie, was Historiker, Juristen und Philosophen im 19. und 20. Jahrhundert unter einer „Revolution" verstanden, warum sie diese für notwendig hielten oder auch scharf ablehnten.

Der Begriff „Revolution" erlebt in der Gegenwart einen geradezu inflationären Gebrauch. Die Werbung verspricht eine Revolution auf dem Automarkt oder bei der Wirkung kosmetischer Artikel. Die in den 1960er Jahren aufkommende neue Sexualmoral bezeichnet man als sexuelle Revolution und manch neue Mode wird mit dem Attribut „revolutionär" versehen. Um all das soll es hier nicht gehen. Die Darstellungen geben Ihnen einen Einblick über den Zusammenhang von historischen Entwicklungen und gesellschaftlichen Revolutionen. Sie können unterschiedliche Erklärungsmuster und Deutungen von Revolutionen, die Bedeutung von Revolutionen für den Geschichtsverlauf analysieren und eigene Deutungen und Wertungen vornehmen.

1 Erläutern Sie die Unterschiede von „Revolution", „Gegenrevolution" und „Friedliche Revolution".
2 Setzen Sie sich mit der Theorie des historischen Materialismus auseinander. Debattieren Sie in der Klasse vor Ihrem eigenen Erfahrungshintergrund, ob Geschichte gesetzmäßig verlaufen kann.
3 Überprüfen Sie anhand von D 1, inwieweit man bei den dargestellten Entwicklungen von Revolutionen sprechen kann.
4 Erörtern Sie den Stellenwert von Revolutionen in der Geschichte und beurteilen Sie den Ausspruch von Karl Marx, Revolutionen seien „Lokomotiven der Geschichte".

Was ist eine Revolution?

Im Gegensatz zum Begriff „Krise" ist „Revolution" ein erst in der Neuzeit entstandener Ausdruck zur Beschreibung geschichtlicher Ereignisse und Entwicklungen. In der Antike und im Mittelalter wurden alle Versuche, einen Wandel in der Herrschaftsform oder der geltenden Verfassung herbeizuführen, in der Regel als „Revolte" oder „Aufruhr", als „Verschwörung" oder auch als „Hochverrat" bezeichnet. Und sie wurden grundsätzlich negativ bewertet. Vor dem Hintergrund der geltenden Rechtsordnungen galten sie als Verbrechen, die bestraft werden mussten. Ereignisse, die seit dem 18. Jahrhundert als „Revolution" bezeichnet werden, wurden demgegenüber von Anfang an anders beurteilt. Revolutionen haben gängigen Theorien zufolge zwar auch den gewaltsamen Umsturz bestehender Staats-, Rechts- und Lebensverhältnisse unter Beteiligung großer Massen zum Ziel. Im Gegensatz zu den „Rebellionen" oder dem häufig rein lokalen „Aufruhr" in früheren Zeiten orientieren sich „Revolutionen" jedoch an programmatischen Ideen oder Ideologien, „die positive Ziele im Sinne einer Erneuerung, einer Weiterentwicklung oder eines Menschheitsfortschritts aufstellten – so der Historiker Karl Griewank.

Voraussetzungen für Revolutionen

Zu den wesentlichen Voraussetzungen einer Revolution gehört, dass sich die Menschen der Veränderlichkeit der Welt bewusst wurden und erkannten, dass Umwälzungen und Neuerungen etwas Positives bewirken können. Die Lehren der Aufklärer seit dem ausgehenden 17. Jahrhundert bereiteten den großen Revolutionen seit dem 18. Jahrhundert den Boden. Ausgangspunkt war der Gedanke, dass alle Menschen von Natur aus frei und gleich seien, dass keine Ordnung von Gott gewollt, sondern dass die Teilhabe an der politischen Willensbildung ein grundlegendes Menschenrecht sei. An die Stelle der religiösen Heilserwartung trat die Auffassung, dass der Mensch selbst sein Schicksal bestimmen könne. Daraus wurde das Recht abgeleitet, bestehende Ordnungen unter Anwendung von Gewalt vollständig zu ändern und über die weitere Zukunft gemeinsam zu bestimmen, anstatt sich wie bisher dem Willen eines Einzelnen – des absoluten Monarchen – zu unterwerfen. Vor diesem Hintergrund schien es in bestimmten Situationen historisch notwendig, im Interesse des Fortschritts durch eine Revolution Veränderungen herbeizuführen, die zuvor noch als unmöglich und unerwünscht galten.

Revolution und Historischer Materialismus

Noch einen Schritt weiter gingen Karl Marx und Friedrich Engels. In ihren Schriften behaupteten sie, dass der Ablauf der Geschichte nicht vorrangig vom Denken und Wollen der Menschen bestimmt werde. Für sie vollzog sich Geschichte in gesetzmäßigen Bahnen. Grundlage für das Zusammenleben der Menschen in einer Gesellschaft seien die Art und Weise der Produktion und die Verteilung aller produzierten Güter. Daraus ließen sich auch alle Herrschaftsverhältnisse erklären. Sie schlussfolgerten, dass immer dann, wenn sich Produktion und Verteilung von Gütern grundsätzlich verändern, ein unlösbarer Widerspruch zwischen den ökonomischen und Herrschaftsverhältnissen entsteht. Letztere müssten sich demzufolge zwangsläufig ändern. Somit seien auch Revolutionen ein gesetzmäßiges Ereignis in der Geschichte. Ein solches Deutungsmodell von Geschichte wird als „Historischer Materialismus“ bezeichnet.

Revolution – Gegenrevolution – Friedliche Revolution

Die Liste der Revolutionen, die seit dem 17. Jahrhundert die bestehende politische, soziale und wirtschaftliche Ordnung grundlegend zu verändern versuchten, ist lang. In England, Frankreich, Deutschland, Österreich, Ungarn, Italien und Russland, aber auch in Nordamerika, China und zuletzt in zahlreichen arabischen Ländern kam es zu Revolutionen. Doch in gleicher Weise, wie Revolutionen versuchten, grundlegend Neues zu schaffen, hat es von Anfang an auch Gegenrevolutionen gegeben. Diese versuchten, das Rad der Geschichte zurückzudrehen. Dabei handelten ihre Anhänger genauso gewaltsam und möglichst mit Unterstützung von Massen wie zuvor die Anhänger der Revolution. Beispiele dafür sind das Vorgehen der Anhänger Ludwigs XVI. im In- und Ausland nach 1789, die Niederschlagung der Revolution 1848/49 oder der Kampf zaristischer Offiziere gegen die Bolschewiki 1918/19.

Der Begriff „Revolution“ war lange Zeit mit der Vorstellung von Gewaltanwendung verbunden. In der Geschichte hat es aber auch „Friedliche Revolutionen“ gegeben. Ein Beispiel dafür ist der Zusammenbruch der DDR 1989: Angesichts der stetig größer werdenden Bewegung friedlicher Demonstranten gegen das System und mangels Unterstützung der eigenen Bündnispartner sah das SED-Regime keine Alternative, als vor den revolutionären Massen zu kapitulieren.

Der Begriff „Revolution“ kann aber auch grundlegende Veränderungen in anderen Bereichen benennen. Beispielsweise wurde der technologische Wandel – ausgelöst von Erfindungen wie der Dampfmaschine, des Benzin- und Elektromotors oder schließlich des Computers – bereits von Zeitgenossen als ein revolutionäres Ereignis beschrieben. Auch diese Entwicklungen revolutionierten überlieferte Formen der Produktion und des Zusammenlebens.

D 1

Soziale und politische Veränderungen im Deutschland des 19. und 20. Jahrhundert

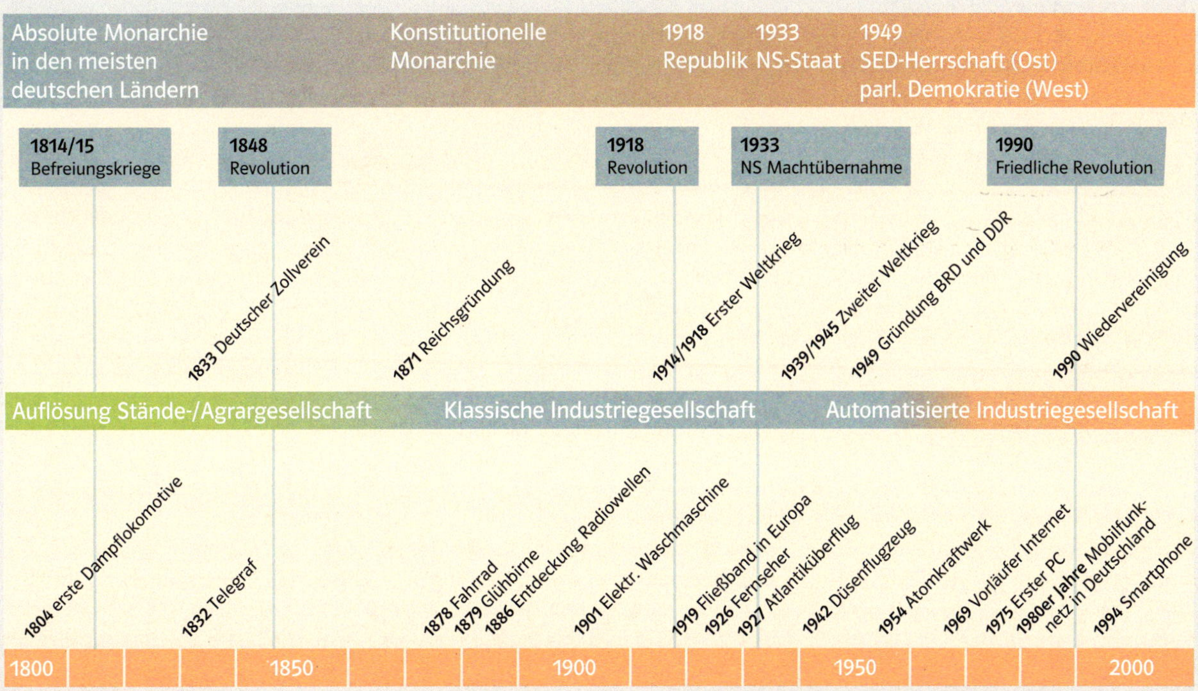

Im ausgehenden 19. Jahrhundert und über viele Jahrzehnte des 20. Jahrhunderts haben revolutionäre Bewegungen überall auf der Welt versucht, mehr oder weniger eng angelehnt an die Lehren von Karl Marx und Friedrich Engels Fortschritt und soziale Gerechtigkeit durchzusetzen. Was die wichtigsten Theoretiker des Kommunismus darunter in ihrer frühen Werkphase verstanden, erfahren sie in Q 1. Diese Quelle enthält wesentliche Auszüge aus dem für das marxistische Weltbild wichtigen „Kommunistischen Manifest", das am Vorabend der Revolution von 1848 erschien. Die Ideen von Marx und Engels blieben jedoch nicht ohne Widerspruch, wie der Berliner Jurist Friedrich Julius Stahl, einer der Führer der Gegenrevolution, im Jahre 1852 in einer Rede deutlich macht (Q 2). Der Soziologe James Davies (D 2) untersuchte, ob es Gemeinsamkeiten in den Bedingungen gegeben hat, unter denen Revolutionen ausbrachen. Der Historiker Jürgen Osterhammel formuliert in diesem Kontext, in welcher Hinsicht die Französische und die Amerikanische Revolution etwas Neues darstellten (D 3).

1 Fassen Sie die Aussagen von Karl Marx und Friedrich Engels (Q 1) einerseits und von Friedrich Julius Stahl (Q 4) andererseits thesenförmig auf einer Wandzeitung zusammen und diskutieren Sie sie.

2 Erläutern Sie, wie diese Konzepte von unterschiedlichen Gruppen von Zeitgenossen aufgenommen werden konnten.

3 Vergleichen Sie die Thesen zum Ausbruch einer Revolution von Marx/Engels (Q 1) und Davies (D 2).

4 Analysieren Sie die Wahlplakate Q 2 und Q 3 im Hinblick auf die These „Zu jeder Revolution gehört das ‚Pathos des Neubeginns'" (D 3).

5 Informieren Sie sich über den „Arabischen Frühling" (Q 5) und beurteilen Sie, inwieweit der Begriff der Revolution diesbezüglich sinnvoll zu verwenden ist.

Q 1

Geschichte ist eine Geschichte von Klassenkämpfen

Aus dem „Kommunistischen Manifest", das Karl Marx und Friedrich Engels 1848 für den „Bund der Kommunisten" verfassten:

Die Geschichte aller bisherigen Gesellschaft ist die Geschichte von Klassenkämpfen. Freier und Sklave, Patrizier und Plebejer, Baron und Leibeigner, Zunftbürger und Gesell, kurz, Unterdrücker und Unterdrückte standen in stetem Gegensatz zueinander, führten einen ununterbrochenen, bald versteckten, bald offenen Kampf, einen Kampf, der jedesmal mit einer revolutionären Umgestaltung der ganzen Gesellschaft endete oder mit dem gemeinsamen Untergang der kämpfenden Klassen. [...]

Die aus dem Untergange der feudalen Gesellschaft hervorgegangene moderne bürgerliche Gesellschaft hat die Klassengegensätze nicht aufgehoben. Sie hat nur neue Klassen, neue Bedingungen der Unterdrückung, neue Gestaltungen des Kampfes an die Stelle der alten gesetzt.

Unsere Epoche, die Epoche der Bourgeoisie, zeichnet sich jedoch dadurch aus, daß sie die Klassengegensätze vereinfacht hat. Die ganze Gesellschaft spaltet sich mehr und mehr in zwei große feindliche Lager, in zwei große, einander direkt gegenüberstehende Klassen: Bourgeoisie und Proletariat. [...]

In demselben Maße, worin sich die Bourgeoisie, d. h. das Kapital, entwickelt, in demselben Maße entwickelt sich das Proletariat, die Klasse der modernen Arbeiter, die nur so lange leben, als sie Arbeit finden, und die nur so lange Arbeit finden, als ihre Arbeit das Kapital vermehrt. Diese Arbeiter, die sich stückweis verkaufen müssen, sind eine Ware wie jeder andere Handelsartikel und daher gleichmäßig allen Wechselfällen der Konkurrenz, allen Schwankungen des Marktes ausgesetzt.

Die Arbeit der Proletarier hat durch die Ausdehnung der Maschinerie und die Teilung der Arbeit allen selbständigen Charakter und damit allen Reiz für den Arbeiter verloren. Er wird ein bloßes Zubehör der Maschine, von dem nur der einfachste, eintönigste, am leichtesten erlernbare Handgriff verlangt wird. [...]

Von allen Klassen, welche heutzutage der Bourgeoisie gegenüberstehen, ist nur das Proletariat eine wirklich revolutionäre Klasse. Die übrigen Klassen verkommen und gehen unter mit der großen Industrie, das Proletariat ist ihr eigenstes Produkt. [...]

Alle bisherigen Bewegungen waren Bewegungen von Minoritäten oder im Interesse von Minoritäten. Die proletarische Bewegung ist die selbständige Bewegung der ungeheuren Mehrzahl im Interesse der ungeheuren Mehrzahl. Das Proletariat, die unterste Schicht der jetzigen Gesellschaft, kann sich nicht erheben, nicht aufrichten, ohne daß der ganze Überbau der Schichten, die die offizielle Gesellschaft bilden, in die Luft gesprengt wird. [...]

Das Proletariat wird seine politische Herrschaft dazu benutzen, der Bourgeoisie nach und nach alles Kapital zu entreißen, alle Produktionsinstrumente in den Händen des Staats, d. h.

Despot = gewaltsamer Herrscher

des als herrschende Klasse organisierten Proletariats, zu zentralisieren und die Masse der Produktionskräfte möglichst rasch zu vermehren.

Es kann dies natürlich nur geschehen vermittels despotischer Eingriffe in das Eigentumsrecht und in die bürgerlichen Produktionsverhältnisse […].

Diese Maßregeln werden natürlich je nach den verschiedenen Ländern verschieden sein. Für die fortgeschrittenen Länder werden jedoch die folgenden ziemlich allgemein in Anwendung kommen können: 1. Expropriation [Enteignung] des Grundeigentums und Verwendung der Grundrente [Preis für die Nutzung des Grund und Bodens] zu Staatsausgaben. 2. Starke Progressivsteuer [Steuer richtet sich nach der Höhe des Einkommens bzw. Vermögens]. 3. Abschaffung des Erbrechts. 4. Konfiskation des Eigentums aller Emigranten und Rebellen. 5. Zentralisation des Kredits in den Händen des Staates durch eine Nationalbank mit Staatskapital und ausschließlichem Monopol. 6. Zentralisation des Transportwesens in den Händen des Staates. 7. Vermehrung der Nationalfabriken, Produktionsinstrumente, Urbarmachung und Verbesserung der Ländereien nach einem gemeinschaftlichen Plan. 8. Gleicher Arbeitszwang für alle, Errichtung industrieller Armeen, besonders für den Ackerbau. 9. Vereinigung des Betriebs von Ackerbau und Industrie. Hinwirken auf die allmähliche Beseitigung des Unterschieds von Stadt und Land. 10. Öffentliche und unentgeltliche Erziehung aller Kinder. Beseitigung der Fabrikarbeit der Kinder in ihrer heutigen Form. Vereinigung der Erziehung mit der materiellen Produktion usw.

Weg-nahme

Sind im Laufe der Entwicklung die Klassenunterschiede verschwunden und ist alle Produktion in den Händen der assoziierten Individuen konzentriert, so verliert die öffentliche Gewalt den politischen Charakter. Die politische Gewalt im eigentlichen Sinne ist die organisierte Gewalt einer Klasse zur Unterdrückung einer andern. Wenn das Proletariat im Kampfe gegen die Bourgeoisie sich notwendig zur Klasse vereint, durch eine Revolution sich zur herrschenden Klasse macht und als herrschende Klasse gewaltsam die alten Produktionsverhältnisse aufhebt, so hebt es mit diesen Produktionsverhältnissen die Existenzbedingungen des Klassengegensatzes, der Klassen überhaupt, und damit seine eigene Herrschaft als Klasse auf. […]

Die Kommunisten verschmähen es, ihre Ansichten und Absichten zu verheimlichen. Sie erklären es offen, daß ihre Zwecke nur erreicht werden können durch den gewaltsamen Umsturz aller bisherigen Gesellschaftsordnung. Mögen die herrschenden Klassen vor einer Kommunistischen Revolution zittern. Die Proletarier haben nichts in ihr zu verlieren als ihre Ketten. Sie haben eine Welt zu gewinnen. Proletarier aller Länder, vereinigt euch!

Karl Marx und Friedrich Engels,: Kommunistisches Manifest. In: Institut für Marxismus-Leninismus beim ZK der SED: ME-Werke Bd. 4, Dietz, Ost-Berlin 1964, S. 461–464.

Q 2

Aufruf des Rates der Volksbeauftragten zur Wahl der Nationalversammlung 1919, Plakat von César Klein

Q 3

Plakat des Spartakusbundes zur Reichstagswahl 1920

Q 4

Was bedeutet Revolution?

Der konservative Politiker und Vertraute des preußischen Königs, der Berliner Jura-Professor Friedrich Julius Stahl 1852 in einer Rede:

[…] Revolution bedeutet die bestimmte politische Lehre, welche seit 1789 als eine weltbewegende Macht die Denkart der Völker erfüllt und die Einrichtungen des öffentlichen Lebens bestimmt. Fragt man aber nach ihrem Begriff und Wesen, so ist es dies: Revolution ist die Gründung des ganzen öffentlichen Zustandes auf den Willen des Menschen statt auf Gottes Ordnung und Fügung […].

Die Revolution fordert die Volkssouverainetät, sei es die demokratische Republik, sei es die Monarchie, in welcher der König Knecht des Parlaments, das Parlament Knecht.der öffentlichen Meinung oder der Volksmasse ist.

Die Revolution fordert die Freiheit, das Gewährenlassen in allen Gebieten, unbegränzte Theilbarkeit und Veräußerlichkeit des Grundeigenthums, unbeschränkte Ansässigmachung und Gewerbefreiheit, unbegränzte Freiheit der öffentlichen Lehre, der Sektenstiftung, der Ehescheidung. Sie fordert Abschaffung der Todesstrafe, Straflosigkeit der Gotteslästerung, ehrenvolles Begräbniß des Selbstmörders.

Die Revolution fordert die Gleichheit: Aufhebung aller Stände und Klassen und Korporationen, aller gegebenen Obrigkeiten, Nivellirung der Gesellschaft.

Die Revolution fordert die Trennung von Staat und Kirche: gleiches Recht aller Religionsbekenner auf die obrigkeitlichen Aemter, Gleichstellung aller Kulte, Behandlung der christlichen Kirche als bloßer Privatgesellschaft ohne […] Bedeutung für Nation und Staat, Einführung der natürlichen Religion statt des Christenthums in der Volksschule und dem öffentlichen Unterrichte.

Die Revolution fordert die Charte, d.h. die Vernichtung der ganzen naturwüchsigen, geschichtlichen Verfassung des Landes, wie sie durch Jahrhunderte sich gebildet durch Herkommen und einzelne Gesetze, um eine neue zu machen […].

[…] Der christliche Sinn verlangt nicht nach einer Obrigkeit, die er selbst sich gesetzt, nach einer Verfassung, die er selbst gemacht, nach einem Recht, das er selbst aus seiner Vernunft entdeckt hat. Er empfängt das Alles viel lieber von dem göttlichen Walten, und begnügt sich, an dem großen Bau der Zeiten sein bescheiden kleines Theil beizutragen, wie Gott es ihm zugewiesen. Aber auch nur das Christenthum vermag es, die wirklichen Ziele, den wirklichen Fortschritt der Zeit zu erfüllen. Nur aus ihm kommen die gestaltenden Principien, von welchen man den befriedigenden Bau der Gesellschaft erwartet, die Freiheit, die Gleichheit, die Brüderlichkeit in ihrem wahren Wesen. Aus dem Christenthum kommt die ächte Freiheit, daß der Mensch nur aus seinem Innersten heraus handle nach der Gabe, die er von Gott hat, und über die menschliche Obrigkeit nicht Richter ist, und doch zugleich die Gebundenheit an die Ordnungen Gottes, welchen die wahre Freiheit selbst gleich als ihrer Heimath zustrebt.

Friedrich Julius Stahl, unter: http://germanhistorydocs.ghi-dc.org/pdf/deu/4_P_O_Stahl_Was%20ist%20die%20Revolution.pdf aufgerufen am 23.11.2018.

D 2

Wie Revolutionen ausbrechen

Der US-amerikanische Soziologe James C. Davies veröffentlichte erstmals 1962 seine Überlegungen zum Ausbruch einer Revolution:

Revolutionen sind dann am wahrscheinlichsten, wenn eine anhaltende Periode tatsächlichen wirtschaftlichen und sozialen Wachstums von einer kurzen und schweren Rezession abgelöst wird. Derartige Ereignisse wirken sich auf das Bewußtsein der Menschen in einer bestimmten Gesellschaft aus: Während der Wachstumsperiode wird die Erwartung genährt, man sei auch zukünftig in der Lage, seine wachsenden Bedürfnisse zu befriedigen; und während der Rezession, wenn die Realität und diese optimistischen Erwartungen weit auseinanderklaffen, greifen Angst und Frustration um sich. Dabei ist der tatsächliche Stand der sozialen und ökonomischen Entwicklung weniger bedeutsam als die Erwartung, der vorangegangene Fortschritt, der nun aufgehalten ist, könne und müsse in der Zukunft fortdauern.

Politische Stabilität und Instabilität hängen letztlich von der Bewußtseinslage, von der Stimmung innerhalb einer Gesellschaft ab. […] Armut macht mitnichten Revolutionäre aus den Menschen: im besten Fall kümmern sie sich nur um sich selbst oder um die eigene Familie – im schlechtesten Fall versinken sie in Resignation und stummer Verzweiflung. Wenn Menschen vor der Wahl stehen, ihre Ketten oder ihr Leben zu verlieren, ziehen sie es meistens vor, die Ketten zu behalten; eine Tatsache, die Marx wohl übersehen hat. Erst wenn sich die Ketten etwas gelockert haben und abgeworfen werden können, ohne daß man dabei mit hoher Wahrscheinlichkeit sein Leben verliert, kommen Menschen in eine Lage, in der Empörung möglich ist. […]

Daß Revolutionen erst eine Periode steigender Erwartungen und dann eine Periode enttäuschter Erwartungen vorangehen muß, modifiziert sowohl die Vorstellungen von Marx als auch die von Tocqueville. Die grundlegende Idee von Marx war ja, daß Revolutionen nach einer fortschreitenden Verelendung ausbrechen, und die von Tocqueville, daß es dann zu Revolutionen kommt, wenn sich die Lebensbedingungen verbessern. Ohne eine der beiden Theorien zu verwerfen, können wir, wenn wir sozusagen Tocqueville vor Marx schieben, die Ereignisse besser skizzieren […]. Aus dieser revidierten Vorstellung können wir zwei generelle Schlußfolgerungen ziehen.

Die erste besagt: Es ist äußerst unwahrscheinlich, daß eine Revolution in einer Gesellschaft ausbricht, in der es ständig unbeschränkte Möglichkeiten gibt, neue Bedürfnisse, neue Hoffnungen, neue Erwartungen zu befriedigen. […] Die zweite Schlußfolgerung besagt: Es ist unwahrscheinlich, daß eine Revolution dort ausbricht, wo es nicht zuvor eine Hoffnung gegeben hat – eine Periode, in der die Erwartungen angestiegen sind.

Zit. nach: James C. Davies: Eine Theorie der Revolution. In: Wolfgang Zapf (Hg.): Theorien sozialen Wandels. Kiepenheuer & Witsch. Köln/Berlin 1970. S. 400 f., 412.

D 3

Revolution als zentrale Idee

Der Historiker Jürgen Osterhammel schreibt 2009 über „bürgerliche" Revolutionen:

Die Revolutionen [des 19. Jahrhunderts] – die Französische mehr als die Nordamerikanische – polarisierten entlang neuer Bruchlinien: nicht länger zwischen Elitefraktionen oder Religionsgruppen, sondern zwischen Weltanschauungslagern. Zugleich und in einem Widerspruch, der niemals gelöst wurde, erhoben sie den Anspruch auf menschheitliche Versöhnung. […] Nimmt man die Programme der Nordamerikanischen und der Französischen Revolution beim Wort, dann gehören seither zu jeder Revolution, die sich so nennen darf, das ‚Pathos des Neubeginns' (Arendt) und der Anspruch, mehr zu vertreten als nur die selbstsüchtigen Interessen der Protestierenden. Eine Revolution ist in diesem Verständnis ein lokales Ereignis mit universalem Geltungsanspruch. Und jede spätere Revolution zehrt von den Ideenpotenzialen, die mit der revolutionären Urzeugung von 1776 und 1789 in die Welt kamen, jede ist in gewissem Sinne initiativ.

Ein solcher philosophischer Begriff von ‚Revolution' ist freilich sehr eng, und er wird noch enger, wenn man verlangt, dass Revolutionen notwendig unter der Parole der „Freiheit" zu geschehen hätten und stets dem „Fortschritt" dienen sollten. Auch verallgemeinert er einen Universalitätsanspruch, der eine Erfindung des Okzidents [der westlichen Welt] war und sich nirgendwo sonst ähnlich findet. Eine größere Zahl von Fällen in einem weiteren Raum bekommt man in den Blick, wenn man nicht nach Zielen und ihrer philosophischen Begründung fragt, auch nicht nach der geschichtsphilosophischen Sonderrolle der Großen Revolutionen, sondern nach dem beobachtbaren Geschehen und seinen strukturellen Ergebnissen. Eine Revolution ist dann ein Fall von kollektivem Protest mit besonderer Tragweite: ein tief greifender politischer Systemwechsel unter Beteiligung von Menschen, die nicht dem Kreis der bisherigen Inhaber der Macht angehörten. In der umsichtigen Sprache eines Sozialwissenschaftlers […] lässt sich definieren, eine Revolution sei „der erfolgreiche Umsturz der bisher herrschenden Eliten durch neue Eliten […], die nach ihrer […] Machtübernahme die Sozialstruktur (und damit auch Herrschaftsstruktur) fundamental verändern".

Jürgen Osterhammel: Die Verwandlung der Welt. Eine Geschichte des 19. Jahrhunderts, 3. Aufl. Beck, München 2009, S. 737 f.

Q 5

„Arabische Revolution", Kairo, 29. Januar 2011

Umbrüche durch Modernisierung

„Wer sich dem Wandel widersetzt, wird überrollt", überschrieb die „Süddeutsche Zeitung" am 8. Februar 2011 ein Interview. Die Schlagzeile klingt aggressiv. In dem Beitrag geht es um Technologie und Klimaschutz, ein Thema, das fast zehn Jahre später noch immer aktuell ist. Welche Veränderungen sind erforderlich? Wer werden die Gewinner des Wandels sein, wer die Verlierer? Wird unser Wohlstand zu halten sein? Worauf werden die Menschen künftig verzichten müssen? Wird es genug Arbeit geben? Solche Fragen zeigen, dass historische Wendepunkte nicht nur durch politische Aktionen wie Revolutionen angestoßen werden.

Kaum ein Tag vergeht, ohne dass in der Öffentlichkeit davon die Rede ist, dass die Gesellschaft vor großen Umbrüchen stehe oder dass sich die Menschheit an einem historischen Wendepunkt befinde – und oft entspricht diese Behauptung auch den Tatsachen. Es scheint also unterhalb von wahrgenommenen Krisen und ohne klassische Revolutionen eine Art gesellschaftlichen Veränderungszwang zu geben. Doch woraus könnte dieser resultieren? Die Modernisierungstheorie liefert ein Erklärungsmodell. Auf dieser Doppelseite können Sie analysieren, was darunter zu verstehen ist. Mithilfe der Texte und Q 1 wird es Ihnen ermöglicht, die Vielschichtigkeit des „Modernisierungsbegriffs" und die damit verbundenen Wirkungen zu deuten und zu beurteilen.

1 Erstellen Sie einen Podcast über den Zusammenhang von Modernisierung, Umbrüchen und Wendepunkten. Ihr Beitrag darf fünf Minuten lang sein.

2 Analysieren Sie anhand von Q 1, wodurch die Modernisierung in den USA zwischen 1776 und 1876 gekennzeichnet war und wie sie sich auf unterschiedliche gesellschaftlichen Gruppen auswirkte. Fertigen Sie dazu eine Tabelle an.

3 Wählen Sie aus Q 1 ein Beispiel für „Modernisierung" aus und diskutieren Sie, inwieweit es sich um „Fortschritt" gehandelt hat.

Veränderungen in der Geschichte

Umbrüche und Wendepunkte hat es in der Geschichte immer gegeben – auch solche, die sich ganz allmählich über einen langen Zeitraum vollzogen, mitunter von den Zeitgenossen kaum bemerkt. Und doch hatten sie grundlegende Veränderungen der Gesellschaft zum Ergebnis. Der Übergang von der Tyrannei zur Demokratie im antiken Griechenland, der Aufbruch in die „Neue Welt" zu Beginn der Neuzeit, die Agrarevolution des 18. und 19. Jahrhunderts und die darauffolgende Industrialisierung, das Zusammenwachsen der Welt nach einem „Zeitalter der Weltkriege" am Ende des 20. Jahrhunderts sowie die Globalisierung mit ihren keineswegs endgültig vorhersehbaren Auswirkungen auf das Leben der Menschen im 21. Jahrhundert sind nur einige Beispiele dafür. Die Deutung und Beurteilung solcher tief greifenden Veränderungen und damit Wendepunkten in der Geschichte hängt in hohem Maße davon ab, welche Erklärungsmodelle die jeweiligen Betrachter heranziehen. Ein solches Erklärungsmodell bieten sogenannte Modernisierungstheorien.

Modernisierungstheorie

Der Begriff der Modernisierung fand Mitte des 20. Jahrhunderts Eingang in die Geschichtswissenschaft. Ausgangspunkt dafür war die allgemeine Erkenntnis, dass Geschichte nicht nur von „großen Männern", also einzelnen Akteuren gemacht wird. Auch das Handeln von bestimmten Gruppen, Klassen oder Parteien schien als Erklärungsmodell für historischen Wandel nicht mehr allein ausreichend. Eine Reihe von Historikern vertrat nunmehr die Auffassung, dass bisherige Formen der Lebensweise und Herrschaftsausübung, überlieferte Normen oder traditionelle Produktionsweisen sich mindestens genauso stark durch Erfindungen, durch kulturelle Entwicklungen, durch den Einfluss neuer Theorien oder auch durch gewandelte Einstellungen der Menschen zu ihrer Umwelt ändern. Die Entdeckung ferner Länder und Kriege sind in der Geschichte ebenfalls für Umbrüche verantwortlich gewesen. Kurz: Vielfältige Modernisierungsprozesse in Wirtschaft, Herrschaft und Kultur bedingen sich wechselseitig und können die Gesellschaft nachhaltig verändern.

Wichtige Ereignisse innerhalb solcher Modernisierungsphasen in einer Gesellschaft erscheinen Zeitgenossen oder späteren Historikern als „Wendepunkte". Aus der Sicht von Zeitgenossen sind diese Umbrüche häufig ein zwiespältiger Prozess. Sie gehen einher mit der Überwindung herkömmlicher, traditionaler Formen des menschlichen Zusammenlebens, Denkens oder auch Wirtschaftens im Interesse des allgemeinen Fortschritts. Die Sozialstruktur der betreffenden Gesellschaft verändert sich, ein sozialer Wandel findet statt. Dadurch müssen die Menschen alte Traditionen aufgeben und sich an Neues gewöhnen. Welche Vorteile das Neue, die Modernisierung, mit sich bringt, vermögen sie dabei nicht immer gleich zu erkennen. Das ist häufig mit Zukunftsängsten verbunden.

Das Denken vieler Vertreter von Modernisierungstheorien wurde und wird von einem allgemeinen Fortschrittsoptimismus getragen. Im Gegensatz dazu werden zunehmend auch die damit verbundenen negativen Folgen betont: Entwurzelung, Aufgabe gewohnter Lebensweisen, Denkmuster oder bewährter politischer und sozialer Organisationen.

Q 1

Der Jahrhundertspiegel, Darstellung eines unbekannten Künstlers zur Weltausstellung 1876 in Philadelphia

Die Materialien D 1 und D 2 geben anhand konkreter historischer Prozesse Aufschluss über die Zwiespältigkeit von „Modernisierung". Q 2 zeigt, zu welchen Konflikten solche Prozesse auch heute noch führen können.

1. Fassen Sie in D 1 und D 2 erwähnten historischen Vorgänge in einem Kurzreferat zusammen.
2. Erläutern Sie das Verhältnis von Krise, Revolution und Modernisierung, das bei Wehler (D 1) anklingt.
3. Verfassen Sie in Zweiergruppen Kommentare zur industriellen Modernisierung (D 2): Einer von Ihnen betont die negativen Seiten dieses Prozesses, der andere die positiven. Tragen Sie sich wechselseitig Ihre Ergebnisse vor und versuchen Sie zu einem Fazit zu kommen.
4. Analysieren Sie die Grafik D 3.
5. Arbeiten Sie heraus, welche der in D 3 genannten Maßnahmen zu Konflikten zwischen gesellschaftlichen Akteursgruppen führen können (z. B. Beschäftigtengruppen, Arbeitgebern usw.).
6. Erläutern Sie, inwiefern Beck's „Risikogesellschaft" (Q 2) vom rationalen Kapitalismus nach Weber (Q 3) abweicht.

D 1

Modernisierungsprozesse im 19. Jahrhundert

Der Historiker Hans-Ulrich Wehler schreibt am Beginn seiner vierbändigen Gesellschaftsgeschiche:

Offensichtlich setzt der säkulare Prozess des Bevölkerungswachstums auch in Deutschland vor der Mitte des 18. Jahrhunderts ein. Ebenso begann die allmähliche Modernisierung der Landwirtschaft im ausgehenden 18. Jahrhundert […]. Die sozialen Strukturen der deutschen Territorialgesellschaften waren spätestens seit dem 18. Jahrhundert in einem tiefen Wandel begriffen, der bald nach der Jahrhundertwende noch einmal beschleunigt wurde. […] Das Vordringen „marktbedingter" und schließlich „sozialer Klassen" kann […] als „Maßstab dieser Modernisierung" der Gesellschaft gelten. Diese und verwandte Prozesse können, ja müssen als unmittelbare oder vermittelte Folgen des Kapitalismus begriffen werden, andere aber entziehen sich dieser Deutung, verweisen vielmehr auf eigene Überlieferungen, Triebkräfte, Bedingungen. Die fortschreitende Staatsbildung gehört dazu, auch der Bürokratisierungsprozeß, der im 18. Jahrhundert in wesentlichen Grundzügen bereits zu erkennen ist. […] Mit der Bürokratisierung […] war längst vor der Mitte des 19. Jahrhunderts einer der wahrhaft universellen Organisationstrends der modernen Geschichte in unaufhaltsamem Vordringen begriffen.

Die großen Rechtskodifikationen am Ausgang des 18. Jahrhunderts und im frühen 19. Jahrhundert führten zusammen mit dem Aufbau einer eigenen Justizverwaltung ungeachtet aller rückwärts gewandten Züge Elemente einer Modernität ein, die sich als ungemein folgenreich erweisen sollte – sei es für die vom preußischen „Allgemeinen Landrecht" normierte Sozialordnung oder für die von vielen Gesetzeswerken verbesserte rationale Vorauskalkulierbarkeit von Rechtssicherheit, wirtschaftlichem Verhalten und Funktionieren des Staatsapparats. Das gesamte Erziehungssystem befand sich seit dem 18. und in den ersten Jahrzehnten des 19. Jahrhunderts in zügiger Entwicklung, vor der Mitte des 19. Jahrhunderts waren wichtige Fundamente befestigt und Fortschritte konsolidiert. Das trifft besonders auf den Bereich der Universitäten zu. […]

Aufklärung und Rationalismus faßten im 18. Jahrhundert festen Fuß. Eine lebhaft räsonierende „aufgeklärte" Intelligenz unterwarf fast alle Traditionen einer „vernünftigen" Kritik, die tendenziell jede Überlieferung auflöste. Das Forum einer bürgerlichen Öffentlichkeit wurde deutlich erkennbar. An den Hochschulen drang rationale Kritik in nahezu allen Bereichen kräftig voran. Der indirekte Einfluß der Französischen Revolution gab dem Emanzipationsdenken mächtigen Auftrieb, der direkte Einfluß der napoleonischen Kriege führte zu einem neuen Modernisierungsschub. All das wäre ausschließlich im Zusammenhang des deutschen Kapitalismus nicht angemessen erfaßbar.

Hans-Ulrich Wehler: Deutsche Gesellschaftsgeschichte, Bd. 1–5, Beck, München 1996–2008, Bd. 1, S. 21–23.

D 2

Zwei Gesichter der Modernisierung

Der englische Historiker David Landes äußert sich 1983 über Industrialisierung und Modernisierung:

Die Industrialisierung bildet […] das Kernstück eines größeren und komplexeren Prozesses, den man häufig als Modernisierung bezeichnet. Es handelt sich hier um jene Kombination von Veränderungen – der Produktions- und der Regierungsweise, der sozialen und institutionellen Ordnung, des Wissens, des Verhaltens und der Werte –, die im 20. Jahrhundert einer Gesellschaft ihre Eigenständigkeit bewahren. Modernisierung bedeutet, daß die Staaten bei der Erzeugung materiellen und kulturellen Reichtums auf gleicher Ebene miteinander konkurrieren können, daß es ihnen ferner gelingt, ihre Unabhängigkeit zu behalten und weitere Umwandlungen herbeizuführen und sich ihnen anzupassen. Sie umfaßt solche Entwicklungen wie die Urbanisierung (die Konzentration der Bevölkerung in Städten, die als Knotenpunkte der industriellen Produktion, der Verwaltung sowie der geistigen und künstlerischen Tätigkeit dienen); einen starken Rückgang sowohl der Sterbefälle als auch der Geburten (der sog. demographische Übergang); die Einrichtung einer wirksam arbeitenden, zentralisierten und bürokratischen Regierung; ein Erziehungssystem, das in der Lage ist, die Kinder der betreffenden Gesellschaft durch Ausbildung und Weckung sozialgestalterischer Fähigkeiten auf ein Niveau zu erheben, das ihren Möglichkeiten und dem höchsten Wissensstand entspricht; und schließlich den Erwerb der Fertigkeit und Mittel, um eine moderne Technologie zur Anwendung zu bringen.

Alle diese Elemente sind […] zwar voneinander abhängig; sie bewahren aber bis zu einem gewissen Grad ihre Selbständigkeit. Es ist also durchaus möglich, daß die Entwicklung in einigen dieser Bereiche hinter der in anderen herhinkt, wie dies in Entwicklungsländern der Fall ist. Der einzige geradezu unentbehrliche Bestandteil der Modernisierung ist die technologische Reife und die mit ihr verbundene Industrialisierung. […]

Europa gereichte es zum Segen, daß der technologische Wandel und die Industrialisierung den übrigen Elementen der Modernisierung vorausgingen oder sie begleiteten. So blieben ihm die materiellen und psychischen Nachteile eines unausgewogenen Reifungsprozesses erspart. Dort, wo dies nicht geschah – man denke etwa an die Anstrengungen Peters des Großen, die Verwestlichung einer Leibeigenen-Gesellschaft mit Gewalt durchzusetzen, die Bevölkerungsexplosion in der primitiven und armen Agrarlandschaft Irlands oder an die Urbanisierung der europäischen Mittelmeerländer mit einer vorindustriellen Gesellschaft –, war die Ernte Tod, bitteres Elend und dauernder Groll.

Aber auch das industrielle Europa litt an Wachstumsschmerzen, die nur im Vergleich mit den Extremfällen einer beschleunigten Modernisierung oder mit der tiefen Armut und den schweren Leiden der rückständigen, nichtindustrialisierten Gesellschaften in Asien, Afrika und Lateinamerika erträglich erschienen. Denn die Mechanisierung eröffnete zwar für alle Menschen neue Aussichten auf Komfort und Wohlstand; sie zerstörte aber auch die Existenz eines Teils und bewirkte, daß andere im Strom des Fortschritts ganz hinten schwammen. […] So ging die Zahl der Opfer der industriellen Revolution in die Hunderttausende und selbst in die Millionen. (Andererseits wäre es vielen dieser Opfer ohne die Industrialisierung noch schlechter ergangen.) Sie vertiefte insbesondere in ihrem Frühstadium die Kluft zwischen Reichen und Armen, Arbeitgebern und Arbeitnehmern und stieß dadurch das Tor zu Klassenkonflikten von einer nie erlebten Bitterkeit auf.

David S. Landes: Der entfesselte Prometheus. Technologischer Wandel und industrielle Entwicklung in Westeuropa von 1750 bis zur Gegenwart. Übers. v. Franz Becker, dtv, München 1983, S. 20 f. © Kiepenheuer & Witsch, Köln 1973.

D 3

Maßnahmen gegen Fachkräftemangel

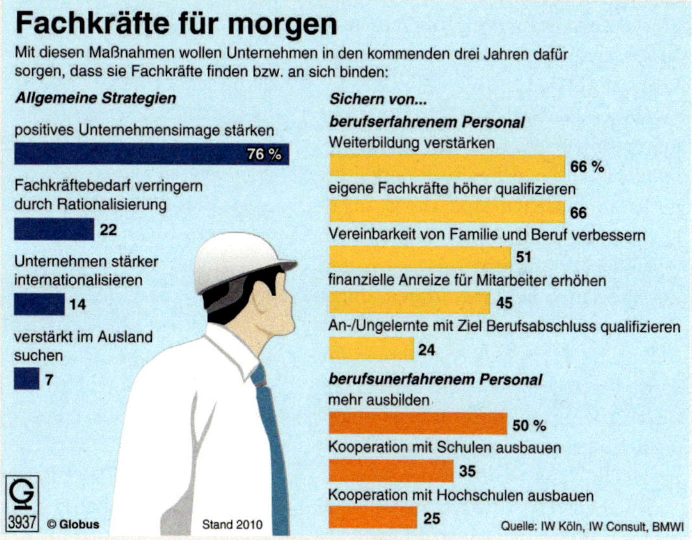

Wirtschaftswissenschaftler diagnostizieren einen Fachkräftemangel, der in Deutschland bis weit in die 2020er Jahre anhalten werde. Hieran kann man die Zusammenhänge zwischen einer scheinbar autonomen gesellschaftlichen Entwicklung einerseits und bewussten politischen und wirtschaftlichen Entscheidungen andererseits gut verdeutlichen. Der Mangel an bestimmten Fachkräften geht auf veränderte Anforderungen im Zuge z. B. der Digitalisierung zurück. Zudem haben aber auch die staatliche Bildungspolitik und die Ausbildungspraxis von Unternehmen Auswirkungen gehabt. Die in der Grafik angesprochenen Maßnahmen auf Unternehmensseite werden ihrerseits wieder gesellschaftliche Auswirkungen haben, also z. B. von Beschäftigtengruppen als Modernisierungsdruck wahrgenommen werden.

Q 2

Risikogesellschaft

Der Soziologe Ulrich Beck (1944–2015) schreibt 1986 in seinem Buch „Risikogesellschaft“:

Wir [sind] Augenzeugen [...] eines Bruches innerhalb der Moderne [...], die sich aus den Konturen der klassischen Industriegesellschaft herauslöst und in eine neue Gestalt – die hier so genannte (industrielle) „Risikogesellschaft“ – ausprägt. Dies erfordert eine schwierige Balance zwischen den Widersprüchen von Kontinuität und Zäsur in der Moderne [...]. In der fortgeschrittenen Moderne geht die gesellschaftliche Produktion von Reichtum systematisch einher mit der gesellschaftlichen Produktion von Risiken. Entsprechend werden die Verteilungsprobleme und Konflikte der Mangelgesellschaft überlagert durch die Probleme und Konflikte, die aus der Produktion, Definition und Verteilung wissenschaftlich technisch produzierter Risiken entstehen.

Dieser Wechsel von der Logik der Reichtumsverteilung in der Mangelgesellschaft zur Logik der Risikoverteilung in der entwickelten Moderne ist historisch an mindestens zwei Bedingungen gebunden. Er vollzieht sich [...] erstens dort und in dem Maße, in dem durch das erreichte Niveau der menschlichen und technologischen Produktivkräfte sowie der rechtlichen und sozialstaatlichen Sicherungen und Regelungen echte materielle Not objektiv verringert und sozial ausgegrenzt werden kann.

Zweitens ist dieser kategoriale Wechsel zugleich davon abhängig, daß im Zuge der exponentiell wachsenden Produktivkräfte im Modernisierungsprozeß Risiken und selbst Bedrohungspotentiale in einem bis dahin unbekannten Ausmaße freigesetzt werden. [...]

Die Verteilung von und Verteilungskonflikte um den gesellschaftlich produzierten Reichtum stehen so lange im Vordergrund, wie in Ländern und Gesellschaften [...] die „Diktatur der Knappheit“ das Denken und Handeln der Menschen beherrscht. Unter diesen Bedingungen der Mangelgesellschaft steht und vollzieht sich der Modernisierungsprozeß unter dem Anspruch, mit den Schlüsseln der wissenschaftlich-technischen Entwicklung die Tore zu den verborgenen Quellen des gesellschaftlichen Reichtums aufzuschließen. Diese Verheißungen der Befreiung von unverschuldeter Armut und Abhängigkeit liegen dem Handeln, Denken und Forschen in Kategorien sozialer Ungleichheit zugrunde, und zwar von der Klassen- über die Schichten- bis zur individualisierten Gesellschaft.

In den hochentwickelten, reichen Wohlfahrtsstaaten des Westens geschieht nun ein Doppeltes: Einerseits verliert der Kampf um das „tägliche Brot“ [...] die Dringlichkeit eines alles in den Schatten stellen Kardinalproblems. An die Stelle des Hungers treten für viele Menschen die „Probleme“ der „dicken Bäuche“ [...].

Dem Modernisierungsprozeß wird damit jedoch seine bisherige Legitimationsgrundlage entzogen: die Bekämpfung des evidenten Mangels, für die man auch so manche [nicht mehr ganz] ungesehene Nebenfolge in Kauf zu nehmen bereit war.

Parallel verbreitet sich das Wissen, daß die Quellen des Reichtums verunreinigt sind durch wachsende „Nebenfolgengefährdung“. Dies ist keineswegs neu, blieb aber lange Zeit im Bemühen der Überwindung von Not unbemerkt. Diese Nachtseite gewinnt überdies durch die Überentwicklung der Produktivkräfte an Bedeutung. Im Modernisierungsprozeß werden mehr und mehr auch Destruktivkräfte in einem Ausmaß freigesetzt, vor denen das menschliche Forschungsvermögen fassungslos steht. [...].

[Fünf Thesen]:

1. Risiken, wie sie in der fortgeschrittenen Stufe der Produktivkräfte erzeugt werden – damit meine ich in erster Linie die [...] Radioaktivität, aber auch Schad- und Giftstoffe in Luft, Wasser, Nahrungsmitteln [...] – unterscheiden sich wesentlich von Reichtümern. Sie setzen systematisch bedingte, oft irreversible Schädigungen frei, bleiben im Kern meist unsichtbar, basieren auf kausalen Interpretationen, stellen sich also erst und nur [...] im Wissen um sie her, können [...] dramatisiert oder verharmlost werden und sind insofern im besonderen Maße offen für soziale Definitionsprozesse. Damit werden Medien und Positionen der Risikodefinition zu gesellschaftlich-politischen Schlüsselstellungen.

2. mit der Verteilung und dem Anwachsen entstehen soziale Gefährdungslagen. Diese folgen zwar in einigen Dimensionen der Ungleichheit von Schicht- und Klassenlagen, bringen jedoch eine wesentlich andere Verteilungslogik zur Geltung: Modernisierungsrisiken erwischen früher oder später auch die, die sie produzieren oder von ihnen profitieren. Sie enthalten einen Bumerangeffekt, der das Klassenschema springt. Auch die Reichen und Mächtigen sind vor ihnen nicht sicher. Dies nicht nur als Gesundheitsgefährdung, sondern auch als Gefährdungen von Legitimation, Besitz und Gewinn: mit der sozialen Anerkennung von Modernisierungsrisiken sind ökologische Entwertung und Enteignungen verbunden, die vielfältig und systematisch in Widerspruch zu den Gewinn- und Besitzinteressen treten, die den Industrialisierungsprozeß vorantreiben. Gleichzeitig produzieren Risiken neue internationale Ungleichheiten [...].

3. Dennoch brechen die Verbreitung und Vermarktung von Risiken keineswegs mit der kapitalistischen Entwicklungslogik, sondern heben diese vielmehr auf eine neue Stufe. Modernisierungsrisiken sind Big Business. [...]

4. [...] Zugespitzt und schematisch gesprochen: In Klassen- und Schichtlagen bestimmt das Sein das Bewußtsein, während in Gefährdungslagen das Bewußtsein das Sein bestimmt. Das Wissen gewinnt eine neue politische Bedeutung. [...]

5. Sozial anerkannte Risiken [...] enthalten einen eigentümlichen politischen Zündstoff: [...] Plötzlich regieren

die Öffentlichkeit und die Politik in den Intimbereich des betrieblichen Managements hinein – in Produktplanung, technische Ausstattung usw. Dabei wird [...] deutlich, worum es im öffentlichen Streit um Risiken eigentlich geht: nicht nur um gesundheitliche Folgeprobleme von Natur und Mensch, sondern um die sozialen, wirtschaftlichen und politischen Nebenfolgen dieser Nebenfolgen: Markteinbrüche, Entwertung des Kapitals, bürokratische Kontrollen betrieblicher Entscheidungen, Öffnung neuer Märkte, Mammutkosten, Gerichtsverfahren, Gesichtsverlust. In der Risikogesellschaft entsteht so in kleinen und großen Schüben [...] – das politische Potenzial von Katastrophen. Deren Abwehr und Handhabung kann eine Reorganisation von Macht und Zuständigkeit einschließen. Die Risikogesellschaft ist eine katastrophale Gesellschaft, in ihr droht der Ausnahmezustand zum Normalzustand zu werden. [...].

Ulrich Beck: Risikogesellschaft. Auf dem Weg in eine andere Moderne. Suhrkamp, Frankfurt a. M. 1986 S. 13f., S. 25–31.

Q 3

Der Geist des Kapitalismus

Der Gesellschaftswissenschaftler Max Weber (1864–1920) schreibt in einem 1920 veröffentlichten Aufsatz:

Die heutige kapitalistische Wirtschaftsordnung ist ein ungeheurer Kosmos, in den der Einzelne hineingeboren wird und der für ihn, wenigstens als Einzelnen, als faktisch unabänderliches Gehäuse, in dem er zu leben hat, gegeben ist. Er zwingt dem Einzelnen, so weit er in den Zusammenhang des Marktes verflochten ist, die Normen seines wirtschaftlichen Handelns auf. Der Fabrikant, welcher diesen Normen dauernd entgegen handelt, wird ökonomisch ebenso unfehlbar eliminiert, [ausgelöscht] wie der Arbeiter, der sich ihnen nicht anpassen kann oder will, als Arbeitsloser auf die Straße gesetzt wird.

Der heutige, zur Herrschaft im Wirtschaftsleben gelangte Kapitalismus also erzieht und schafft sich im Wege der ökonomischen Auslese die Wirtschaftssubjekte – Unternehmer und Arbeiter – deren er bedarf. Allein gerade hier kann man die Schranken des „Auslese"-Begriffes als Mittel der Erklärung historischer Erscheinungen mit Händen greifen. Damit jene der Eigenart des Kapitalismus angepasste Art der Lebensführung und Berufsauffassung „ausgelesen" werden, d. h. über andere den Sieg davontragen konnte, mußte sie offenbar zunächst entstanden sein, und zwar nicht in einzelnen isolierten Individuen, sondern als eine Anschauungsweise, die von Menschengruppen getragen wurde. Diese Entstehung ist also eigentlich das zu Erklärende. [...]

Bis gegen die Mitte des vorigen Jahrhunderts [des 19. Jhdts] war das Leben eines Verlegers wenigstens in manchen Branchen der kontinentalen Textilindustrie ein für unsere heutigen Begriffe ziemlich gemächliches. [...] Irgendwann nun wurde diese Behaglichkeit plötzlich gestört, und zwar oft ganz ohne daß dabei irgend eine prinzipielle Änderung der Organisationsform – etwa Übergang zum geschlossenen Betrieb, zu Maschinenstuhl und dergleichen – stattgefunden hätte. Was geschah, war vielmehr oft lediglich dies: dass irgendein junger Mann aus einer der beteiligten Verlegerfamilien aus der Stadt auf das Land zog, die Weber für seinen Bedarf sorgfältig auswählte, ihre Abhängigkeit und Kontrolle zunehmend verschärfte, [...] den Absatz durch möglichst direktes Herangehen an die letzten Abnehmer, [...] ganz in die eigene Hand nahm, Kunden persönlich warb, sie regelmäßig jährlich bereiste, vor allem aber die Qualität der Produkte ausschließlich ihren Bedürfnissen und Wünschen anzupassen, ihnen „mundgerecht" zu machen wußte und zugleich den Grundsatz „billiger Preis, großer Umsatz" durchzuführen begann. Alsdann wiederholte sich, was immer und überall die Folge eines solchen „Rationalisierungs"-Prozesses ist: Wer nicht hinaufstieg, mußte hinabsteigen. Die Idylle brach unter dem beginnenden erbitterten Konkurrenzkampf zusammen, ansehnliche Vermögen wurden gewonnen und nicht auf Zinsen gelegt, sondern immer wieder im Geschäft investiert, die alte behäbige und behagliche Lebenshaltung wich harter Nüchternheit, bei denen, die mitmachten und hochkamen, weil sie nicht verbrauchen, sondern erwerben wollten, bei denen, die bei der alten Art blieben, weil sie sich einschränken mußten. [...] Es war in solchen Fällen in der Regel nicht etwa ein Zustrom neuen Geldes, welcher diese Umwälzung hervorbrachte [...], sondern [...] eben der „Geist des modernen Kapitalismus", der eingezogen war. Die Frage nach den Triebkräften der Expansion des modernen Kapitalismus ist nicht in erster Linie eine Frage nach der Herkunft der kapitalistisch verwertbaren Geldvorräte, sondern vor allem nach der Entwicklung des kapitalistischen Geistes. [...].

Es scheint [...], als sei die Entwicklung des kapitalistischen Geistes [...] am einfachsten als Teilerscheinung der Gesamtentwicklung des Rationalismus zu verstehen und müsse aus dessen prinzipieller Stellung zu den letzten Lebensproblemen ableitbar sein. Dabei käme also der Protestantismus nur insoweit historisch in Betracht, als er etwa als „Vorfrucht" rein rationalistischer Lebensanschauungen eine Rolle gespielt hätte.

Max Weber: Die protestantische Ethik und der Geist des Kapitalismus. In: Max Weber:- Gesammelte Aufsätze zur Religionssoziologie I, 8. Auflage, Mohr, Tübingen 1988, S. 36–61.

Wendepunkte in der Geschichte – vier Beispiele

In den vorangegangenen Abschnitten dieses Kapitels haben Sie herausarbeiten können, dass sehr unterschiedlich geartete Krisen, Revolutionen und Modernisierungsprozesse zu Wendepunkten in der Geschichte führen können. Bevor Sie in den beiden anschließenden Kapiteln jeweils ein Beispiel ausführlich untersuchen, deuten und beurteilen werden, wird Ihnen hier zur besseren Einordnung in die Geschichte ein Überblick über wichtige Entwicklungsschübe von der Antike bis zur Gegenwart gegeben.

ANTIKE
ab 2. Jahrhundert v. Chr.

Krisenerscheinungen:
- wachsende Not römischer Kleinbauern

Reaktionen auf die Krise:
- politische und soziale Unruhen

Ergebnisse:
→ Die Brüder Tiberius (133 v. Chr.) und Gaius (123 v. Chr.) Gracchus versuchen, durch moderate Ackergesetze Land an verarmte Bauern zu verteilen. Dabei stützen sie sich auf die Volksversammlung.

→ Beide Reformer werden von ihren Gegnern ermordet. Die Gegner dieser Politik – sie nennen sich die „Optimaten" (= die Besten) – sind nicht bereit, ihre Macht mit den „Popularen" (= Vertreter des Volkes) zu teilen. Letztere stützen sich auf die Volksversammlung, Erstere sind Angehörige des Senats.

→ Im Verlauf der folgenden Jahrzehnte kommt es immer wieder zu Bürgerkriegen bzw. der Errichtung von Diktaturen (Sulla/Caesar).

Wendepunkt:

Zerfall der römischen Republik

Errichtung des Prinzipats

Rom beherrscht die damals bekannte Welt

MITTELALTER
14./15. Jahrhundert

Krisenerscheinungen:
- große Bevölkerungsverluste durch Seuchen (zwischen ein Drittel und der Hälfte der Bevölkerung Europas fallen der Pest seit 1347 zum Opfer)
- seit 1316 Missernten und europaweite Hungersnöte durch Klimawandel und Wirtschaftskrisen

Reaktionen auf die Krise:
- politische und soziale Unruhen
- Geißlerbewegung
- Judenverfolgungen

Ergebnisse:
→ Wandel der Sozialstruktur: Niedergang der Ritter zugunsten des städtischen Bürgertums

→ Reformbewegungen in der Kirche

→ staatliche Integration durch Zentralisierung von Entscheidungen und Zunahme politischer, wirtschaftlicher und gesellschaftlicher Verflechtungen

→ Ausbildung gemeinsamer Strukturen, Institutionen und Werte

→ Wandel des mittelalterlichen Weltbildes

Wendepunkt:

Entstehung der frühneuzeitlichen Staatenordnung

Reformation

Expansion nach Übersee

NEUZEIT
18./19. Jahrhundert

Krisenerscheinungen:
- Wirtschaftskrisen
- soziale Unruhen
- wachsende Kritik in der Öffentlichkeit durch Vertreter der Aufklärung
- königliches Regime verliert Glaubwürdigkeit

Reaktionen auf die Krise:
- Reformversuche
- Einberufung der Generalstände
- Erklärung des 3. Standes zur Nationalversammlung
- Zusammenziehen von Truppen um Paris

Ergebnisse:
→ Sturm auf die Bastille
→ Errichtung einer konstitutionellen Monarchie
→ gewaltsamer Sturz der Monarchie und Gründung einer Republik

Wendepunkt:

Ende des Zeitalters des Absolutismus – Entstehung der modernen bürgerlichen Gesellschaft

NEUZEIT
20. Jahrhundert

Krisenerscheinungen:
- Weltwirtschaftskrise
- Zusammenbruch der New Yorker Börse erfasst bald die ganze Welt
- weltweite Depression
- Massenarbeitslosigkeit

Reaktionen auf die Krise:
- Deflationspolitik (Deutschland)
- Konjunkturprogramme (USA)

Ergebnisse:
in Deutschland:
→ Radikalisierung der Gesellschaft
→ autoritäre Systeme entstehen
→ in Deutschland gelangen die Nationalsozialisten an die Macht
in USA:
→ Politische Stabilisierung im Zeichen des New Deal

Wendepunkt:

Der deutsche Nationalsozialismus stürzt die Welt in den Krieg

Millionen Juden fallen in einem beispiellosen Genozid den Nationalsozialisten zum Opfer

USA werden endgültig zur Weltmacht

„American Revolution" – Die Unabhängigkeit der USA

Wer die USA der Gegenwart von Grund auf verstehen will, muss bis zu ihrer Entstehung in der „American Revolution" zurückschauen: 1776 erklärten sich 13 Kolonien an der Ostküste für unabhängig vom britischen Mutterland, gründeten eine Republik und verabschiedeten eine den Menschenrechten und der Gewaltenteilung verpflichtete Verfassung. Diese Zeit ist bis heute für die USA und ihr Selbstverständnis prägend.
Unzählige Mythen ranken sich um Ereignisse, Personen und Orte jener Zeit; sie werden bis heute tradiert und haben noch immer einen hohen Stellenwert – gerade auch in der politischen Rhetorik, wie etwa der Bezug auf die *Tea Party* in der Selbstbezeichnung einer konservativen Strömung der republikanischen Partei zeigt.

Was waren Gründe und Anlässe der Revolution?
Wie lässt sich der Bewusstseinswandel der Kolonisten innerhalb weniger Jahre von Untertanen des englischen Königs hin zu selbstbewussten Bürgern erklären?
Wie wurde aus der anfänglichen Protestbewegung eine Revolution bzw. ein Unabhängigkeitskrieg?
Ging die revolutionäre Dynamik von den unteren Schichten oder der kolonialen Elite aus?
Welche Rolle spielten Minderheiten (z. B. Sklaven oder Indigene) in der Revolution?
Wie erinnern sich die US-Amerikaner heutzutage an diese Zeit, welche Personen und Ereignisse stehen im Fokus des geschichtskulturellen Interesses?

Wenn Sie das Kapitel mit folgenden Schritten durcharbeiten, finden Sie Antworten auf die Leitfragen und schulen zugleich Ihre Kompetenzen im Umgang mit der Geschichte:

Politische Verfasstheit der Kolonien

Wirtschaftliche Bedeutung

Analysieren und Deuten der Gesellschaft in den nordamerikanischen Kolonien und ihrer Entwicklung

→ mit Perspektivität umgehen
→ Sach- und Werturteile formulieren

Verhältnis zum Mutterland

Eskalation in den 1770er Jahren

Entfremdung vom Mutterland

Analysieren, Deuten und Beurteilen der Spannungen zwischen den Kolonien und dem Mutterland

→ mit Perspektivität umgehen
→ Sach- und Werturteile formulieren
→ eigene Deutung von Vergangenheit vornehmen

Siebenjähriger Krieg und seine globale Bedeutung

Proteste und Boykotte in den Kolonien

Sozialer Konflikt zwischen „Rebellen“ und „Loyalisten“

Die Verfassung der USA

Der „Gründervater“ George Washington

Analysieren und Beurteilen des Unabhängigkeitskrieges

→ mit Kategorien und Begriffen arbeiten
→ eigene Deutungen vornehmen
→ Sach- und Werturteile formulieren

Geistige Wurzeln der Unabhängigkeitsbewegung

Unabhängigkeitserklärung

Revolutionsbegriff

Deuten und Beurteilen des Prozesses der American Revolution und der Erinnerung daran

→ mit Perspektivität umgehen
→ Konstruktcharakter von Geschichte reflektieren
→ historische Bedingtheit vergangener und gegenwärtiger Identitätskonstruktionen analysieren

Nationale Identität

Geschichts- und Erinnerungskultur in den USA

Abbildung: Johannes Adam Simon Oertel (1823–1909): Pulling Down the Statue of King George III. in New York City, Öl auf Leinwand, 81,3 x 104,8 cm, um 1853

Die Gesellschaft in den nordamerikanischen Kolonien

Zunächst hatte die britische Krone nur geringes Interesse, die inneren Angelegenheiten der Siedlergemeinschaften zu reglementieren. Mit der steigenden wirtschaftlichen und militärischen Bedeutung der Kolonien kam es jedoch zu vermehrten Konflikten zwischen britischem Herrschaftsanspruch und dem amerikanischen Streben nach Eigenständigkeit.

Der folgende Darstellungstext bietet Ihnen die Möglichkeit, sich mit der Entwicklung der britischen Kolonien in Nordamerika von ca. 1600 bis in die 1750er Jahre auseinanderzusetzen. Sie erhalten einen Einblick in ihre innere Verfasstheit sowie ihr Verhältnis zum Mutterland.

1 Skizzieren Sie die Entwicklung der britischen Kolonien in Nordamerika von ihrer Gründung bis in die 1750er Jahre.
2 Charakterisieren Sie das Verhältnis von Kolonien und Mutterland in diesem Zeitraum.
3 Beschreiben Sie die wirtschaftlichen Grundlagen der Kolonien (D 1).

Die Kolonisierung Nordamerikas durch die Briten

Die Kolonisierung Nordamerikas durch die Briten begann im späten 16. Jahrhundert. 1607 wurde mit Jamestown in Virginia die erste dauerhafte Siedlung angelegt. In den folgenden Jahrzehnten kamen zahlreiche weitere Koloniegründungen hinzu. Militärischer Druck führte dazu, dass die niederländische Kolonie Neu Amsterdam 1667 an Großbritannien abgetreten wurde – das heutige New York. Die bis heute wohl bekanntesten Kolonisten sind die „Pilgerväter", die 1620 bei Cape Cod in Massachusetts landeten. Sie verließen England aus religiösen Gründen, da in ihren Augen die anglikanische Staatskirche die Ziele der Reformation nur ungenügend umsetzte. Ihr Mayflower-Vertrag vom 11. November 1620 gilt als das früheste Dokument amerikanischer Selbstverwaltung.

In dieser Übereinkunft fand das Verlangen nach Selbstbestimmung und religiöser Autonomie eine politische Ausdrucksform. Die Unterzeichner erklärten, ihr Gemeinwesen unter Anerkennung der Souveränität des englischen Königs selbst und gemäß gerechten Gesetzen leiten zu wollen. Ferner verpflichteten sie sich zu gegenseitigem Beistand und zu Gehorsam gegenüber Amtsträgern. Diese Vorstellungen von Selbsthilfe und Eigenverantwortung prägen das amerikanische Selbstverständnis bis heute.

Die Keimzelle der politischen Gemeinschaften lag oftmals in Kirchengemeinden, die die damals zentralen sozialen Institutionen waren. Ein Nebenprodukt von Religiosität und Gleichheitsideal bestand im Aufbau eines steuerfinanzierten Bildungssystems. Vor allem in den so genannten Neuengland-Kolonien Rhode Island, Massachusetts, New Hampshire und Connecticut herrschte eine hohe Alphabetisierungsquote; das Bildungsniveau war dort am Vorabend der Revolutionsepoche vergleichsweise hoch.

Die britischen Kolonien waren Siedlungskolonien. Private Kaufmannsgesellschaften brachten vor allem britische Siedlerinnen und Siedler nach Amerika, die vor Armut, Hunger und Krieg flohen und wegen der Aussicht auf wirtschaftliche Prosperität und freie Religionsausübung die gefährliche Reise antraten. Der Staat ließ die Handelsgesellschaften und Siedler gewähren und maß diesen Unternehmungen zunächst kein großes politisches Interesse bei, auch wenn die Gründungen mit königlichen Freibriefen erfolgten. Diese Phase des politischen Desinteresses des Mutterlandes an den Kolonien wurde später mit dem Begriff der „wohlwollenden Vernachlässigung" bezeichnet.

Zwar versuchten die englischen Kolonisten, manche gesellschaftlichen und wirtschaftlichen Gepflogenheiten aus der alten Heimat in die neue Welt mitzubringen; aufgrund der anderen sozialen Bedingungen entwickelten sich aber auch ganz neue (und von Kolonie zu Kolonie unterschiedliche) politische und wirtschaftliche Vorstellungen. Diese Eigenheiten prägten die Kolonien fortan – sowohl im Inneren als auch im äußeren Austausch mit dem englischen Mutterland.

Der Status der Kolonien und ihre innere Verfassung

So unterschiedlich wie ihre Entstehung war auch die Rechtsform der Kolonien. Es gab Eigentümerkolonien, königliche Kolonien und so genannte Charterkolonien. Die ältesten Kolonien waren Eigentümerkolonien. Als Eigentümer fungierten Familien oder Handelsgesellschaften – so z. B. die Familie Penn, die Pennsylvania gründete. Bei den Charterkolonien regelte eine vom König verliehene Urkunde (engl. charter) das Rechtsverhältnis zwischen König und Kolonie. Nach und nach entstanden auch königliche Kolonien, d. h. der englische Staat gründete nun selbst. Die Rechtsform der Kolonien konnte sich ändern, weil z. B. die Eigentümer freiwillig auf ihre Rechte verzichteten und sie der Krone abtraten oder weil der König den bisherigen Rechtsstatus aufhob. Von den 13 Kolonien am Ende der Kolonialzeit waren acht königliche Kolonien, drei Eigentümerkolonien und zwei Charterkolonien.

Parlamentarische Mitbestimmung hatte in Großbritannien eine lange Tradition. Anders als in Kontinentaleuropa hatte sich in England der Absolutismus nicht durchgesetzt; die Macht des Königs war bereits seit 1215 beschränkt, als ein Adelsrat, aus dem sich später das Parlament entwickelte, dem damaligen Herrscher mit der Magna Charta Libertatum (Große Freiheitsurkunde) neben Schutzrechten vor staatlicher Willkür auch ein Mitbestimmungsrecht bei Steuererhebungen abgerungen hatte. Nach einem Bürgerkrieg zwischen König und Parlament und der Vertreibung Jakobs II. in der „Glorious Revolution" stimmte 1689 der neu eingesetzte König Wilhelm III. von Oranien der „Bill of Rights" zu, die unter anderem die Rechte und Freiheiten des Parlaments sicherte sowie die Befugnisse des Königs genau regelte. England wurde dadurch praktisch eine konstitutionelle Monarchie. Fortan teilten sich König und Parlament die Souveränität.

Als Repräsentant des englischen Königs diente je Kolonie ein Gouverneur. Der Exekutive um den Gouverneur stand ein nach dem Zensuswahlrecht gewähltes Parlament (assembly) zur Seite. Es verfügte gemäß dem Vorbild des englischen Parlaments über das Gesetzgebungsrecht. Der Gouverneur konnte allerdings gegen jede gesetzgeberische Maßnahme der assemblies ein Veto einlegen.

Das Verhältnis zwischen Kolonien und Mutterland

1612 wurde die Tabakpflanze nach Virginia eingeführt; wenige Jahre später bereits nahm die Kolonie mehr ein als sie kostete. In den folgenden Jahrzehnten begannen die Siedler weitere, in England sehr begehrte Rohstoffe anzubauen (Reis, Indigo). Im Laufe des 17. und 18. Jahrhunderts wuchs daher das Interesse des Mutterlandes an den Kolonien. Ein Indiz dafür ist die steigende Zahl königlicher Kolonien.

Das vorrangige Ziel der englischen Politik war dabei die Prosperität Englands. Seit den 1660er Jahren regelten Handels- und Navigationsgesetze, dass viele Waren aus den Kolonien – wie z. B. Tabak, Zucker, Indigo oder Baumwolle – zunächst auf englischen Schiffen nach England gebracht und dort verzollt werden mussten, bevor sie dann von dort in andere Länder weiterexportiert werden konnten. Das galt auch für Im- und Exporte der nordamerikanischen Kolonien. Dadurch wurden Importe in die Kolonien teurer; durch Zölle verdiente der englische Staat erheblich mit. Das sorgte bald für Unmut unter den Kolonisten.

Es gelang der britischen Zentralgewalt im Laufe des 17. Jahrhunderts nicht, ihre Macht in den Kolonien zu erweitern. Die lokalen Parlamente konnten nach 1689 ihre Befugnisse sogar noch auszubauen. Sie verfügten – getreu ihrem Vorbild in Westminster – über die Finanzhoheit und kontrollierten auf diese Weise die Einnahmen und Ausgaben der Kolonien. Hinzu kam, dass die Parlamente während des 18. Jahrhunderts ihren gewachsenen Einfluss bis in die Exekutive ausdehnten, indem sie ihnen genehme Personen in Steuereinnehmer- oder Richterämter delegierten, so dass auch hier Macht und Ansehen der britischen Zentralgewalt geschwächt wurden. Zugleich wuchsen die Selbstständigkeit und das Selbstbewusstsein der Kolonisten.

Die politischen Veränderungen im Mutterland stärkten allerdings nicht nur das Selbstbewusstsein der kolonialen Parlamente. Die englische Regierung vertrat nach der Glorious Revolution 1689 den Standpunkt, dass sie ja bereits demokratisch legitimiert sei – und deshalb auch Bestimmungen in den Kolonien durchsetzen dürfe.

D 1

Die 13 Kolonien um 1770

Die Quellen werfen Schlaglichter auf Aspekte des kolonialen Lebens und des Selbstverständnisses, das sich in den Kolonien im 18. Jahrhundert herauszubilden begann.

1 Fassen Sie zusammen, welchen Personen der Koloniegründer Religionsfreiheit zugesteht und wem er politische Mitbestimmung gestattet (Q 1).

2 Erläutern Sie den Zusammenhang zwischen (Religions-)Freiheit, Wohlstand und Bevölkerungswachstum nach Auffassung von Pehr Kalm (Q 2).

3 Arbeiten Sie die politischen Verhältnisse in der Kolonie Virginia heraus (Q 3, Q 4).

4 Erläutern Sie die Probleme, die nach Kalm (Q 5) aus der starken Eigenständigkeit der Kolonien erwuchsen.

Q 1

Religionsfreiheit und politische Mitbestimmung in Pennsylvania

William Penn (London 1644–1718) studierte Theologie und Jura; seine Familie zählte zu den reichsten Großbritanniens. Als Gründer und Gouverneur der Kolonie Pennsylvania legte er fest:

Weil kein Volk, selbst bei dem höchsten Genuß bürgerlicher Freiheiten, wahrhaft glücklich sein kann, wenn es in seiner Gewissensfreiheit hinsichtlich des religiösen Bekenntnisses und des Gottesdienstes beschränkt wird, […] so gewähre und erkläre ich hiermit, daß keine Person […], die in dieser Provinz wohnt […] und einen allmächtigen Gott als Schöpfer, Erhalter und Herrscher der Welt bekennt […] und sich als verpflichtet erachtet […], friedlich unter der Zivilregierung zu leben, in irgendeinem Falle in ihrer Person oder ihrem Eigentum wegen ihrer durch ihr Gewissen vorgeschriebenen Überzeugung oder ihres Brauchtums belästigt oder benachteiligt werden soll […] und daß alle Personen, die sich im Glauben an Jesus, den Heiland der Welt, bekennen, berechtigt sein sollen (ungeachtet ihrer sonstigen Überzeugungen und Handlungen betreffs des Gewissens und der Religion), dieser Regierung in jeder Eigenschaft, legislativ wie exekutiv, zu dienen, falls sie […] dem König als Souverän Untertanenpflicht und dem Eigentümer der Kolonie sowie dem Gouverneur Treue geloben.

William Penn, in: Adolf Rock (Hrsg.): Dokumente der amerikanischen Demokratie. Limes Verlag, Wiesbaden 1953, S. 75.

Q 2

Ein Paradies für jedermann

Der schwedische Naturforscher Pehr Kalm unternimmt in den 1750er Jahren eine Expedition nach Nordamerika:

Die Menschen vermehren sich hier schneller als in Europa. Und es scheint auch nicht schwierig, dafür Gründe zu finden. Sobald man alt genug ist, kann man ohne Furcht vor Armut heiraten. Es gibt so viel gutes Land, das noch unbestellt ist, daß ein jungverheirateter Mann ohne Schwierigkeit ein Stück Grund und Boden erwerben kann, auf dem er mit Frau und Kindern ein zufriedenstellendes Auskommen hat. Die Steuern sind so niedrig, daß er sich darum keine Sorgen machen muß. Die Freiheiten, die er genießt, sind so groß, daß er sich wie ein Fürst auf seinen Besitzungen fühlen kann.

[…] Niemand wird hier wegen irriger Lehren, denen er anhängt, belästigt, wenn er die oben genannten Grenzen [vgl. Q 1] nicht überschreitet. Und er wird durch die Gesetze so in seiner Person und seinem Eigentum geschützt und genießt solche Freiheiten, daß man von einem Bürger hier geradezu sagen kann, er lebe in seinem Haus wie ein König. […] Wenn man das eben Gesagte sorgfältig prüft, fällt es leicht, einzusehen, warum eine Stadt wie Philadelphia so plötzlich aus dem Nichts zu Größe und Vollkommenheit aufsteigen konnte, ohne daß ein mächtiger Monarch daran mitwirkte […].

Pehr Kalm, in: Willi Paul Adams, Angela Meurer Adams: Die Amerikanische Revolution in Augenzeugenberichten. dtv, München 1976, S. 19–20.

Q 3

Freibrief für Virginia

Die Virginia-Company erhielt am 10. April 1606 folgende Urkunde für eine Koloniegründung in Nordamerika:

Jakob, von Gottes Gnaden König von England, Schottland und Irland, Verteidiger des Glaubens etc. Alldieweil Unsere lieben und wohlgesinnten Untertanen [es folgen 8 Namen] und etliche andere Unserer lieben Untertanen die ergebene Bitte an Uns gerichtet haben, Wir möchten ihnen Unser Privileg bewilligen, um ihnen die Niederlassung und Ansiedlung zu ermöglichen und ihnen somit zu erlauben, mit einem Teil Unseres Volkes in dem Teil Amerikas, der gemeinhin Virginia genannt wird, oder [aber] in anderen Teilen und Gebieten Amerikas, die entweder Uns zustehen oder sich gegenwärtig nicht im Besitz eines christlichen Fürsten und Volkes befinden und die […] zwischen dem 34. Grad nördlicher Breite vom Äquator aus und 45 Grad derselben Breite liegen […] eine Kolonie zu errichten. […]

Wir verfügen […], daß jede der besagten Kolonien einen Rat haben soll, der alle Angelegenheiten und Rechtsfälle, welche die verschiedenen Kolonien betreffen oder die innerhalb von ihnen auftreten, […] bestimmen und regeln soll, entsprechend den Gesetzen, Verfügungen und Instruktionen, die von Uns erlassen […] worden sind. Jeder dieser Räte soll sich aus dreizehn Mitgliedern zusammensetzen, die von Zeit zu Zeit entsprechend der eben erwähnten Instruktionen ausgewählt, ernannt und entlassen werden. Außerdem soll hier in England ein Rat errichtet werden, der in gleicher Weise aus dreizehn Mitgliedern bestehen soll, welche eigens von Uns ernannt werden. Er soll „Rat von Virginia" (Council of Virginia) genannt werden und soll von Zeit zu Zeit mit der Aufgabe betraut werden, als oberste Instanz [...] alle Angelegenheiten, die die Regierung [...] der besagten verschiedenen Kolonien [...] betreffen zu verwalten und zu leiten. [...]

Ferner gestatten Wir, daß die verschiedenen Räte der verschiedenen Kolonien kraft Unseres Erlasses von Zeit zu Zeit ohne Einspruch Unsererseits die Erlaubnis geben und erteilen sollen und dies auch rechtmäßig dürfen, nach allen Arten von Gold-, Silber- und Kupferminen zu graben, [diese] abzubauen und [danach] zu suchen [...] An Uns soll der fünfte Teil all des Goldes und Silbers und der fünfzehnte Teil all des Kupfers [...] entrichtet werden.

Wolfgang Lautemann (Hrsg.): Geschichte in Quellen, Bd. 4. bsv, München 1981, S. 16–17.

Q 4

Verordnung für Virginia vom 24. Juli 1621

Der Rat der Handelsgesellschaft Virginia Company, aufgrund einer königlichen Besitzurkunde (Charter) Eigentümerin von Virginia, legte fest:

[...] II. Wir verordnen und erklären also, kraft der uns von Seiner Majestät übertragenen Vollmacht und durch Sein Siegel bekräftigt nach reiflicher Überlegung, daß von nun an zwei Oberste Ratsversammlungen in Virginia bestehen sollen um einer besseren Regierung der oben genannten Kolonie willen.

III. Die eine dieser Ratsversammlungen, Staatsrat genannt [...], soll von Zeit zu Zeit durch uns [...] einberufen und aufgelöst werden. [Die] ernannten Ratsmitglieder [...] bitten wir aufrichtig und wünschen – und im Namen Seiner Majestät beauftragen wir sie und befehlen ihnen ausdrücklich –, daß sie (unter Verzicht auf jegliche Parteienbildung, Parteilichkeit und falsche Rücksicht) ihre Sorgfalt und Mühe darauf richten, den genannten Gouverneur zu unterstützen, zuerst und grundsätzlich bei der Vermehrung der Ehre Gottes und des Dienstes an Gott, sowie zur Ausbreitung Seines Reiches unter den Heiden, ferner beim Aufbau der besagten Kolonie in schuldigem Gehorsam vor Seiner Majestät und mit aller gesetzlichen Vollmacht kraft der Anordnung Seiner Majestät, und endlich, indem sie dem genannten Volk Gerechtigkeit, seine christliche Gesinnung und die Kraft und Fähigkeit, äußeren Feinden zu widerstehen, bewahren.

IV. Der andere Rat soll im allgemeinen durch den Gouverneur einmal im Jahr und nicht öfter einberufen werden, es sei denn bei sehr ungewöhnlichen und wichtigen Ereignissen. Gegenwärtig soll er aus dem genannten Staatsrat sowie zwei Deputierten aus jeder Stadt, jedem Bezirk und jeder Pflanzung, die von den Einwohnern gewählt werden, bestehen. Dieser Rat soll „Allgemeine Versammlung" (General Assembly) heißen und in ihr, wie auch in dem genannten Staatsrat, sollen alle Entscheidungen getroffen, Bestimmungen und Anordnungen entschieden werden, entsprechend der Mehrheit der jeweils anwesenden Stimmen; dem Gouverneur soll jedoch das Vetorecht vorbehalten sein. Und diese „Allgemeine Versammlung" soll sowohl die Vollmacht haben, alle wichtigen Fälle, die das öffentliche Wohl der genannten Kolonie und eines jeden ihrer Teile betreffen, zu behandeln, zu beraten und zu beschließen, wie auch allgemeine Gesetze und Verordnungen zum Nutzen der genannten Kolonie und ihrer guten Regierung zu [...] erlassen [...].

V. In allen anderen Dingen fordern wir die besagte „Allgemeine Versammlung" wie auch den genannten Staatsrat auf, möglichst eng die Art der Regierungsweise – Gesetze, Bräuche und Prozeßordnung und Justizverwaltung – wie sie im Königreich England gebraucht werden, nachzuahmen und zu befolgen [...].

VI. Wir setzen voraus, daß kein Gesetz und keine Verordnung, die in der „Allgemeinen Versammlung" erlassen werden, in Kraft bleiben oder ihre Gültigkeit behalten, ohne in einer allgemeinen Quartalsversammlung der genannten Kompanie hier in England feierlich ratifiziert und bestätigt und mit unserem Siegel versehen an sie zurückgesandt zu sein. [...]

Wolfgang Lautemann (Hrsg.): Geschichte in Quellen, Bd. 4. bsv, München 1981, S. 17–18.

Q 5

Die nordamerikanischen Kolonien

Der schwedische Naturforscher Pehr Kalm (vgl. Q 2) berichtet über das Verhältnis der Kolonien zueinander:

Jede englische Kolonie in Nordamerika ist unabhängig von den anderen; jede hat ihre eigenen Gesetze und ihre eigene Währung und kann [...] als ein Staat für sich angesehen werden. Daraus folgt, daß in Kriegszeiten alles sehr langsam und ungeordnet vor sich geht. Die Meinung einer Provinz ist häufig nicht nur der Meinung einer anderen direkt entgegengesetzt, nein häufig sind sogar die Ansichten des Gouverneurs und des Abgeordnetenhauses der gleichen Provinz sehr verschieden. Es kann leicht vorkommen, daß das Volk sich um die beste und billigste Art der Kriegführung streitet, während es in der Macht eines Feindes steht, einen Ort nach dem anderen einzunehmen. Gewöhnlich war es so, daß, während einige Provinzen unter ihren Feinden [z. B. Indianerüberfällen] litten, die benachbarten Provinzen ruhig und untätig blieben, als ob sie das nichts anginge. Oft haben sie zwei oder drei Jahre gebraucht, um zu überlegen, ob sie der bedrängten Schwesterkolonie zu Hilfe kommen sollten [...]. Es gibt viele Beispiele für Provinzen, die [...] sogar mit der Macht, die [...] andere Provinzen angriff und verwüstete, umfangreichen Handel trieben.

Pehr Kalm, in: Willi Paul Adams, Angela Meurer Adams: Die Amerikanische Revolution in Augenzeugenberichten. dtv, München 1976, S. 28–29.

Der Siebenjährige Krieg – The French and Indian War

Der Kampf um die Vorherrschaft in Nordamerika führte im 18. Jahrhundert zu zahlreichen militärischen Konflikten zwischen den Kolonialmächten England, Frankreich und Spanien. Die britischen Truppen wurden hier von kolonialen Milizen unterstützt. Diese Art der „Waffenbrüderschaft“ sorgte einerseits für eine engere Bindung zwischen Mutterland und Kolonien, andererseits destabilisierte er die Beziehungen aber auch.

Der Darstellungstext gibt Ihnen einen Überblick über den Siebenjährigen Krieg und das Verhältnis zwischen Kolonien und Mutterland während dieser Zeit.

1 Erklären und vergleichen Sie die Interessen der am Krieg in Nordamerika beteiligten Mächte und Gruppen (VT, D 1).

2 Erörtern Sie Verbesserungen und Verschlechterungen des amerikanisch-britischen Verhältnisses während des Siebenjährigen Krieges und danach.

Kolonialkriege in Nordamerika und das amerikanisch-britische Verhältnis

Seit Ende des 17. Jahrhunderts kämpften die drei europäischen Kolonialmächte England, Frankreich und Spanien um die Vorherrschaft, auch in Amerika. Sie führten in Europa mehrere Kriege, die bezogen auf die nordamerikanischen Kolonien jeweils abweichende Namen erhielten: den Pfälzischen Erbfolgekrieg (1689–1697, King William's War), den Spanischen Erbfolgekrieg (1701–1713, Queen Anne's War) und den Österreichischen Erbfolgekrieg (1740–1748, King George's War). Miliztruppen aus den Kolonien unterstützten dabei in Nordamerika die regulären britischen Verbände zu Lande und zur See; vor allem in den Grenzregionen bestanden schon vor dem Krieg umfangreiche und geübte Milizen, die die Siedlungen vor Angriffen von Native Americans schützten (bzw. diese auch von sich aus angriffen). Der gemeinsame militärische Kampf förderte vorerst den Zusammenhalt zwischen Mutterland und Kolonien.

Die Thronbesteigung Georgs III. im Jahr 1760 wurde in den Kolonien gefeiert. Die Kolonisten waren augenscheinlich loyal gegenüber der Krone; nichts deutete auf amerikanische Unabhängigkeitsbestrebungen hin.

Der Siebenjährige Krieg

Seit 1752 kam es im Ohio-Tal erneut zu bewaffneten Zusammenstößen zwischen England und Frankreich, die sich ab 1754 zu einem Krieg ausweiteten (1754–1763). Er wurde in den Kolonien als French and Indian War bezeichnet, weil beide Konfliktparteien auch von verbündeten indigenen Stämmen unterstützt wurden. Der Konflikt trug wesentlich zum Beginn des Siebenjährigen Krieges in Europa bei (1756–1763). Als Kriegsparteien standen hier auf der einen Seite Preußen, das Kurfürstentum Hannover und Großbritannien; die gegnerische Koalition bildeten unter anderem Österreich, Frankreich und Russland.

Am Beginn des Siebenjährigen Krieges stand damit ein Territorialstreit in Nordamerika selbst. England und Frankreich stritten um das für den Pelzhandel und als Verkehrsweg zum Mississippi wichtige Ohio-Tal. Frankreich betrachtete das gesamte Gebiet westlich der Appalachen als sein Territorium; seit etwa 1750 traten jedoch britische Handelsgesellschaften vermehrt in wirtschaftlichen Kontakt mit dort ansässigen indigenen Stämmen; zunehmend strömten auch britische Siedler in dieses Gebiet. Die Nachfrage nach Ackerland nahm im Laufe des 18. Jahrhunderts beträchtlich zu, in allen Kolonien wuchs die Bevölkerung durch europäische Einwanderer enorm an. Während um 1700 250 000 Siedler in den Kolonien lebten, waren es in der Jahrhundertmitte bereits 1,2 Millionen.

Zur Sicherung ihrer Herrschaftsgebiete bauten beide Großmächte mehrere Forts. Der französische Gouverneur Michel-Ange Duquesne de Menneville wollte ein solches Militärlager am Zusammenfluss von Monongahela und Allegheny im heutigen Bundesstaat Pennsylvania errichten lassen, also in einem britisch beanspruchten Gebiet, die britische Seite kam ihm jedoch zuvor. Schrittweise eskalierte die Auseinandersetzung.

Der Ausgang des Krieges

Die wechselvollen mehrjährigen Kampfhandlungen in Übersee und Europa endeten schließlich trotz anfänglicher Erfolge mit einer umfassenden Niederlage Frankreichs. Im Frieden von Paris erhielt England 1763 unter anderem die französischen Teile Kanadas sowie das gesamte Gebiet östlich des Mississippi; Spanien, das spät auf der Seite Frankreichs in den Krieg eingetreten war, erhielt von den Franzosen Louisiana, den Briten musste es Florida abtreten und erhielt im Gegenzug Kuba. Das französische Kolonialreich in Nordamerika existierte nicht mehr, Großbritannien besaß in Nordamerika die Vormachtstellung.

Das amerikanisch-britische Verhältnis verändert sich

Der Siebenjährige Krieg hatte das Verhältnis von Mutterland und Kolonien verändert. Der militärische Triumph sorgte langfristig nicht etwa für eine weitere Verbesserung der Beziehungen. Der Krieg hatte deutlich die Gegensätze zwischen Briten und Amerikanern zutage treten lassen. Die englischen Offiziere beklagten sich über den mangelnden Respekt der Kolonisten ihnen gegenüber und kritisierten deren Mangel an Bildung und Umgangsformen; die Amerikaner nahmen das Verhalten der Briten als arrogant wahr und fühlten sich von ihnen wie Menschen zweiter Klasse behandelt. Die Wahrnehmung der amerikanischen Siedler durch die meist adligen britischen Offiziere kollidierte mit der amerikanischen Selbsteinschätzung: Im amerikanischen Selbstbild galten Schlichtheit, Unverdorbenheit sowie Verzicht auf Luxus als positive Tugenden, deren Geringschätzung durch die Engländer für Unverständnis und Entfremdung sorgte.

Der Sieg über Frankreich hatte außerdem das Selbstbewusstsein der Kolonisten gestärkt. Ihre Miliztruppen hatten einen wichtigen Beitrag zum Sieg geleistet, und viele Amerikaner glaubten, zukünftig militärisch für ihre eigene Sicherheit sorgen zu können, zumal sie ja nun nicht mehr von einer anderen Kolonialmacht unmittelbar bedroht waren.

Neben dem Gefühl der mentalen und militärischen Herabsetzung durch das Mutterland erregte auch die wirtschaftliche Bevormundung den Unmut der Kolonisten. Der britische Premierminister William Pitt verfolgte eine merkantilistische Wirtschaftspolitik mit der entsprechenden zentralen Steuerung und Regulierung sämtlicher Wirtschaftsaktivitäten des Empires von London aus. Insbesondere der blühende Handel der amerikanischen Kolonien mit den französischen Karibikinseln war ihm ein Dorn im Auge, weshalb er ihn verbieten lassen wollte. Diese Maßnahme wiederum gefährdete die Existenz zahlreicher amerikanischer Kaufleute.

Ferner belasteten die hohen Kriegskosten die amerikanisch-britischen Beziehungen. Die Staatsverschuldung hatte sich durch den Krieg fast verdoppelt und belief sich auf ca. 133 Millionen Pfund Sterling. Um die Schuldenlast zur reduzieren, sollten die Kolonien dafür herangezogen und an den Kosten beteiligt werden. Die Krone argumentierte, dass der Krieg schließlich zum Schutz der Kolonisten geführt worden sei, die überdies ohnehin viel weniger mit Steuern und Abgaben belastet seien als die Bevölkerung im Mutterland.

Vor diesem Hintergrund nahm die Debatte um Besteuerung und politische Repräsentation zwischen Briten und Amerikanern in den 1760er Jahren ihren Lauf. Der durch den Siebenjährigen Krieg akut gewordene Streit um die Besteuerung der Kolonien war letztlich der Auslöser für ihren Kampf um Unabhängigkeit.

D 1

Der Krieg in Nordamerika 1757 – 1763

Die Materialien bieten Einblicke in die Auswirkungen, die der Siebenjährige Krieg auf das britisch-amerikanische Verhältnis hatte; zum einen in einer Quelle (Q 1), zum anderen anhand eines Historikertextes (D 2). Des Weiteren unterstreichen eine Darstellung und eine Karte (D 3 und D 4) die globalen Dimensionen des Konflikts.

1 Erklären Sie, welche Vorteile sich für Großbritannien aus der französischen Präsenz in Nordamerika ergaben und was der Ausgang des Krieges daran veränderte (Q 1).

2 Erläutern Sie das veränderte Selbstverständnis der Amerikaner nach Q 1 sowie die daraus resultierenden Konsequenzen im Hinblick auf die Einflussmöglichkeiten Großbritanniens auf seine Kolonien.

3 Erläutern Sie, auf welchen Ebenen der Siebenjährige Krieg als Weltkrieg zu bezeichnen ist (D 3, D 4).

Q 1

Frankreich als Garant englischer Interessen in Nordamerika

Der schwedische Naturforscher Pehr Kalm unternahm in den 1750er Jahren eine Expedition nach Nordamerika. Er schätzt das Verhältnis Englands zu seinen Kolonien wie folgt ein:

Für die englische Krone ist es allerdings von großem Vorteil, daß die nordamerikanischen Kolonien in der Nachbarschaft des französisch regierten Kanada liegen. Es gibt Grund zu der Annahme, daß der König nie ernstlich versucht hat, die Franzosen aus ihren dortigen Besitzungen zu vertreiben, obwohl er das leicht hätte tun können. Die englischen Kolonien in diesem Teil der Welt haben an Einwohnerzahl und an Reichtum so sehr zugenommen, daß sie es fast mit dem Alten England aufnehmen können.

Um nun Autorität und Handel des Mutterlandes nicht zu beeinträchtigen und zugleich verschiedene andere Absichten zu verfolgen, hat man den Kolonisten verboten, neue Manufakturen zu errichten, die sich zum Nachteil des britischen Handels entwickeln würden. Sie dürfen nicht nach Gold oder Silber graben, es sei denn, sie schickten es sofort nach England. Mit wenigen Ausnahmen steht es ihnen nicht frei, mit Gebieten Handel zu treiben, die nicht zum britischen Herrschaftsbereich gehören, noch dürfen Ausländer mit ihnen Handel treiben. Diese und andere Beschränkungen haben dazu geführt, daß die Sympathie der Einwohner der englischen Kolonien für ihr Mutterland abnimmt. Diese Reserviertheit wird von den [eingewanderten] Ausländern, den Deutschen, Holländern und Franzosen, die keine besondere Zuneigung zum Alten England empfinden, verstärkt.

Hinzu kommt, daß viele Leute nie mit dem, was sie haben, zufrieden sind, wieviel es auch ist. Sie wollen immer mehr haben, und wollen die Freude genießen, die eine Verbesserung mit sich bringt. Ihre außerordentliche Freiheit und ihr Wohlstand verführen sie oft zu zügellosen, selbstsüchtigen und willkürlichen Handlungen. Engländer – und zwar nicht nur solche, die in Amerika geboren wurden, sondern auch solche, die aus Europa kamen –, haben mir erzählt, daß die englischen Kolonien in Amerika in einer Zeitspanne von dreißig, vierzig oder fünfzig Jahren einen eigenen Staat bilden könnten, vollständig unabhängig vom Alten England.

Aber da das ganze Land, das an der Küste liegt, ungeschützt ist und auf der Landseite von den Franzosen bedroht wird, genügt die Existenz dieses gefährlichen Nachbarn in Kriegszeiten, um zu verhindern, daß die Bindung der Kolonien ans Mutterland wirklich gelöst wird. Die englische Regierung hat deshalb Grund genug, sich Maßnahmen zu überlegen, mit denen sie die Kolonien in gebührender Unterordnung halten kann.

Pehr Kalm, in: Willi Paul Adams, Angela Meurer-Adams: Die Amerikanische Revolution in Augenzeugenberichten. dtv, München 1976, S. 29–30.

D 2

Wer hat am Sieg den größten Anteil?

Der Historiker Mark Häberlein stellt zum Verhältnis zwischen britischen und amerikanischen Soldaten im Siebenjährigen Krieg Folgendes fest:

Aus historischer Perspektive ist zwar unverkennbar, dass der britische Sieg auf die gemeinsamen militärischen und finanziellen Anstrengungen von Briten und nordamerikanischen Kolonisten zurückzuführen war. Unter den Zeitgenossen gingen jedoch die Ansichten darüber, wer diesen Sieg errungen hatte, weit auseinander. Während die Kolonisten dem Einsatz ihrer Soldaten und den Steuerleistungen ihrer Bevölkerung einen erheblichen Anteil am militärischen Erfolg zuschrieben, sahen die Briten in den vermehrten Kriegsanstrengungen des Mutterlandes die Hauptursache des Sieges, und die Offiziere der regulären britischen Truppen äußerten sich immer wieder verständnislos und geringschätzig über die scheinbare Disziplinlosigkeit der kolonialen Verbände, das Profitstreben amerikanischer Händler, die die Truppen belieferten, und die mangelnde Kooperationsbereitschaft der eifersüchtig ihre Rechte wahrenden Kolonialparlamente. Da die amerikanischen Offiziere und ihre Soldaten häufig aus denselben Gemeinden kamen, nicht selten sogar miteinander verwandt waren und ihren militärischen Dienst als befristetes Vertragsverhältnis mit der Kolonialregierung interpretierten, waren ihnen umgekehrt die rigide militärische Disziplin der Briten und

– streng
stark
hart

engl. Offiziere
↳ sehen Soldaten als Untertan
amer. Offiziere
↳ stehen mit Soldaten eher auf einer Stu

die soziale Kluft, die adlige britische Offiziere von ihren meist aus den Unterschichten kommenden Untergebenen trennte, zutiefst suspekt. Somit trug der Triumph Großbritanniens auf dem nordamerikanischen Kontinent paradoxerweise dazu bei, dass sich bestehende Meinungsverschiedenheiten und Missverständnisse zwischen Kolonien und Mutterland noch vertieften.

Mark Häberlein, in: Philipp Gassert, Mark Häberlein, Michael Wala: Geschichte der USA. Reclam, Stuttgart 2018, S. 101.

D 3

Der Siebenjährige Krieg – ein erster Weltkrieg

Der Göttinger Historiker Marian Füssel zum Siebenjährigen Krieg als globalem Konflikt:

[Die] Folgen des Krieges für spätere welthistorische Ereignisse waren beträchtlich, denn für viele Historiker hatte er Einfluss auf die atlantischen Revolutionen in Nordamerika 1776 und Frankreich 1789. Als Maßstab für die globale Dimension des Krieges soll im Folgenden nicht nur die Vielzahl der Schauplätze eine Rolle spielen, sondern vor allem die Frage der wechselseitigen Beeinflussung und Vernetzung unterschiedlicher Räume und Kulturen. […]

Gerade die Zivilbevölkerung [war] in einem Ausmaß vom Krieg betroffen, das zum Teil eher an einen totalen als einen begrenzten Krieg erinnert. In allen europäischen wie auch in manchen außereuropäischen Territorien, so etwa den nordamerikanischen Kolonien, machte sich vor allem die enorme Steuerbelastung bemerkbar. […] Über mehrere Erdteile ausgedehnt, zu Land und zur See geführt, durch zwei separate Friedensverträge abgeschlossen, ist es durchaus angemessen, von einem globalen Konflikt zu sprechen […].

Im Siebenjährigen Krieg zeigte sich, dass die auslösenden Momente, die aus dem kalten einen heißen Krieg machten, auch von den außereuropäischen Schauplätzen wie Nordamerika oder dem indischen Subkontinent ausgehen konnten. Man sollte den Begriff der Globalisierung nicht überstrapazieren, doch zeigte sich hier tatsächlich eine Dynamik, die ausging von staatlichen und privaten Akteuren wie den Ostindienkompanien oder den Siedlern und Händlern in Kanada und Nordamerika. […] Doch die globalisierenden Effekte des Siebenjährigen Krieges blieben nicht auf Handel und Kriegführung beschränkt. Auch im Bereich der Kommunikation zeigt sich, dass Wissen über weit entlegene Kriegsschauplätze nun in unterschiedliche Öffentlichkeiten auf der ganzen Welt drang. Sei es ein Ladenbesitzer in Sussex, ein kubanischer Gouverneur, ein Frankfurter Juristensohn oder ein hannoverscher Bäckermeister gewesen, sie alle registrierten über ihre Zeitungslektüre aufmerksam die Entwicklungen auch in Kanada oder auf Kuba. […]

Die Folgen dieses global geführten Krieges waren weiter reichend als jene lokaler Kabinettkriege. Das zeigt sich vor allem am Beispiel Kanadas und Nordamerikas. Das verstärkte britische Engagement in den amerikanischen Kolonien führte zur Bindung von finanziellen Ressourcen, die nach Kriegsende durch wachsende Besteuerung wieder ausgeglichen werden sollten. Dies wiederum verschärfte die Spannungen zwischen Kolonisten und der Regierung in London, da die nordamerikanischen Kolonisten nicht bereit waren, ohne politische Repräsentation im Mutterland immer höhere Steuern zu akzeptieren. […] Dieser Prozess führte schließlich bis zur amerikanischen Unabhängigkeitserklärung von 1776.

Marian Füssel: Der Siebenjährige Krieg. Ein Weltkrieg im 18. Jahrhundert. 2. Aufl., Beck, München 2012, S. 7–8, 98, 109–110, 112–114.

D 4

Die globale Dimension des Siebenjährigen Krieges 1756–1763

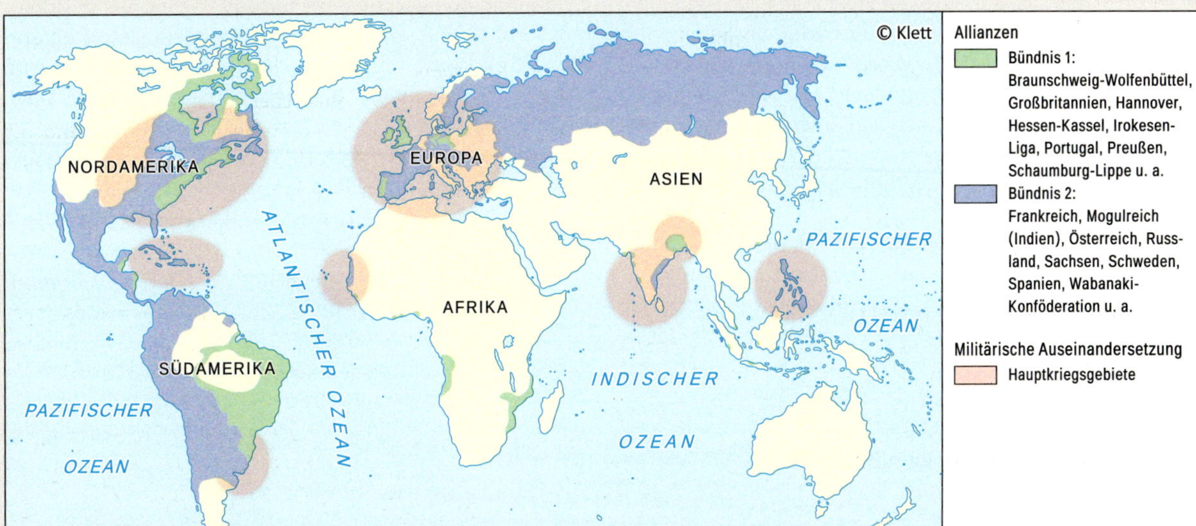

Zunehmende Spannungen

Die britische Regierung war sich ihres Verlusts an ideeller Autorität und realer Macht in den Kolonien nach dem Siebenjährigen Krieg nicht bewusst. Sie wähnte sich stattdessen in einer gefestigten Position und verfolgte eine dementsprechend kompromisslose Politik gegenüber den Kolonien. Die Kolonien dagegen empfanden zahlreiche Maßnahmen und Gesetze seit 1763 als Kränkung; die Entfremdung vom Mutterland nahm immer weiter zu.

Der Verfassertext stellt das britisch-amerikanische Verhältnis vom Ende des Siebenjährigen Krieges bis zum Jahr 1770 dar und gibt Ihnen die Gelegenheit, die historischen Ursachen des Konflikts zwischen Mutterland und Kolonien zu untersuchen.

1. Entwickeln Sie ein Schaubild, das die „koloniale Erregungskurve“ in den 1760er Jahren darstellt. Die jeweiligen Eskalationsstufen sind dabei selbstverständlich nicht objektiv zu quantifizieren. Das Schaubild können Sie in den folgenden Unterkapiteln erweitern.
2. Beurteilen Sie die Folgen der britischen Gesetzgebung für das Verhältnis von Mutterland und Kolonien.
3. Erörtern Sie sowohl das Verhalten der Kolonien als auch von Regierung und Parlament Großbritanniens in den 1760er Jahren.

Maßnahmen der britischen Regierung in den 1760er Jahren

Eine königliche Proklamation vom 7. Oktober 1763 legte die Appalachen, eine über 1000 Kilometer lange Bergkette, die von Pennsylvania bis Georgia verläuft, als westliche Siedlungsgrenze fest. Die Proklamation dämpfte die Hoffnungen der Kolonisten auf eine offiziell unterstützte weitere Expansion. Das Gebiet zwischen Appalachen und Mississippi sollte gemäß dem Willen der Krone den Native Americans vorbehalten bleiben, um zukünftige Konflikte mit ihnen und Überfälle auf britische Siedlungen zu vermeiden, die auch im French and Indian War häufig vorgekommen waren. Diese Proklamation wurde von vielen Kolonisten missachtet. Ein Schutz der „Indianer“, die viele von ihnen als Gegner erlebt hatten, schien den Amerikanern gar nicht wünschenswert; viele Kolonisten sahen in der Besiedlung neuer Gebiete zudem die Möglichkeit, wohlhabend zu werden.

Auch in finanzpolitischer Hinsicht war die „wohlwollende Vernachlässigung“ durch das Mutterland an ihr Ende gekommen. 1764 verabschiedete das Parlament in London das „Amerikanische Fiskalgesetz“ (American Duties Act), das in den Kolonien als „Zuckergesetz“ (Sugar Act) bezeichnet wurde. Der seit 1733 bestehende Zoll auf den Import karibischer Melasse, eines zähflüssigen Zuckersirups, wurde zwar auf die Hälfte abgesenkt, sollte fortan aber konsequenter als bisher eingetrieben werden, um Geld in die britische Staatskasse zu spülen. Außerdem wurde ein Währungsgesetz verabschiedet (Currency Act), das die Ausgabe weiteren kolonialen Papiergeldes verbot. So mussten koloniale Schuldner wie z. B. Tabakpflanzer aus Virginia fortan ihre Schulden bei Briten in Pfund Sterling begleichen, also in einer Währung, deren Kurs an Edelmetall gebunden war. Eine Kreditschöpfung durch das Drucken kolonialen Papiergelds war nur noch sehr eingeschränkt möglich; es entstand in den Kolonien eine Kapital- und Nachfrageknappheit. All diese Maßnahmen und Gesetze führten zu Empörung, Unmut und Verbitterung auf Seiten der Kolonisten. Sie waren enttäuscht und sahen ihre Wirtschaftsinteressen durch eine derartige Bevormundung erheblich beeinträchtigt. Doch die britische Regierung setzte ihre Politik, die Kolonien vermehrt an den Kosten ihrer Verwaltung zu beteiligen, unbeirrt fort und verabschiedete 1765 sowohl das Stempelsteuergesetz (Stamp Act) als auch das Einquartierungsgesetz (Quartering Act). Beide Gesetze wurden von den Kolonisten als erneuter Angriff auf ihre Rechte und Freiheiten empfunden. Das Einquartierungsgesetz verpflichtete die Kolonisten zu Unterstützungsleistungen für die britischen Truppen, das Stempelsteuergesetz belegte Druckerzeugnisse mit einer Steuer, die ebenfalls in Pfund Sterling zu bezahlen war und zur Konsolidierung des britischen Haushaltes beitragen sollte.

War es bisher um Zölle und Kostenumlagen gegangen, wurde mit der Stempelsteuer erstmals versucht, in den Kolonien eine direkte Steuer zu erheben. Das rief heftige Proteste hervor, da die Kolonisten das Prinzip „no taxation without representation" (keine Besteuerung ohne Mitbestimmung) verletzt sahen, das 1628 in der englischen Petition of Right formuliert worden war – allerdings für das Mutterland. Hinzu kam, dass die Kolonisten bei Zuwiderhandlungen gegen das Stempelsteuergesetz vor britischen Militärgerichten angeklagt werden sollten, vor denen sie nur eingeschränkte Rechte hatten. Die Kolonisten sahen darin einen Verstoß gegen das Recht eines jeden freien Engländers, vor Geschworenengerichten angeklagt zu werden.

Die Reaktionen in den Kolonien

Das englische Parlament war seinem Selbstverständnis nach eine Vertretung aller Engländer. Doch dauerte eine Seereise von den Kolonien nach England rund fünf Wochen – zuzüglich der Reise zu einem Überseehafen. Da aufgrund dieser Entfernung keine amerikanischen Abgeordneten im Londoner Parlament saßen, sprachen die Kolonisten dem Parlament die Befugnis ab, überhaupt verbindliche Steuergesetze für die Kolonien verabschieden zu können. Diese Position beruhte auf dem Standpunkt der Amerikaner, dass Abgeordnete in ihrem Abstimmungsverhalten direkt an den Wählerwillen gebunden seien, wohingegen die Briten eine „virtuelle " Repräsentation betonten, Parlamentarier also Abgeordnete der gesamten Bevölkerung seien und über ein freies Mandat verfügten.

Die Kolonisten protestierten nicht nur gegen die wirtschaftspolitische Verschlechterung, sondern boykottierten Waren aus Großbritannien, so dass britische Händler gravierende Umsatzeinbußen erlitten. In vielen Städten entstanden Vereinigungen, die programmatische Namen trugen wie „Sons of Liberty" und die vielerorts die lokalen Protestaktionen koordinierten. Es kam auch zu ersten kolonieübergreifenden Kooperationen. So lud Massachusetts im Oktober 1765 Abgesandte aus den Kolonien zur gemeinsamen Beratung und Beschlussfassung ein, neun von dreizehn Kolonien nahmen daran teil. Dieser zweieinhalb Wochen dauernde Stempelsteuerkongress formulierte eine Grundsatzerklärung der Rechte und Freiheiten der Kolonien. Überdies sandte man Petitionen an König und Parlament in London, die die Rücknahme dieses Gesetzes forderten. Die Adressaten verweigerten jedoch bereits die Annahme der Erklärung und damit auch die inhaltliche Auseinandersetzung mit den Forderungen der Kolonisten.

Die Reaktion der britischen Regierung

Angesichts der massiven Proteste und der Boykotte sah die britische Regierung, die die Lage in den Kolonien völlig falsch eingeschätzt hatte, sich gezwungen, den Stamp Act 1766 wieder zurückzunehmen. Eine andere Option wäre eine militärische Intervention in den Kolonien gewesen mit dem Ziel, alle Proteste gewaltsam zu beenden – eine Option, die hohe Kosten und einen ungewissen Ausgang bedeutet hätte.

Der gemeinsame Protest der Kolonien hatte schließlich zu einem Sieg über die britische Regierung geführt, deren Autorität durch die Rücknahme des Stamp Act noch weiter gesunken war. Überdies sorgte die Auseinandersetzung über das Stempelsteuergesetz für einen enormen Politisierungsschub in den Kolonien. Gleichwohl fühlten sich die Kolonisten nach wie vor als Briten.

Regierung und Parlament in London beharrten trotz ihrer Niederlage darauf, auch zukünftig für die Kolonien bindende Gesetze und Maßnahmen verabschieden zu können. Diese Auffassung legte sie im Declaratory Act 1766 nieder. Bereits 1767 sorgten die so genannten Townshend-Gesetze (Townshend Acts) erneut für Unruhe. Der neue britische Finanzminister Charles Townshend legte dem Parlament ein Gesetz vor, das auf die Erhebung von Steuern in den Kolonien verzichtete, aber im Gegenzug Einfuhrzölle auf zahlreiche Produkte, wie z. B. Tee, Glas, Blei oder Papier erhob: Zölle also auf in die Kolonien gelieferte Waren, die aber direkt in die britische Staatskasse fließen sollten. Außerdem sollten die königlichen Zoll- und Steuerbeamten in den Kolonien das Recht erhalten, ohne Absprache mit den örtlichen (Selbstverwaltungs-)Instanzen Durchsuchungen und Beschlagnahmungen vorzunehmen.

Erneut kam es zu Boykotten und Massenprotesten, die Kolonialparlamente verurteilten die Gesetze scharf. Im April 1770 hob das britische Parlament die neuen Gesetze wieder auf, bloß der hohe Zoll auf Tee blieb bestehen.

Q 1

Ausgerechnet britische Hersteller kamen schnell auf den Gedanken, die Proteste in den Kolonien für ihre Geschäfte zu nutzen. Kannen wie diese wurden zu Tausenden in England hergestellt und an Kolonisten in Amerika verkauft.

Die Quellen geben einen Einblick in die angespannte Lage in jener Zeit. Die Autoren von Q 2 entrüsten sich über den Umgang mit Indianern, Q 3 und Q 4 illustrieren unterschiedliche Rechtsauffassungen, Q 5 und Q 6 zeigen die koloniale Reaktion auf das Stempelsteuergesetz sowie die großbritannische Reaktion auf die Proteste dagegen und Q 6 gibt die koloniale Reaktion auf die Townshend-Gesetze wieder.

1. Fassen Sie die Beschwerden der Kolonisten (Q 2) zusammen und erläutern Sie unter Rückgriff auf den VT, welche Interessensgegensätze hier zutage traten.
2. Analysieren Sie vergleichend die Argumentation in Q 3 und Q 4.
3. Arbeiten Sie die Einschätzung der Ereignisse durch den Verfasser von Q 5 heraus.
4. Versehen Sie die einzelnen Abschnitte der Erklärung des Stempelsteuerkongresses (Q 6) mit Überschriften und ordnen Sie die Erklärung in den historischen Kontext ein.
5. Interpretieren Sie die Karikatur (Q 7).
6. Arbeiten Sie die in Q 8 dargelegte Argumentation von Krone und Parlament heraus.
7. Charakterisieren Sie den Bostoner Boykott (Q 9).

Q 2

Probleme mit „Indianern"

Grenzbewohner aus Pennsylvania beklagen sich über die juristische Ahndung von Verbrechen an Native Americans. Im Februar 1764 legen sie ihre Beschwerdeschrift der Kolonialversammlung von Pennsylvania vor:

Wir, Matthew Smith und James Gibson, bitten [...] ergebenst um die Erlaubnis, vorstellig zu werden, und legen Ihnen die folgenden Beschwerden vor. die wir Ihrer Weisheit mit der Bitte um Abhilfe unterbreiten. [...]

Während des jüngsten und gegenwärtigen Indianerkrieges wurden die Grenzer dieser Provinz wiederholt von umherstreichenden Indianerhaufen überfallen und ausgeraubt, die zudem ohne Unterschied aufs grausamste Männer, Frauen und Kinder umgebracht haben; und sie haben nahezu tausend Familien in die größte Not gestürzt. Es kränkt uns zutiefst, wenn wir sehen müssen, daß unsere Grenzer, die der wilden Wut nur unter Verlust ihrer Eltern, ihrer Kinder, ihrer Frauen oder ihrer Verwandten entkommen sind, von der Öffentlichkeit im Stich gelassen werden und der grausamsten Armut und Dürftigkeit ausgesetzt bleiben, während an die hundertzwanzig dieser Wilden, die mit gutem Grund verdächtigt werden, die Schuld an diesen schrecklichen, barbarischen Taten zu tragen, es unter der Maske der Freundschaft erreicht haben, unter den Schutz der Regierung gestellt zu werden. [...]

Wir vernehmen, daß der Versammlung jetzt ein Gesetzesentwurf vorliegt, in welchem vorgesehen ist, Personen, die der Tötung von Indianern in der Grafschaft Lancaster beschuldigt sind, nicht mehr in der Grafschaft, in welcher die Tat begangen worden ist, vor Gericht zu stellen, sondern in den Grafschaften Philadelphia, Chester oder Bucks. Das heißt augenscheinlich, britische Untertanen ihrer bekannten Vorrechte berauben, gegen ganze Grafschaften einen ewigen Vorwurf zu erheben, als ob sie unfähig seien, ihren Landsleuten als Geschworene zu dienen, und dem wohlbekannten Recht der britischen Nation an einem Punkte zuwiderhandeln, an dem Leben, Freiheit und Sicherheit wesentlich hängen, nämlich das Recht, vor Gericht gestellt zu werden vor Ihresgleichen, in einer Umgebung, wo sie selbst, ihre Ankläger, Charakter und Glaubwürdigkeit der Zeugen ebenso wie die Umstände der Tat am besten bekannt sind, und statt dessen ihr Leben in die Hand von Fremden zu legen, gegen die man mit Recht den gleichen Vorwurf der Parteilichkeit zugunsten der Indianer erheben kann, wie gegenüber den Grenzcounties, indianerfeindlich zu sein. Und all das obendrein nur zugunsten der Indianer und zuungunsten Seiner Majestät ergebene und loyale Untertanen. Außerdem ist bekannt, daß nach der Vorlage auch solche Taten erfaßt werden sollen, die lange bevor man an ein solches Gesetz auch nur gedacht hatte, begangen worden sind. Wenn man aber solches Vorgehen duldet, dann ist niemand mehr seiner wichtigsten Interessen sicher. Wir sind auch zu unserer großen Überraschung dahingehend informiert worden, daß dieses Gesetz tatsächlich die Zustimmung der Mehrheit des Hauses gefunden hat. Wir sind davon überzeugt, daß es nie soweit gekommen wäre, wenn in der Versammlung unsere Grenzcounties nach gleichem Anteil vertreten wären.

Zit. nach Wolfgang Lautemann (Hrsg.): Geschichte in Quellen. Bd. 4. bsv, München 1981, S. 65–66.

Q 3

Die Rechte der amerikanischen Kolonien

Der Bostoner Staatsrechtler James Otis (1725–1783) äußerte sich in seiner 1764 erschienenen Schrift zum Status der Kolonien:

Englands Richter haben [ausdrücklich erklärt]: Parlamentsakte gegen die natürliche Gerechtigkeit sind nichtig; Parlamentsakte gegen die Grundbegriffe der britischen Verfassung sind nichtig.

Diese Lehre entspricht dem Natur- und Völkerrecht und den göttlichen Geboten natürlicher und offenbarter Religion. Es ist wider die Vernunft, wenn die oberste Gewalt zur Abänderung der Verfassung berechtigt sein soll. Denn das würde bedeuten, daß die vom Volk mit der Souveränität Betrauten zu willkürlichen Handlungen berechtigt sind. [...] Jeder britische Untertan, der auf dem amerikanischen Erdteil oder einem anderen britischen Herrschaftsgebiet geboren ist, ist durch das Gesetz Gottes und der Natur, durch das Common Law und durch Parlamentsbeschluß – geschweige denn durch alle königlichen Freibriefe – berechtigt zu allen natürlichen, wesentlichen, angeborenen und unzertrennlichen Rechten unserer Brüder, der in Großbritannien geborenen Untertanen. Die uneingeschränkten Rechte von Engländern, wie sie von der Magna Charta an bis heute oft im Parlament ausgesprochen worden sind, bestehen in den Rechten auf persönliche Sicherheit, persönliche Freiheit und Privateigentum.

James Otis, zit. nach Wolfgang Lautemann (Hrsg.): Geschichte in Quellen. Bd. 4. bsv, München 1981, S. 60.

Q 4

Verständnis für England

Die englische Rechtsposition traf in Ausnahmefällen auch in den Kolonien auf Verständnis. Der amerikanische Anwalt und Politiker Martin Howard schreibt in seiner Schrift „Letters from a Gentleman at Halifax" 1765:

Als Einzelpersonen haben die Kolonisten an allen Segnungen teil, die ihnen die englische Verfassung geben mag; als von der Krone geschaffene Körperschaften aber haben sie ihre Schranken innerhalb der ursprünglichen Gesichtspunkte, die bei ihrer Einrichtung bestanden. Es ist die Meinung des Unterhauses und kann als ein Parlamentsgesetz angesehen werden, daß das Unterhaus jeden britischen Untertanen vertritt, wo er sich auch befindet. Unter diesem Gesichtspunkt ist der Grundsatz („Daß ein Engländer nur mit seiner eigenen Zustimmung oder durch seine Vertreter besteuert werden darf") in Wirklichkeit voll in Kraft und erstreckt sich seine segensreiche Wirkung in der Tat und seinem Wesen entsprechend auf die Kolonien. Und der Grundsatz muß ja in diesem weiten Sinn verstanden werden, denn im wörtlichen Sinn oder Auslegung war er von jeher undurchführbar und wird es immer sein.

Martin Howard. zit. nach Wolfgang Lautemann (Hrsg.): Geschichte in Quellen. Bd. 4. bsv, München 1981, S. 95.

Kolonisten die nicht gegen das Steuergesetz sind

Q 5

„Aufrührerische Volksverhetzer"

Der Arzt Thomas Moffat stand loyal auf Seiten der britischen Kolonialmacht und engagierte sich auch für sie, indem er das Stempelsteuergesetz publizistisch verteidigte. In einem Brief vom 16. Oktober 1765 schildert er Ausschreitungen in Boston im Sommer desselben Jahres:

Seitdem das Parlamentsgesetz, das die Erhebung einer Steuer durch abgestempeltes Papier vorsieht, in Neuengland bekannt wurde, ist in zunehmendem Maße eine Stimmung der Unruhe und Unzufriedenheit verbunden mit Mißtrauen, zahllosen Vermutungen und Befürchtungen verbreitet und in den unteren und mittleren Schichten des Volkes von einigen verschlagenen, aufrührerischen und wohlbekannten Volksverhetzern verstärkt worden, die zuerst Mißtrauen und Besorgnis und schließlich die feste Überzeugung und den Glauben daran verbreiteten, daß die Kolonien von nun an tatsächlich unterworfen und durch die rigorose Ungerechtigkeit des Parlaments versklavt werden sollten.

Es ist weder leicht darzustellen noch zu begreifen, wie schnell und umfassend diese absurden und sehr gefährlichen Ansichten verbreitet und geglaubt wurden. Auf der anderen Seite gibt es hier die in sehr geringer Anzahl vertretenen Personen, die sich bemühen, dieser aufrührerischen Stimmung entgegenzuwirken, indem sie Ehrfurcht vor der höchsten Gewalt und Gehorsam und Ergebenheit gegenüber den Parlamentsgesetzen fordern, oder die auf ehrerbietige Art und Weise demütig um Wiedergutmachung ersuchen oder ein Gesuch einreichen, wenn sie geschädigt wurden. Sie sind durch die heimlichen Beeinflussungen und versteckten Anspielungen dieser Anführer des Volkes als Feinde der Freiheiten Nordamerikas oder als Söldner der Regierung und deren Apologeten [Verteidiger, Vertreter einer bestimmten Auffassung] hingestellt worden und haben den ihnen üblicherweise zustehenden Einfluß [auf die öffentlichen Angelegenheiten] verloren und sind wahrlich verhaßt.

Thomas Moffat , zit. nach: Angela Adams, Willi Paul Adams: Die Entstehung der Vereinigten Staaten und ihrer Verfassung. Dokumente 1754–1791, dtv, München 1987, S. 39–40. © LIT, Münster 1995

Q 6

Die Erklärung des Stempelsteuerkongresses

Der Stempelsteuerkongress tagte vom 7. bis zum 25. Oktober 1765 in New York. An ihm nahmen 27 Vertreter aus 9 Kolonien teil. Sie verabschieden folgende Erklärung:

Wir, die Mitglieder dieses Kongresses, aufrichtig und mit den wärmsten Empfindungen der Anhänglichkeit und Ehrerbietung Seiner Majestät Person und Regierung ergeben, in unverletzlicher Anhänglichkeit an die glücklich errichtete Protestantische Nachfolge; tief bewegt durch das Gefühl gegenwärtigen und drohenden Mißgeschicks der britischen Kolonien auf diesem Kontinent, halten es, nachdem wir so gewissenhaft, wie die Zeit es erlaubte, die Verhältnisse der besagten Kolonien durchgedacht haben, für unsere unausweichliche Pflicht, folgende Erklärung unserer ergebenen Meinung abzugeben, die sich mit den wichtigsten Rechten und Freiheiten der Kolonisten beschäftigt, und

Info: Hintergrundinformation zu Q 7
39f7na

mit den Bedrängnissen, unter denen sie infolge verschiedener jüngst geschehener Gesetze des Parlaments leiden.

I. Daß die Untertanen Seiner Majestät in diesen Kolonien der Krone Großbritannien die Ergebenheit schulden, die für seine innerhalb des Reichs geborenen Untertanen Pflicht ist, und daß sie der erhabenen Körperschaft des Parlaments von Großbritannien alle schuldige Unterordnung zu leisten haben.

II. Daß Seiner Majestät pflichtschuldige Untertanen in diesen Kolonien zu allen angeborenen Rechten und Freiheiten seiner im Königreich Großbritannien geborenen Untertanen berechtigt sind.

III. Daß es ein unzertrennlicher Bestandteil der Freiheit eines Volkes und das unzweifelhafte Recht von Engländern ist, daß ihnen Steuern nur mit ihrer eigenen, persönlich oder durch ihre Vertreter erteilten Zustimmung auferlegt werden.

IV. Daß die Bevölkerung dieser Kolonien im Unterhaus von Großbritannien nicht vertreten ist und wegen der räumlichen Entfernung nicht vertreten sein kann.

V. Daß die Vertreter der Bevölkerung dieser Kolonien nur Personen sein können, die daselbst von ihr selbst gewählt wurden, und daß ihr niemals Steuern auferlegt wurden, noch verfassungsmäßig auferlegt werden können, außer durch ihre entsprechenden gesetzgebenden Körperschaften.

VI. Da alle Geldbewilligungen für die Krone freie Spenden des Volkes sind, ist es unbegründet und unvereinbar mit den Grundsätzen und dem Geist der britischen Verfassung, wenn das Volk von Großbritannien Seiner Majestät das Eigentum der Kolonisten bewilligt.

VII. Daß das Verhör von Geschworenengerichten das angeborene und unschätzbare Recht eines jeden britischen Untertanen in diesen Kolonien ist.

VIII. Daß die Stempelsteuerakte, die den Einwohnern dieser Kolonien Steuern auferlegt, und mit ihr verschiedene andere Akte, die die Gerichtshoheit der Admiralitätsgerichte über die althergebrachten Grenzen ausdehnen, offenbar den Umsturz der Rechte und Freiheiten der Kolonisten erstreben.

IX. Daß die durch verschiedene Parlamentsgesetze kürzlich auferlegten Abgaben wegen der besonderen Umstände dieser Kolonien außerordentlich schwere und drückende Lasten mit sich bringen; und daß ihre Bezahlung wegen der Knappheit an Metallgeld völlig undurchführbar ist.

X. Da die Gewinne aus dem Handelsverkehr der Kolonien letztlich in Großbritannien zusammenfließen und sie ihrerseits die Fabrikate bezahlen, die sie nur von dort beziehen dürfen, so leisten sie dadurch praktisch einen sehr großen Beitrag zu allen Geldbewilligungen, die der Krone dort gewährt werden.

XI. Daß die durch verschiedene Parlamentsgesetze kürzlich auferlegten Handelsbeschränkungen diesen Kolonien die Möglichkeit nehmen, die Fabrikate Großbritanniens zu kaufen.

XII. Daß Wachstum, Wohlergehen und Glück dieser Kolonien vom vollen und freien Genuß ihrer Rechte und Freiheiten, sowie von einem gegenseitig freundschaftlichen und gewinnbringenden Verkehr mit Großbritannien abhängen.

XIII. Daß den britischen Untertanen in diesen Kolonien das Recht zusteht,

Q 7

Karikatur zur „Beerdigung“ des Stempelsteuergesetzes, um 1766 (Ausschnitt)

Bittschriften beim König sowie bei jedem Parlamentshaus einzureichen.

Schließlich ist es die unabweisliche Pflicht dieser Kolonien gegenüber dem Besten der Souveräne, dem Mutterland und sich selbst, auf einer loyalen und ehrfürchtigen Adresse an Seine Majestät und demütige Bitten an beide Häuser des Parlamentes zu bestehen, um die Zurücknahme des Gesetzes über die Bewilligung und Auflegung gewisser Stempelgebühren zu erreichen, dazu aller Klauseln anderer Gesetze des Parlaments, durch welche die Jurisdiktion der Admiralität im oben genannten Sinne ausgedehnt wird, und der jüngst erlassenen Gesetze zur Einschränkung des amerikanischen Handels.

Zit. nach Wolfgang Lautemann (Hrsg.): Geschichte in Quellen. Bd. 4. bsv, München 1981, S. 74–75.

Q 8

Declaratory Act

Mit diesem Gesetz vom 18. März 1766 wurde zwar das Stempelsteuergesetz aufgehoben, zugleich jedoch sehr nachdrücklich erklärt, dass die Kolonien weiterhin der Regierung und dem Parlament des Mutterlandes untergeordnet seien:

Da verschiedene Repräsentantenhäuser in Seiner Majestät Kolonien und Pflanzungen vor kurzem für sich selbst oder für die dortigen allgemeinen Versammlungen das alleinige und ausschließliche Recht in Anspruch nahmen, den Untertanen Seiner Majestät in den genannten Kolonien und Pflanzungen Steuern und Abgaben aufzuerlegen; und da sie im Verfolg dieses Anspruchs gewisse Abstimmungen und Beschlüsse vornahmen und Verordnungen erließen, die der gesetzgebenden Gewalt des Parlaments abträglich und mit der Abhängigkeit der genannten Kolonien und Pflanzungen von der Krone Großbritanniens unvereinbar sind, so wird erklärt: Die genannten Kolonien und Pflanzungen in Amerika waren und sind rechtmäßig und notwendig der Reichskrone und dem Parlament von Großbritannien untergeordnet und von ihnen abhängig; und des Königs Majestät, durch und mit Rat und Zustimmung der geistlichen und weltlichen Lords und der Gemeinen von Großbritannien im versammelten Parlament, besaß und besitzt rechtmäßig und notwendig volle Gewalt und Vollmacht, Gesetze und Statuten zu erlassen, kraft deren die Kolonien und das Volk von Amerika, Untertanen der Krone Großbritannien, in allen erdenklichen Fällen verpflichtet werden. […] Und alle Beschlüsse, Abstimmungen, Anordnungen und Verfahren in irgendeiner der genannten Kolonien und Pflanzungen, wodurch die Macht und Vollmacht des Parlaments von Großbritannien, Gesetze und Statuten wie oben gesagt zu erlassen, geleugnet oder bezweifelt wird, sind vollständig nichtig und kraftlos bezüglich aller und jeder Absichten und Zwecke, und sie werden hiermit dazu erklärt.

Zit. nach Wolfgang Lautemann (Hrsg.): Geschichte in Quellen. Bd.4. bsv, München 1981, S. 75–76.

Q 9

Bostoner Boykott

Die Bostoner Kaufleute beschlossen als Reaktion auf die Townshend-Gesetze (vgl. Verfassertext), keine Waren mehr aus England einzuführen. Sie geben dies am 1. August 1768 in einer Flugschrift bekannt:

Die Kaufleute und Händler der Stadt Boston haben die klägliche Lage des Handels in Erwägung gezogen und die vielen Schwierigkeiten, unter denen er augenblicklich leidet infolge des Mangels an Geld, der täglich größer wird wegen der Notwendigkeit, die Raten zu bezahlen, um unsere Schulden in Großbritannien abzutragen, durch die hohen Summen, die durch die Zollbeamten als Abgaben für die importierten Waren erhoben werden, die hohen Taxen, die erhoben werden, um die Schulden zu bezahlen, welche die Regierung im letzten Kriege gemacht hat, die dem Handel durch einige der letzten Parlamentsakte auferlegten Schwierigkeiten und Einschränkungen, dazu durch den geringen Erfolg des Kabeljaufanges, wodurch unsere Hauptquelle für die Schuldenzahlung sehr verringert ist, und wir sind deshalb außerstande, die Schulden zu begleichen, die wir bei den Kaufleuten in Großbritannien haben, und weiterhin Güter von dort einzuführen. Wir, die Unterzeichneten, versprechen und verpflichten uns untereinander, um unter solch entmutigenden Umständen den Handel zu erleichtern, Gewerbefleiß, Sparsamkeit und Bescheidenheit anzuregen, Luxus und jede Art von Extravaganz aber zu entmutigen, wie folgt:

Erstens: Wir werden andere Waren, als wir für diesen Herbst bereits bestellt haben, weder nach Großbritannien ausführen, noch von dort einführen, sei es auf eigene Rechnung oder im Auftrag.

Zweitens: Wir werden vom 1. Januar 1769 bis zum 1. Januar 1770 weder irgendwelche Güter oder Handelswaren ausführen noch einführen, sei es auf eigene Rechnung, im Auftrag oder auf andere Weise, außer Salz, Kohle, Angeln und Schnüre, Hanf, …

Drittens: Wir werden vom 1. Januar 1769 bis zum 1. Januar 1770 weder von irgendeinem Agenten noch auf andere Weise irgendwelche Güter, die aus Großbritannien eingeführt worden sind, erwerben.

Viertens: Wir werden vom Januar 1769 bis zum Januar 1770 weder auf eigene Rechnung, noch im Auftrag irgendwelchen Tee, Glas, Papier oder andere Güter, die gemeinhin aus Großbritannien eingeführt werden, einführen, oder diese Güter von jemandem, der sie vielleicht in einer anderen Kolonie in Amerika einführt, erwerben.

Fünftens: Wir werden nach dem 1. Januar 1769 in dieser Kolonie weder Tee, Papier, Glas noch Farben einführen, bis das Gesetz, das Zölle auf solche Waren legt, zurückgezogen ist.

Zit. nach Wolfgang Lautemann (Hrsg.): Geschichte in Quellen. Bd. 4. bsv, München 1981, S. 77–78.

Die Eskalation in den 1770er Jahren

Auch in den 1770er Jahren verbesserte sich die Beziehung zwischen dem britischen Mutterland und den nordamerikanischen Kolonien nicht. Im Gegenteil: Der Streit um die Besteuerung der Kolonien eskalierte und führte schließlich zum Kampf der Kolonien um politische Unabhängigkeit.

Der Verfassertext spannt den Bogen vom „Boston-Massaker“ 1770 bis zum Unabhängigkeitskrieg und gibt Ihnen die Gelegenheit, den Verlauf und die Gründe für die Eskalation zu untersuchen.

1 Entwickeln Sie ein Schaubild, das die „koloniale Erregungskurve“ in den 1770er Jahren darstellt.
2 Erläutern Sie, inwiefern sich die Aktionen und Reaktionen der beiden Seiten in den 1770er Jahren vom vorherigen Jahrzehnt unterscheiden und worin die Ursachen für die Eskalation des Konflikts liegen.
3 Interpretieren Sie das Historiengemälde (Q 1).
4 Entwickeln Sie eine Erklärung dafür, warum gerade die Boston Tea Party zu einer revolutionären Bildikone wurde (Q 1).

„Boston-Massaker“ und „Boston Tea Party“

Seit dem Einquartierungsgesetz von 1765 [vgl. S. 40] unterstützen britische Soldaten die königlichen Verwaltungsbeamten und Zöllner bei ihrer Arbeit. Die Einquartierung sorgte immer wieder für Konflikte. Ein alltäglicher Streit um eine angeblich durch einen Briten nicht bezahlte Rechnung löste am 5. März 1770 eine spontane Demonstration Bostoner Kolonisten aus; die britische Torwache fühlte sich von der Menschenmenge bedroht und schoss in die Demonstrierenden, fünf Amerikaner starben. Das Ereignis wurde sofort in Kupferstichen dargestellt, die landesweit verbreitet wurden und sich nur grob an den tatsächlichen Geschehnissen orientierten. Der Name „Boston-Massaker“ wurde von antibritischen Politikern wie Samuel Adams bewusst gewählt, um den Besatzungscharakter der britischen Militärpräsenz herauszustreichen. Die Beerdigung der ersten vier Opfer wurde die bis dahin größte Versammlung in den amerikanischen Kolonien.

Im Mai 1773 wurde ein neues Teegesetz verabschiedet, das die britische East India Company (EIC), die in finanziellen Schwierigkeiten war, entlasten sollte: Durch Zollsenkungen und mehr Eigenverantwortlichkeit in der Handelsabwicklung wurde es der EIC ermöglicht, ihren Tee viel günstiger in den Kolonien anzubieten. So sollte den niederländischen Tee-Schmugglern in Amerika das Handwerk gelegt und die Kolonisten animiert werden, wieder mehr britischen Tee zu kaufen. Doch ausgerechnet die Importzölle, die bei der Einfuhr in Amerika anfielen, wurden nicht gesenkt (sondern nur die Zölle, die beim Verladen in England zu zahlen waren), und die größere Eigenverantwortlichkeit ermöglichte es der EIC, amerikanische Kaufleute nun völlig zu umgehen. Die Kolonien sahen das neue Teegesetz als weiteren Eingriff in ihre Souveränität. Am 16. Dezember 1773 enterten als Indianer verkleidete Kolonisten drei Schiffe der East India Company im Bostoner Hafen und warfen den geladenen Tee ins Hafenbecken. Dieses Ereignis ging unter dem ironischen Namen Boston Tea Party in die Geschichte ein.

Die Reaktion Großbritanniens auf die Boston Tea Party

Die britische Regierung verabschiedete daraufhin im März 1774 mehrere Sanktionen, die von den Kolonisten Coercive Acts (Zwangsgesetze) bzw. Intolerable Acts (unerträgliche Gesetze) genannt wurden. Es wurde die sofortige Schließung des Bostoner Hafens bis zur Bezahlung des vernichteten Tees angeordnet und die Stellung des Gouverneurs auf Kosten der kolonialen Selbstverwaltung gestärkt. Königliche Beamte durften bei Amtsvergehen nicht mehr von kolonialen Geschworenengerichten verurteilt werden, sondern wurden von nun an in England vor Gericht gestellt. Überdies wurde das Einquartierungsgesetz ausgeweitet.

Mit diesem Vorgehen brachte die britische Regierung nun auch Kolonien gegen sich auf, in denen es bis dahin relativ ruhig geblieben war. Überall kam es zu Solidaritätsbekundungen mit Massachusetts, erneut wurde zum Boykott britischer Produkte aufgerufen. Auch wurde nun erstmals die Forderung nach einer gemeinsamen Versammlung aller Kolonien erhoben, um dem Mutterland vereint entgegenzutreten – die Idee eines „Kontinentalkongresses" war geboren. Der Zusammentritt dieser gesetzlich nicht vorgesehenen Körperschaft markiert den Beginn der revolutionären Bewegung.

Die Kontinentalkongresse

Am 5. September 1774 trat in Philadelphia der erste Kontinentalkongress zusammen und beratschlagte bis zum 26. Oktober über Gegenmaßnahmen gegen die britischen Gesetze. Die 55 Kongressmitglieder waren von den einzelnen Kolonialparlamenten gewählt worden und an deren Weisungen gebunden. Eine Mehrheit der Delegierten lehnte die britischen Zwangsgesetze als verfassungswidrig ab und riet der Bevölkerung von Massachusetts dazu, bis zu ihrer Rücknahme keine Steuern an Großbritannien zu zahlen. Ferner rief der Kongress alle Kolonien zu einem strikten Einfuhrboykott britischer Waren ebenso wie zur Bildung bewaffneter Milizen auf. Zur Überwachung des Boykotts sollten überall Sicherheitskomitees gebildet werden, welche in der Folgezeit für eine weitere Mobilisierung und Politisierung der Bevölkerung sorgten. Nach diesen Beschlüssen vertagte sich der Kongress auf Mai 1775, um die Wirkung der beschlossenen Maßnahmen zu evaluieren und danach das weitere Vorgehen zu beraten.

Vereinbarungsgemäß trat am 10. Mai 1775 der zweite Kontinentalkongress zusammen. Die Hoffnung, dass das britische Parlament einlenken würde, hatte sich nicht erfüllt; die englische Regierung blieb trotz einzelner kompromissbereiter Stimmen unnachgiebig.

Die öffentliche Meinung Mitte der 1770er Jahre

Die Bindungen der Kolonisten zum Mutterland schwanden umso schneller, je mehr die Regierung in London darauf setzte, Härte zu zeigen. Zwar befürwortete im Kongress nur eine Minderheit im Frühjahr 1775 bereits die Unabhängigkeit von Großbritannien, doch die Stimmung drohte spürbar zu kippen.

Obwohl es im April 1775 bei Lexington erstmals zu einer militärischen Auseinandersetzung zwischen bewaffneten Kolonisten und britischen Soldaten gekommen war (vgl. S. 54 f.), bemühten sich die Delegierten des Kontinentalkongresses zunächst noch um eine friedliche Lösung der Krise. Den militärischen Gefechten folgte ein Kampf um die politische Meinung im Mutterland. Der Provinzkongress von Massachusetts hatte eine Vielzahl von Augenzeugenberichten beteiligter Milizionäre und britischer Soldaten zusammengestellt. Sie wurden mit einem Eilschiff nach London geschickt und lösten dort eine öffentliche Diskussion aus, die sich aber auf das – aus Londoner Sicht ungeschickte – Verhalten des Gouverneurs Thomas Gage konzentrierte und die grundsätzlichen Konfliktlinien nicht in den Blick nahm.

Innerhalb weniger Monate radikalisierte sich die Stimmung in den Kolonien, der Verteidigungszustand wurde ausgerufen und der Kontinentalkongress tagte nun nahezu permanent. Er erfüllte in den folgenden Jahren de facto die Aufgaben einer kolonialen Regierung.

Q 1

Die Boston Tea Party
Nathaniel Currier (1813–1888): The Destruction of Tea at Boston Harbor, Lithographie, 19,3 x 31,3 cm, 1846 (Ausschnitt)

Die Materialien geben Ihnen einen Einblick in die Argumentationen sowie die Selbst- und Fremdwahrnehmung der Kontrahenten im Konflikt zwischen Mutterland und Kolonien.

1 Erläutern Sie Franklins Argumentation (Q 2).
2 Erläutern Sie den historischen Kontext, auf den Burke in seinen Anspielungen Bezug nimmt, und arbeiten Sie die Gefahren heraus, die laut Burke Großbritannien bei Fortsetzung seiner Politik drohen (Q 3).
3 Analysieren Sie, wie Adams die Boston Tea Party bewertet (Q 4).
4 Charakterisieren Sie die Erklärung der Bürger Philadelphias (Q 5).
5 Charakterisieren Sie die die Stellungnahme des Kontinentalkongresses zum Gefecht bei Lexington und arbeiten Sie die Konsequenzen heraus, mit denen er droht (Q 6).
6 Charakterisieren Sie die Erklärung des Königs und erläutern Sie die Konsequenzen, die sich daraus ergeben (Q 7).
7 Weisen Sie nach, wie sich das zerrüttete Verhältnis zu Großbritannien in der Entschließung des Kongresses manifestiert (Q 8).
8 Setzen Sie die Rebellen-Erklärung König Georgs III. und die Entschließung des Kongresses in Beziehung zueinander (Q 7, Q 8).
9 Interpretieren Sie Walcutts Historiengemälde (Q 9).
10 Vergleichen Sie Q 9 mit Oertels Gemälde auf S. 30.

Q 2

Der Status der Kolonien

Benjamin Franklin (1706–1790) vertrat als Abgesandter die Interessen der Kolonien in Großbritannien. Vor dem britischen Parlament hält er 1770 folgende Rede:

Daß die Kolonien ursprünglich als besondere Staatswesen errichtet wurden und solche mit Vorbedacht bleiben sollten, das ergibt sich für mich aus einer gründlichen Betrachtung ihrer ursprünglichen Freibriefe und aus dem ganzen Verhalten der Krone und der Nation ihnen gegenüber bis zur Restauration [der Wiedereinführung der Monarchie nach der Glorious Revolution]. Seit dieser Zeit aber hat das hiesige Parlament die Autorität an sich gerissen, Gesetze für sie zu erlassen; eine Machtvollkommenheit, die es vorher nicht besaß. Eine Zeitlang haben wir uns dieser Machtanmaßung gefügt, teils aus Unkenntnis und Unaufmerksamkeit, teils aus Schwäche und Unfähigkeit zum Widerstand. Doch ich hoffe, wenn man unsere Rechte hier (in England) besser versteht, werden wir diese Nation durch geschicktes und angemessenes Verhalten dazu bringen, uns unsere Rechte wieder einzuräumen.

Inzwischen wäre zu wünschen, daß man Ausdrücke wie „oberste Autorität des Parlaments", „Unterordnung unserer Volksvertretung unter das Parlament" und dergleichen aus unseren Veröffentlichungen striche. Sie gehen über die bloße Höflichkeit hinaus und könnten einen Anspruch bekräftigen, mit dem sich die Untertanen in einem Teil der königlichen Herrschaftsgebiete über ihre Kameraden in einem anderen Teil zu Herren aufwerfen möchten: besitzen sie doch in Wirklichkeit gar keine solchen Rechte und ist doch ihr Anspruch allein auf Machtanmaßung gegründet! Denn die einzelnen Staaten haben dieselben Rechte und Freiheiten und hängen – wie England und Schottland vor der Union – nur dadurch zusammen, daß sie einen gemeinsamen Souverän, den König, haben.

Zit. nach: Wolfgang Lautemann (Hrsg.): Geschichte in Quellen. Bd., 4, bsv, München 1981, S. 94–95.

Q 3

Englisches Verständnis für Amerika

Der englische Staatstheoretiker und Politiker Edmund Burke (1729–1797) äußert sich 1774 in einer Rede über die Besteuerung Amerikas wie folgt:

Ich wiederhole es nochmals, kehrt zu euren alten Grundsätzen zurück. Ich will mich hier nicht mit der spitzfindigen Unterscheidung von Rechten abgeben, noch will ich versuchen, ihre Grenzen zu bestimmen. [...] Laßt die Amerikaner, wie sie vor alters standen, und diese Unterscheidungen, die aus unserem unseligen Zwist entstanden sind, werden mit ihm verschwinden. Sie und wir, ihre Ahnen und die unseren sind unter diesem Regierungssystem glücklich gewesen. Laßt die Erinnerung an alle Handlungen, die in Widerspruch stehen zu diesem guten alten Brauch, auf beiden Seiten für immer vergessen sein. Seid zufrieden, Amerika durch Handelsgesetze zu binden: ihr habt das immer getan. Das soll euer Grund sein, ihren Handel zu binden. Belastet sie nicht mit Steuern: ihr habt das nicht von Anfang an getan. Das soll euer Grund sein, keine Steuern zu erheben. Das sind die Argumente von

Staaten und Königreichen. Das übrige überlaßt den Schulen; denn dort allein kann darüber ohne Gefahr diskutiert werden. Aber wenn ihr unbedacht, töricht, verhängnisvoll […] die Quelle aller Herrschaft vergiftet, indem ihr aus der unbegrenzten und unbegrenzbaren Natur der höchsten Souveränität Folgerungen und Schlüsse ableitet, die denen, über die ihr herrschen sollt, verhaßt sind, so werdet ihr auf diese Weise lehren, diese Souveränität selbst in Frage zu ziehen. Wenn diese Souveränität und ihre Freiheit sich nicht vereinbaren lassen, was werden sie dann wählen? Sie werden euch eure Souveränität ins Gesicht schleudern. Niemand läßt sich in die Knechtschaft hineinargumentieren.

Zit. nach: Wolfgang Lautemann (Hrsg.): Geschichte in Quellen., Bd. 4., bsv, München 1981, S. 96.

Q 4

Eine kühne Tat

John Adams, später zweiter Präsident der USA, notiert am 17. Dezember 1773, dem Tag nach der „Boston Tea Party", Folgendes in seinem Tagebuch:

Gestern Abend wurden drei Ladungen Bohea-Tee ins Meer geschüttet. […] Dies ist die bisher großartigste Maßnahme. Dieses letzte Unternehmen der Patrioten hat eine Würde, eine Majestät, eine Erhabenheit an sich, die ich bewundere. Das Volk sollte sich nie erheben, ohne etwas Erinnerungswürdiges zu tun – etwas Beachtenswertes und Aufsehenerregendes. Die Vernichtung des Tees ist eine so kühne, entschlossene, furchtlose und kompromißlose Tat, und sie wird notwendigerweise so wichtige und dauerhafte Konsequenzen hervorrufen, daß ich sie als epochemachendes Ereignis betrachten muß. […]

Welche Maßnahmen wird das Ministerium ergreifen? Werden sie empört sein? Werden sie es wagen, empört zu sein? Werden sie uns bestrafen? Wie? Indem sie Truppen einquartieren? Die Gründungsurkunde widerrufen? Noch höhere Zölle einziehen? Unseren Handel beschränken? Sich an einzelnen rächen? Oder wie? Die Frage ist, ob die Vernichtung des Tees nötig war. Ich fürchte, sie war absolut notwendig. Er konnte nicht zurückgeschickt werden, weil Gouverneur, Admiral und der Zoll es nicht erlaubten. […] Die Alternative war daher, den Tee zu vernichten oder an Land zu bringen. Ihn an Land zu bringen hätte bedeutet, daß wir das Besteuerungsrecht des Parlaments anerkennen, gegen das der Kontinent zehn Jahre lang gekämpft hat. Es hätte bedeutet, daß wir die Arbeit von zehn Jahren zunichte machen und uns und unsere Nachkommen den ägyptischen Sklaventreibern [gemeint ist das Ägypten der Bibel] unterwerfen – den drückenden Abgaben, der Schmach und Schande, den Anschuldigungen und der Verachtung, dem Elend und der Unterdrückung, der Armut und der Knechtschaft.

John Adams, zit. nach: Willi Paul Adams, Angela Meurer Adams (Hrsg. und Übersetzer): Die Amerikanische Revolution in Augenzeugenberichten. dtv, München 1976, S. 76–77.

Q 5

Solidarität mit Boston

Als Reaktion auf die Schließung des Bostoner Hafens nach der Tea Party kam es in allen Kolonien zu Solidaritätskundgebungen. In Philadelphia in Pennsylvania versammeln sich am 18. Juni 1774 über 8 000 Menschen und verabschieden die folgenden Beschlüsse:

Auf einer sehr großen und ansehnlichen Versammlung der Grundbesitzer und der freien Bürger von Stadt und Grafschaft Philadelphia unter dem Vorsitz von Thomas Willing [Bürgermeister von Philadelphia und Mitglied der dortigen Kolonialversammlung] und Johann Dickinson wurde am 18. Juni 1774 beschlossen:

I. daß der Beschluß des Parlaments, den Hafen von Boston zu schließen, ungesetzlich, oppressiv gegen die Bevölkerung dieser Stadt, gefährlich für die Freiheiten der britischen Kolonien ist und daß er deshalb in der Erwägung, daß die Menschen in Boston unsere Brüder sind, angesehen werden muß als eine Belastung für die gemeinsame Sache Amerikas;

II. daß ein Kongreß von Vertretern der einzelnen Kolonien in Nordamerika das geeignetste und tauglichste Mittel ist, um unseren notleidenden Brüdern Hilfe zu bringen, Behebung der Beschwerden Amerikas, Sicherung unserer Rechte und Freiheiten und Wiederherstellung von Frieden und Eintracht zwischen Großbritannien und diesen Kolonien auf einer Grundlage der Verfassung zu erreichen;

III. daß ein großes und ansehnliches Komitee für Stadt und Grafschaft Philadelphia sofort geschaffen werde, um mit den Schwesterkolonien und den einzelnen Grafschaften dieser Provinz in Schriftverkehr zu treten mit dem Auftrag, alles darauf zu vereinigen, um vorzuschreiten und auszudauern für das große und wertvolle Ziel, das in der vorliegenden Entschließung genannt ist.

Zit. nach: Wolfgang Lautemann (Hrsg.): Geschichte in Quellen., Bd. 4., bsv, München 1981, S. 80–81.

Q 6

Bewahrung unserer Freiheiten

Der Kontinentalkongress verabschiedet am 6. Juli 1775 folgende Erklärung:

Unsere Sache ist gerecht. Unsere Union ist vollendet. Unsere inneren Kräfte sind groß, und unzweifelhaft werden wir, wenn es nötig ist, auch fremde Hilfe finden. – Wir erkennen dankbar als ein besonderes Zeichen der Gnade Gottes uns gegenüber, daß seine Vorsehung es nicht zugelassen hat, daß wir in diesen schweren Konflikt gerufen wurden, ehe wir zu unserer gegenwärtigen Kraft herangereift, bereits im Kriege geübt waren und die Mittel besaßen, uns selbst zu verteidigen. Die Herzen gestärkt durch diesen erhebenden Gedanken, erklären wir auf das Feierlichste vor Gott und der Welt, daß wir die

Waffen, die zu ergreifen unsere Feinde uns gezwungen haben, allen Zufälligkeiten zum Trotz in unerschütterlicher Festigkeit und Ausdauer gebrauchen werden zur Bewahrung unserer Freiheiten, einmütig entschlossen, lieber als Freie zu sterben, denn als Sklaven zu leben.

Auf daß diese unsere Erklärung nicht die Meinung unserer Freunde und Mituntertanen in irgendeinem Teile des Reiches beunruhige, versichern wir, daß wir nicht beabsichtigen, die Verbindung zu lösen, die so lange und so glücklich zwischen uns bestanden hat, und welche wir aufrichtig wiederhergestellt zu sehen wünschen. Noch hat uns die Not nicht zu einer so verzweifelten Handlung getrieben oder uns dahin gebracht, irgendeine andere Nation zum Kriege gegen sie zu hetzen. Wir haben unsere Armeen nicht aufgestellt in dem Ehrgeiz, uns von Großbritannien zu trennen und unabhängige Staaten zu gründen. Wir kämpfen nicht um Ruhm und Eroberung. Wir bieten der Menschheit das bemerkenswerte Bild eines Volkes, das grundlos von Feinden angegriffen wird, denen gegenüber es keine Beleidigung oder irgendeine Kränkung sich hat zuschulden kommen lassen. Sie prahlen mit ihren Privilegien und ihrer Zivilisation und lassen uns doch nur die Wahl zwischen Knechtschaft oder Tod.

In unserem eigenen Geburtsland, zur Verteidigung der Freiheit, derer wir uns immer erfreut hatten, bis sie jüngst verletzt wurde, – zum Schutze unseres Eigentums, das einzig und allein durch den ehrlichen Fleiß unserer Vorväter und unseren eigenen erworben ist, gegen die uns jüngst angetane Gewalt haben wir die Waffen erhoben. Wir werden sie niederlegen, wenn die Angreifer die Feindseligkeiten einstellen und alle Gefahr einer Erneuerung beseitigt ist, und nicht vorher.

In demütigem Vertrauen auf die Gnade des obersten und unparteiischen Richters und Herrschers im Weltall flehen wir tief ergeben seine göttliche Güte an, uns gnädig zu schützen in diesem schweren Streit, unsere Feinde unter vernünftigen Bedingungen zur Versöhnung zu stimmen und so das Reich zu bewahren vor den Greueln eines Bürgerkrieges.

Zit. nach: Wolfgang Lautemann (Hrsg.): Geschichte in Quellen., Bd. 4., bsv, München 1981, S. 86–87.

Q 7

Amerikaner sind Rebellen

Nach der Eskalation bei Lexington erklärt der englische König Georg III. im Sommer 1775 in einer Proklamation die Amerikaner zu Rebellen:

Georg Rex,

In Ansehung, daß eine Anzahl unserer Untertanen in verschiedenen Teilen unserer Kolonien und Pflanzungen in Nordamerika, verführt durch gefährliche und übelwollende Menschen, vergessend der Untertanenpflicht, die sie der Macht schulden, die sie geschützt und erhalten hat, nachdem der öffentliche Friede durch zahlreiche Akte der Aufsässigkeit gestört worden ist, um den gesetzlichen Handel zu hindern und unsere loyalen Untertanen zu bedrücken, die ihn ausüben, daß sie neuerdings zu offener und eingestandener Rebellion übergegangen sind, indem sie sich in feindlicher Weise zusammengetan haben, um der Ausführung des Gesetzes Widerstand zu leisten und verräterisch gegen uns Krieg vorzubereiten, zu befehlen und zu erheben.

Und in Ansehung, daß Grund besteht anzunehmen, daß eine solche Rebellion sehr gefördert und ermutigt worden ist durch verräterische Korrespondenzen, Versammlungen und Unterstützung von seiten gottloser und hoffnungsloser Personen in diesem Reich, endlich daß keiner unserer Untertanen durch Unkenntnis dieser Dinge oder durch einen Zweifel am Schutz, den das Gesetz ihm bietet für seine Loyalität und Ergebenheit, seine Pflicht vernachlässige oder verletze, halten wir es durch und mit Zustimmung unseres Staatsrates für geboten, diese unsere königliche Proklamation zu erlassen, und wir erklären hiermit, daß nicht nur alle unsere Offiziere und Beamten verpflichtet sind, die äußersten Anstrengungen zu machen, um eine solche Rebellion zu unterdrücken und die Verräter der Justiz zu überliefern, sondern daß auch alle unsere Untertanen in diesem Reiche und in den betroffenen Herrschaften durch das Gesetz gehalten sind, zur Unterdrückung einer solchen Rebellion ihre Hilfe und ihren Beistand zu leisten und alle gegen uns und unsere Krone und Würde gerichteten verräterischen Konspirationen und Anschläge aufzudecken und bekanntzumachen. Darum geben wir allen unseren Offizieren, Beamten und allen anderen unseren Bediensteten und loyalen Untertanen Befehl und Auftrag, mit all ihren Kräften eine solche Rebellion zu unterdrücken und ihr Widerstand zu leisten und bekannt und offenkundig zu machen allen Verrat und alle verräterischen Konspirationen gegen uns, unsere Krone und unsere Majestät, die ihnen bekannt werden, und zu diesem Zweck sollen sie einem unserer hauptsächlichsten Staatssekretäre oder einem anderen zuständigen Beamten nach ihrer Schuldigkeit und ganz und gar jede Information über alle Personen übermitteln, die dabei getroffen werden, daß sie in Verbindung stehen mit solchen Personen, die jetzt offen die Waffen tragen und rebellieren gegen unsere Regierung oder in irgendeiner Art und Weise solchen Personen helfen und sie unterstützen, in welcher unserer Kolonien und Pflanzungen in Nordamerika es sei, um die Urheber, Täter und Unterstützer solcher verräterischer Pläne der verdienten Strafe zuzuführen.

Gegeben an unserem Hofe zu St. James am dreiundzwanzigsten Tage des August im eintausendsiebenhundertfünfundsiebzigsten Jahre, im fünfzehnten Jahre unserer Herrschaft.

God save the KING.

Zit. nach: Wolfgang Lautemann (Hrsg.): Geschichte in Quellen., Bd. 4., bsv, München 1981, S. 87–88.

Q 8

Eine eigene Exekutive schaffen

Der Zweite Kontinentalkongress verabschiedet als Reaktion auf die Rebellen-Proklamation König Georgs III. am 15. Mai 1776 folgende Entschließung:

Da Seine Britannische Majestät gemeinsam mit den Lords und den Gemeinen von Großbritannien in einem jüngsten Parlamentsbeschluß die Bewohner dieser Vereinigten Kolonien aus dem Schutz der Krone ausgeschlossen hat, und da auf die ergebenen Petitionen der Kolonien um Beseitigung der Beschwerden und Versöhnung mit Großbritannien keine Antwort irgendwelcher Art erfolgt ist oder wohl gegeben wird, im Gegenteil die ganze Kraft dieses Königreiches, von fremden Söldlingen unterstützt, darauf gerichtet ist, das gute Volk dieser Kolonien zu verderben, und da es dem Volke dieser Kolonien absolut unvereinbar mit Vernunft und gutem Gewissen zu sein scheint, jetzt die Eide und Zusicherungen zu leisten, die für die Aufrechterhaltung jeder Art von Verwaltung unter der Krone von Großbritannien notwendig sind, und es nötig ist, daß die Ausübung einer jeden Art von Autorität unter der besagten Krone völlig aufhöre und alle Regierungsgewalt unter der Autorität des Volkes dieser Kolonien geschehen muß, um inneren Frieden, Rechtlichkeit und gute Ordnung zu wahren ebenso wie unser Leben, Freiheit und Eigentum gegen feindliche Einfälle und grausame Verheerung zu verteidigen, deshalb wird beschlossen, den Versammlungen und Konventen der einzelnen Kolonien zu empfehlen, überall da, wo bis jetzt noch keine für die Erledigung ihrer Angelegenheiten hinreichende Regierung eingesetzt ist, eine solche Regierung zu schaffen, was nach Meinung der Volksvertreter am besten für Wohlergehen und Sicherheit ihrer Wähler im einzelnen und Amerika im ganzen beiträgt.

Zit. nach: Wolfgang Lautemann (Hrsg.): Geschichte in Quellen., Bd. 4., bsv, München 1981, S. 89.

Q 9

Der Sturz des Denkmals Georgs III. in New York am 9. Juli 1776

William Walcutt (1819–1882): Pulling Down the Statue of George III at Bowling Green, Öl auf Leinwand, 131,1 x 197,2 cm, 1857

Unabhängigkeitskrieg und Unabhängigkeitserklärung

Trotz der weiter fortschreitenden Eskalation des Konflikts ging es den meisten Kolonisten nach wie vor um die Verteidigung ihrer Rechte und die Wiederherstellung eines vernünftigen Verhältnisses zu Großbritannien. Nur eine radikale Minderheit dachte damals schon an politische Unabhängigkeit. Dies änderte sich im Lauf des Jahre 1776.

Der Verfassertext informiert Sie über den Ablauf des Unabhängigkeitskrieges, den sozialen Konflikt zwischen „Rebellen" und „Loyalisten" sowie den Umschwung der öffentlichen Meinung im Jahr 1776.

1 Fassen Sie den Verlauf des Unabhängigkeitskrieges in Stichworten zusammen (VT, D 1).

2 Analysieren Sie die Chancen und Probleme beider Kriegsparteien, die Auseinandersetzung militärisch zu gewinnen.

Der Kriegsbeginn

Am 19. April 1775 kam es bei Lexington zu einem Gefecht zwischen britischen Truppen und amerikanischen Milizen, die die Aushebung eines Waffenlagers bei Concord verhindern wollten. Die britischen Soldaten suchten ihr Heil in der Flucht, die „Amerikaner" fühlten sich als Sieger. Unter dem Eindruck dieses Ereignisses beschloss Massachusetts, eine reguläre Armee aufzustellen. Die anderen Kolonien wurden zur Unterstützung aufgefordert.

Der zweite Kontinentalkongress erklärte im Mai 1775 den Verteidigungszustand und bestimmte das Kongressmitglied George Washington, einen vermögenden Farmer aus Virginia, der schon im Siebenjährigen Krieg Miliztruppen kommandiert hatte, zum Oberbefehlshaber der neu gegründeten Armee. Der Kongress forderte auch die kanadischen Kolonien zum Abfall von Großbritannien auf; gegen loyale kanadische Kolonien befahl der Kongress eine militärische Strafexpedition.

Die Unabhängigkeitserklärung

Nicht alle zentralen Ereignisse jener Phase fanden auf dem Schlachtfeld statt. Im Januar 1776 veröffentliche Thomas Paine eine Flugschrift mit dem Titel Common Sense (Gesunder Menschenverstand). Der Verfasser griff darin den englischen König an und forderte vehement, für die Unabhängigkeit von Großbritannien zu kämpfen. Das Pamphlet erlebte mehrere Auflagen und stellte einen enormen publizistischen Erfolg dar. Es sorgte schließlich für den Meinungswandel zu Gunsten der Unabhängigkeit.

Unter dem Eindruck dieser Schrift verabschiedete der Kontinentalkongress am 4. Juli 1776 die Unabhängigkeitserklärung. Sie stellt das Gründungsdokument der Vereinigten Staaten dar. Ihre Unterzeichner beriefen sich auf natürliche Rechte und gottgegebene Gebote, da die britische Regierung tyrannisch sei und die Menschen in den Kolonien durch wiederholte Rechtsverstöße in ihrer Freiheit und ihrem Streben nach Glück beeinträchtige. Der Text verband aufklärerisches Gedankengut mit der angelsächsischen Rechtsauffassung, dass die Regierung Rechte und Sicherheit der Regierten zu beschützen habe, da nur dies sie legitimiere. Andernfalls könne, ja müsse sie sogar gegen eine andere ausgetauscht werden.

Parallel zur Entstehung dieses Dokuments ordneten die Einzelstaaten ihre politischen Institutionen neu, indem sie zwischen 1776 und 1780 Grundrechtserklärungen und Verfassungen formulierten. Sie orientierten sich an der Unabhängigkeitserklärung sowie der Virginia Bill of Rights von 12. Juni 1776, einem Grund- und Menschenrechtskatalog.

Die Kriegsparteien

Die Kontinentalarmee rekrutierte sich zumeist aus Farmern, die über keinerlei militärische Erfahrung verfügten. Ihre Ausrüstung war oft schlecht. Unterstützung in Form von Ausrüstung, Waffen und Truppen erhielten sie von Frankreich, Spanien und den Niederlanden. Für die soldatische Ausbildung sorgte, ebenfalls durch Frankreichs Vermittlung, der ehemalige preußische Offizier Friedrich Wilhelm von Steuben.

Der 15 000 bis 20 000 Soldaten umfassenden Kontinentalarmee standen 30 000 Soldaten der führenden Militärmacht der damaligen Zeit gegenüber. Sie wurden von ca. 30.000 deutschen Soldaten unterstützt, die als Söldner von ihren Fürsten an den englischen König vermietet worden waren. Der Großteil von ihnen stammte aus der Landgrafschaft Hessen-Kassel, weshalb sie in Nordamerika allgemein als Hessians bezeichnet wurden. Auch das Fürstentum Braunschweig-Wolfenbüttel stellte 4300 Soldaten.

Nicht alle Kolonisten nahmen jedoch an der Rebellion teil. Ein Drittel der Bevölkerung verhielt sich unentschlossen bzw. bezog aus religiösen Gründen keinerlei Stellung wie z.B die pazifistischen Quäker, ein weiteres knappes Drittel bestand aus so genannten Loyalisten, also englandtreuen Kolonisten, die dem Unabhängigkeitskampf ihrer Landsleute ablehnend gegenüberstanden und weiterhin die Briten unterstützten. Vor allem Iro-Schotten aus den südlichen Staaten zählten dazu. Über 20000 Loyalisten kämpften auf Seiten der Briten.

Trotz des militärischen Ungleichgewichts besaßen die Amerikaner strategische Vorteile. Sie konnten sich auf bekanntem Terrain unauffällig bewegen und so den Kampf in Form eines Guerillakrieges führen, wohingegen die Briten ein riesiges ihnen unbekanntes Territorium erobern und sichern mussten. Hinzu kam für sie noch das logistische Problem der Kommunikation mit London sowie der Truppenversorgung über den Atlantik hinweg.

Der Kriegsverlauf und das Kriegsende

Nach anfänglichen Erfolgen der Amerikaner verließ sie das Kriegsglück. Dies lag auch an der Haltung der Einzelstaaten, die die Kontinentalarmee höchst unzuverlässig mit Soldaten, Waffen, Geld und Nahrung unterstützten, was zu schweren militärischen Krisen führte. Es gelang den Briten jedoch nicht, dies auszunutzen, da sie aus Rücksicht auf die militärische Ressourcenverteilung im gesamten Empire versuchten, ihr Truppenkontingent so knapp wie möglich zu halten und zudem die Einsatzbereitschaft gerade der einfachen Soldaten teilweise gering war. Die Kapitulation einer ersten großen britischen Armee bei Saratoga im Oktober 1777 stellte einen Wendepunkt dar. Nach Einkreisung der britischen Truppen bei Yorktown kapitulierte schließlich auch General Lord Cornwallis im Oktober 1781. London entsandte keine weiteren Truppen, weil der Krieg aus britischer Sicht nicht mehr zu gewinnen war. Im Frieden von Paris vom 3. September 1783 erkannte Großbritannien die Unabhängigkeit der Vereinigten Staaten von Amerika an und trat das Gebiet bis zum Mississippi an sie ab, wobei Kanada jedoch britisch blieb.

Das Schicksal der Loyalisten

Von den rund 800000 loyalistischen Einwohnern in den ehemaligen Kolonien verließen zwischen 60000 und 100000 nach Kriegsende die USA und siedelten nach Großbritannien, Kanada oder in andere britische Kolonien über. Die übrigen arrangierten sich mit den neuen politischen Verhältnissen, obwohl sie in den vergangenen zwei Jahrzehnten wegen ihrer Haltung bedrängt, ausgegrenzt, enteignet und zum Teil sogar vertrieben worden waren.

D 1

Der Unabhängigkeitskrieg 1775 bis 1783

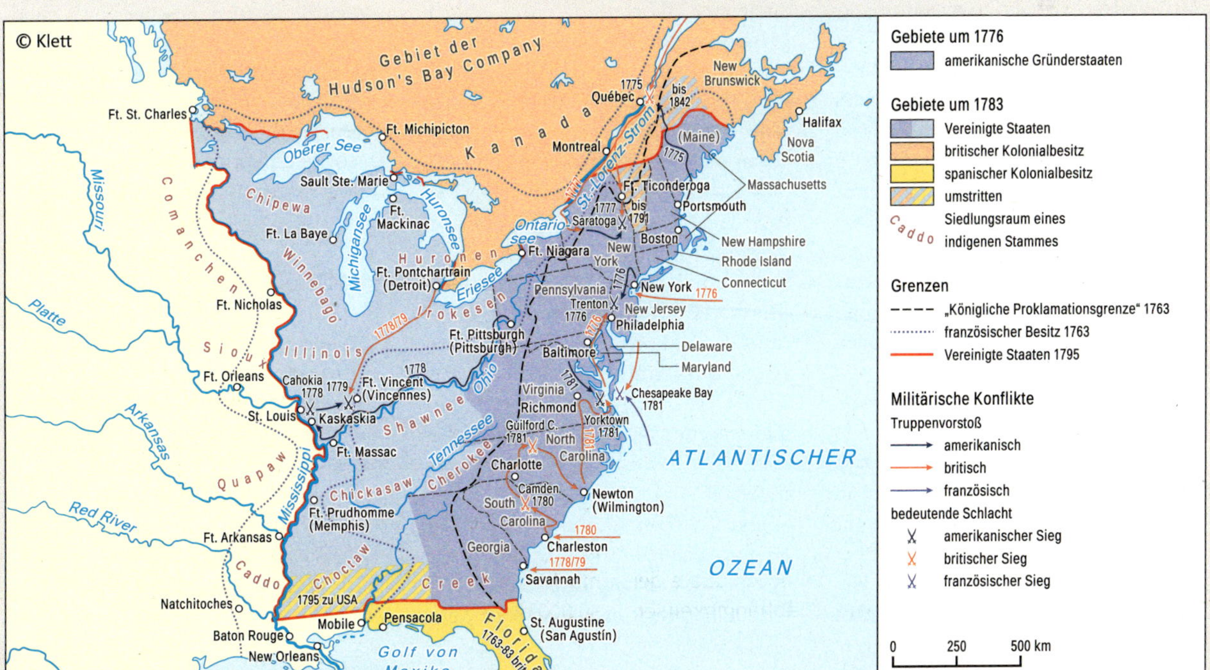

Sie finden in diesem Kapitel Quellen zu zwei Themenschwerpunkten: Zum einen zum Krieg selbst, der sichtbar wird als ein Thema, das damals schon öffentlich bewertet und diskutiert wurde. Zur Schlacht von Lexington als Auslöser des Krieges gab es entgegengesetzte Schilderungen (Q 1, Q 2), europäische Söldner auf britischer Seite sollten durch Flugblätter von der Fehlerheftigkeit ihres Tun überzeugt und zum Überlaufen animiert werden (Q 3). Der zweite Schwerpunkt sind politische und soziale Prozesse, die in Paines Schrift Common Sense (Q 4), einer Entgegnung darauf (Q 5) und der Unabhängigkeitserklärung (Q 6) erkennbar werden.

1. Vergleichen Sie die beiden Berichte im Hinblick auf Ablauf, Beschreibung sowie Deutung des Geschehens, Wortwahl, Adressat und Zweck (Q 1, Q 2).
2. Beschreiben Sie, wie die europäischen Herrscher charakterisiert werden (Q 3).
3. Arbeiten Sie die genannten Anreize für Desertion bzw. die Vorzüge eines Lebens als Zivilist in den USA heraus (Q 3).
4. Arbeiten Sie heraus, wie Paine die gegenwärtige Situation wahrnimmt, mit welchen sprachlichen Mittel er sie beschreibt und welche Visionen er für Amerika nach der Unabhängigkeit hat (Q 4).
5. Arbeiten Sie die Argumentation von „Rationalis" heraus (Q 5).
6. Interpretieren Sie die Karikatur Q 6.
7. Teilen Sie die Unabhängigkeitserklärung in Sinnabschnitte ein und geben Sie die Argumentation des Textes wieder (Q 7).
8. Interpretieren Sie das Historiengemälde Q 8 entsprechend den Hinweisen auf Seite 143 und erläutern Sie die politische Funktion solcher Bilder.
9. Arbeiten Sie den Zusammenhang von Religion und Freiheit heraus, den Präsident Obama laut D 2 herstellt, und nehmen Sie Stellung dazu.

Q 1

Das Gefecht bei Lexington aus britischer Perspektive

Das Gefecht bei Lexington gilt als Auslöser des Unabhängigkeitskrieges. Oberstleutnant Smith berichtet seinem Vorgesetzten, General und Gouverneur Thomas Gage, über den Vorfall:

In Befolgung der Befehle Eurer Exzellenz marschierte ich am Abend des 18. dieses [Monats] mit dem Korps von Grenadieren und leichter Infanterie nach Concord, um die Befehle Eurer Exzellenz, betreffend die Zerstörung aller Munition, Artillerie, Zelte usw., die hier angesammelt waren, auszuführen. Das wurde erreicht, indem wir die Zapfen von drei schweren Kanonen abschlugen, einige neue Lafetten und zahlreiche Lafettenräder verbrannten, eine beträchtliche Menge Mehl, einiges Kanonenpulver und Musketenkugeln mit anderen kleinen Gegenständen in den Fluß warfen. Obwohl wir mit äußerster Geschwindigkeit und in aller Heimlichkeit marschierten, fanden wir, daß die Gegend Kenntnis oder starken Verdacht von unserem Kommen hatte, und es wurden zahlreiche Signal-Kanonenschüsse abgefeuert und wiederholt die Alarmglocken geläutet; und als wir in Concord ankamen, erfuhren wir, daß einige Kanonen an diesem Tage aus der Stadt weggeführt, andere mit einigen Magazinen vor drei Tagen abgefahren worden waren, was verhinderte, daß wir die Gelegenheit hatten, soviel zu zerstören, wie möglicherweise bei unserem ersten Antreten erwartet worden ist.

Ich halte es für richtig zu bemerken, daß ich, als ich einige Meilen auf dem Wege von Boston zurückgelegt hatte, sechs Kompanien leichter Infanterie detachierte [abkommandierte] mit dem Auftrag, mit höchster Geschwindigkeit zu marschieren, um die beiden Brücken zu besetzen, die an verschiedenen Straßen jenseits von Concord liegen. Aus dem Bericht von Major Pitcairn, der mit ihnen vorging, und von zahlreichen anderen Offizieren erfuhr ich, daß sie, als sie in Lexington ankamen, auf einem Wiesenstück an der Straße einen Haufen von Landvolk auf militärische Weise aufgestellt fanden, mit Waffen und Ausrüstung und, wie es später klar wurde, geladen, und sie hatten einige Männer in einem Wohn- und einem Andachtshaus postiert. Unsere Truppen gingen gegen sie vor, ohne eine jede Absicht, ihnen Böses zu tun, außer den Grund fur eine derartige Versammlung festzustellen und, wenn keine genügende Erklärung erfolgte, ihre Waffen sicherzustellen. Sie gerieten jedoch in Verwirrung und liefen fort, vor allem auf dem linken Flügel, ein einziger von ihnen schoß, bevor er weglief, und drei oder vier andere sprangen über einen Wall und feuerten hinter diesem hervor auf die Soldaten. Darauf erwiderten die Truppen das Feuer und töteten einige von ihnen. Ebenso schossen die Landleute auch von den Wohn- und Andachtshäusern auf die Soldaten [...]. Schon vorher hatte auf der Straße ein Landmann seine Waffe auf die Leutnants Adair und Sutherland gelöst, aber es blitzte nur auf und ging nicht los. Danach sahen wir einige von ihnen in den Wäldern, aber wir marschierten weiter nach Concord, ohne daß sich ein weiterer Zwischenfall ereignete. Während des Aufenthalts in Concord sahen wir, wie sich an vielen Stellen große Massen versammelten. Mit einem sehr starken Korps rückten sie gegen eine der Brücken vor und gegen die hier aufgestellte leichte Infanterie. Als sie ziemlich nahe herangekommen waren, schoß einer unserer Leute auf sie, und sie erwiderten das Feuer; daraus entwickelte sich ein Gefecht [...]. Bei diesem Gefecht haben sie anscheinend, als die Brücke [von uns] aufgegeben war, ein oder zwei Mann, die gefallen oder schwer verwundet worden waren, skalpiert und auf andere Weise mißhandelt. Als wir Concord verließen, um nach Boston zurückzukehren, eröffneten sie von Wällen, Gräben, Bäumen usw. das Feuer auf uns, das während unseres Marsches immer stärker wurde und ohne auch nur fünf Minuten unterbrochen zu werden, nach meiner Schätzung achtzehn Meilen weit anhielt. Ich kann nicht anders denken, als daß hierin ein vorbereitetes Verfahren lag, die Truppen des Königs bei der ersten sich bietenden Gelegenheit anzugreifen, denn ich glaube, sie konnten anders nicht in so kurzer Zeit von unserem Ausmarsch an eine so große Zahl in einem so großen Gebiet zusammenbringen. Ungeachtet ihrer Zahl wagten die Feinde während des ganzen Gefechtes keinen offenen Angriff, obwohl unsere Leute sehr ermüdet waren, sondern blieben in Deckung.

Zit. nach: Wolfgang Lautemann (Hrsg.): Geschichte in Quellen. Bd. 4. bsv, München 1981, S. 85–86.

Q 2

Das Gefecht bei Lexington aus amerikanischer Perspektive

Der Provinzialkongress von Massachusetts veröffentlicht am 26. April 1776 folgenden Bericht:

Der Provinzialkongreß von Massachusetts an die Bewohner Großbritanniens.

Freunde und liebe Mituntertanen.

Die Truppen unter dem Befehl des Generals Gage haben ausführlich in dieser Kolonie die Feindseligkeiten eröffnet, und da es von größter Bedeutung ist, daß ein frühzeitiger, wahrer und authentischer Bericht über dies unmenschliche Vorgehen euch zukomme, hat der Kongreß dieser Kolonie ihn übermittelt, und auf Wunsch einer Sitzung des ehrenwerten Kontinentalkongresses hält er es für richtig, sich bei dieser alarmierenden Gelegenheit an euch zu wenden.

Nach den zuverlässigsten Aussagen zu dieser Sache scheint es, daß in der Nacht vor dem 19. April dieses Jahres eine Abteilung der königlichen Truppen unter der Führung des Obersten Smith heimlich bei Cambridge gelandet worden ist, wahrscheinlich mit dem Auftrag, die militärischen und anderen Magazine, die zur Verteidigung dieser Kolonie bestimmt waren, zu beschlagnahmen oder zu zerstören, wie sie bei Concord angelegt waren – daß einige Bewohner der Kolonie, die in der genannten Nacht friedlich die Straße zwischen Boston und Concord entlanggingen, festgenommen und durch bewaffnete Männer, die Offiziere in der Armee des Generals Gage zu sein schienen, schwer mißhandelt wurden; daß hierdurch die Stadt Lexington alarmiert und bei dieser Gelegenheit eine Einwohnerkompanie aufgestellt wurde – daß die regulären Truppen auf ihrem Marsch nach Concord die genannte Stadt Lexington betraten und die genannte Kompanie bei ihrer Annäherung sich zu zerstreuen begann – daß dennoch die Regulären [= die britischen Soldaten] mit großer Brutalität auf sie eindrangen und zuerst die Feindseligkeiten begannen, indem sie das Feuer auf die genannte Lexington-Kompanie eröffneten, wobei sie acht Menschen töteten und eine Anzahl anderer verwundeten – daß die Regulären das Feuer fortsetzten, bis daß die Leute der genannten Kompanie, soweit sie nicht tot oder verwundet waren, entflohen waren – daß Oberst Smith dann mit der Abteilung nach Concord marschierte, wo noch einmal eine Anzahl von Landleuten von den Truppen beschossen, zwei von ihnen getötet und einige verwundet wurden, bevor die Landleute zurückschossen; es entstand ein Gefecht, das den ganzen Tag andauerte, in dessen Verlauf zahlreiche Landleute und noch mehr von den regulären Truppen getötet und verwundet wurden.

Es würde sehr schwierig, wenn nicht unmöglich sein, einen Einzelbericht über die Gewalttaten der Truppen zu geben, als sie von Concord nach Charleston zurückzogen; laßt es also genug sein mit der Aussage, daß eine große Zahl von Häusern an der Straße geplündert und unbewohnbar gemacht, einige verbrannt wurden. Frauen im Kindbett wurden von der Soldateska nackt auf die Straßen gejagt, alte Männer, die friedlich in ihren Häusern saßen, wurden niedergeschossen, und man sah Szenen, welche den Annalen der unzivilisiertesten Nation zur Schande gereichen würden.

Das, Brüder, kennzeichnet die Rache des Ministeriums an dieser Kolonie, weil sie sich gemeinsam mit ihren Schwesterkolonien geweigert hat, sich der Sklaverei zu unterwerfen, aber noch haben diese Vorfälle uns nicht gelöst von unserem königlichen Souverän. Wir bekennen uns als seine loyalen und gehorsamen Untertanen, und so grausam man auch mit uns verfahren hat, wir sind noch bereit, mit Leib und Gut seine Person, Familie, Krone und Würde zu verteidigen. Nichtsdestoweniger werden wir uns nicht zahm der Verfolgung und Tyrannis seines grausamen Ministeriums unterwerfen – wir rufen den Himmel zum Zeugen der Gerechtigkeit unserer Sache an, wir sind entschlossen, frei zu sein oder zu sterben.

Zit. nach: Wolfgang Lautemann (Hrsg.): Geschichte in Quellen. Bd. 4. bsv, München 1981, S. 84–85.

Q 3

Fahnenflucht in die Freiheit

Beide Konfliktparteien versuchten, die Soldaten der Gegenseite zur Desertion zu bewegen, um den Gegner zu schwächen. Bereits im Sommer 1776 lässt der Kontinentalkongress den folgenden Text in deutscher Sprache plakatieren:

Da nun Seine Britannische Majestät, ohne von uns dazu herausgefordert zu sein, einen grausamen Krieg angefangen hat mit dem Ziel, unsere Freiheit und Glückseligkeit zu vernichten; und weil dieser König nicht imstande war, genug britische Soldaten aufzubieten, um seine blutdürstigen Maßnahmen zu vollziehen, so hat er gewisse fremde Fürsten aufgefordert, ihm eine große Anzahl von Ausländern zu überlassen.

Diese fremden Fürsten haben sowieso die Gewohnheit, das Blut ihres Volkes zu verkaufen. Man kann sich vorstellen, daß solche Ausländer [die Söldner] lieber Landbesitz, Freiheit, Sicherheit und den Genuß guter Gesetze und einer milden Regierung in einem Land vorziehen würden, in dem bereits viele ihrer Freunde und Verwandten glücklich ansässig sind, als sich den Mühseligkeiten und Gefahren eines langen und blutigen Krieges zu unterwerfen, der gegen ein Volk geführt wird, welches keines anderen Verbrechens schuldig ist, als nur, daß es seine Freiheit nicht für Sklaverei eintauschen will. [...]

Diesen Ausländern wird es nicht entgehen, daß ihre einzige Belohnung darin bestehen wird, unter die Willkürherrschaft ihrer Fürsten zurückzukehren, vorausgesetzt, daß sie dem Tod und der Gefangenschaft entgehen. Dann werden sie wieder verkauft werden, um die schändliche Arbeit des einen oder anderen Feindes der Rechte der menschlichen Gesellschaft zu verrichten.

Und da nun das Parlament von Großbritannien durch sein vor kurzem erlassenes Gesetz beschlossen hat, unsere Truppen zur Desertion aufzufordern und darüber hinaus angeordnet hat, unsere auf der hohen See gefangengenommenen Soldaten zu zwingen, gegen unser Land zu dienen, so ist daher beschlossen:

- daß unsere Vereinigten Staaten alle Ausländer, die die Armee Seiner Britannischen Majestät in Amerika verlassen, aufnehmen und sie als Bürger dieser Vereinigten Staaten anerkennen werden, wenn sie es wünschen;
- daß diese Ausländer in der freien Ausübung ihrer jeweiligen Religion geschützt werden und mit den Rechten, Freiheiten und Befreiungen mit den Einwohnern dieses Landes gleichgestellt werden sollen gemäß den Gesetzen dieser Vereinigten Staaten.

Außerdem will der Kongreß einer jeden solchen Person 50 Acker Land [20 Hektar] zum vollkommenen Eigentum übertragen für ihn und seine Erben.

Zit. nach: Willi Paul Adams, Angela Meurer Adams (Hrsg. und Übersetzer): Die Amerikanische Revolution in Augenzeugenberichten. dtv, München 1976, S. 310–312.

Q 4

Common Sense (1776)

Der aufklärerische Publizist Thomas Paine (1737–1809) emigrierte 1774 von England in die Kolonien und befürwortet eine Loslösung vom Mutterland:

Da man die Sache von der Beweisführung auf die Waffen verwiesen hat, ist eine neue Zeitrechnung für die Politik angebrochen, ist eine neue Denkweise entstanden. Alle Pläne, Vorschläge usw., die vor dem 19. April, also vor dem Beginn der Feindseligkeiten liegen, sind wie Kalender vom vergangenen Jahr, die damals taugten, heute aber überholt und nutzlos. Wir haben mit dem Schutz durch Großbritannien geprahlt, ohne daran zu denken, daß dessen Beweggrund der eigene Vorteil und nicht Zuneigung war, und daß es uns nicht unsertwegen vor unseren Feinden schützte, sondern seinetwegen vor seinen Feinden [...] Europa, nicht England, ist das Stammland Amerikas. Diese neue Welt ist die Zuflucht für die verfolgten Freunde der bürgerlichen und religiösen Freiheit aus allen Teilen Europas gewesen. [...] Eigene Regierung ist unser natürliches Recht [...]. Ihr, die ihr euch jetzt gegen Unabhängigkeit wendet, ihr wißt nicht, was ihr tut; ihr öffnet ewiger Tyrannei die Türe, denn ihr haltet den Sitz der Regierung leer. Tausende und Zehntausende würden es für ruhmvoll halten, von diesem Erdteil die barbarische und höllische Macht zu verjagen, die zu unserer Vernichtung die Indianer und Neger aufreizte. [...] O ihr, die ihr die Menschheit liebt! Ihr, die ihr nicht bloß der Tyrannei, sondern dem Tyrannen selbst zu trotzen wagt, haltet stand! In jedem Fleck der Alten Welt herrscht Unterdrückung. Die Freiheit ist über die ganze Erde gehetzt worden. Asien und Afrika haben sie schon seit langem vertrieben, Europa betrachtet sie als Fremde, und England hat ihr das Zeichen zur Abfahrt gegeben. Oh nehmt die Flüchtlinge auf und bereitet der Menschheit rechtzeitig eine Zufluchtsstätte. [...] Wer sich Natur zum Führer nimmt, kann nicht leicht in seiner Beweisführung irre gemacht werden, und auf dieser Grundlage stehe ich allgemein dafür ein: Unabhängigkeit ist eine gerade, einfache Richtlinie, die in unserer Hand liegt, Versöhnung aber ist eine außerordentlich verwirrte und verwickelte Sache, bei der sich ein verräterischer, launenhafter Hof einmischen muß; daß beantwortet die Frage ohne Zweifel. [...]

Laßt die Namen Whig und Tory [Bezeichnung für politische Gruppierungen in England] ausgetilgt sein, laßt keine anderen unter uns erklingen als die eines guten Bürgers, eines offenen und beherzten Freundes, eines tugendhaften Beschützers der Rechte der Menschheit und der freien und unabhängigen Staaten von Amerika!

Thomas Paine, zit. nach: Wolfgang Lautemann (Hrsg.): Geschichte in Quellen. Bd. 4. bsv, München 1981, S. 99.

Q 5

Eine Entgegnung auf Paines Common Sense

Zahlreiche Zeitungen druckten Ausschnitte aus Thomas Paines Schrift (Q 4), so dass daraufhin in Leitartikeln und Leserbriefen eine lebhafte Debatte entstand. In der „Pennsylvania Gazette" vom 28. Februar 1776 entgegnet ein Autor unter dem Pseudonym „Rationalis" (Vernunftbegabter) auf Paines Text Folgendes:

Die Schrift hat sich zwar einen eingängigen Titel gegeben und den Eindruck erweckt, ihr Inhalt sei selbstverständlich und dem Verstand der Masse des Volkes zugänglich. Meiner Meinung nach verdient sie aber ihren Titel nicht. Sie vertritt Auffassungen, die gelehrtem ebenso wie gemeinem Menschenverstand widersprechen. […]

Das besagte Pamphlet ist offensichtlich darauf angelegt, drei Dinge glauben zu machen:

1. daß die englische Regierungsform nichts Gutes an sich habe, daß sie nicht dazu dienen könne, das Glück des Volkes herbeizuführen, was der Zweck allen guten Regierens sei;

2. daß Monarchie eine Regierungsform sei, die mit dem Willen Gottes unvereinbar sei;

3. daß die Zeit gekommen sei, alle Verbindungen mit Großbritannien abzubrechen und die Kolonien für unabhängig zu erklären.

Für jeden unvoreingenommenen Leser ist offensichtlich, daß der Autor die Mißbräuche der englischen Verfassung gegen ihre Vorteile ausspielt. Nachdem er die Mißbräuche aufgezählt hat, schlußfolgert er völlig ungerechtfertigterweise, daß sie nicht dazu tauge, herbeizuführen, was sie verspricht. […]

Der Meinung des Autors, daß dies der Zeitpunkt sei, die Kolonien für unabhängig zu erklären, kann ich nicht zustimmen. Dies sollte die allerletzte Maßnahme Amerikas sein. Bevor wir sie ergreifen, sollten wir den Gegenstand der Auseinandersetzung nicht aus dem Auge verlieren: eine sichere, ehrenvolle und dauerhafte Versöhnung mit Großbritannien. Es wird besser für uns sein, in beiderseitigem Einverständnis eine Lösung zu finden und eine freie Verfassung für dieses Land einzuführen. Wenn uns aber weiterhin Gerechtigkeit verwehrt wird und wir um unsere Freiheit mit Waffen kämpfen müssen, dann wollen wir den Feind auf dem Schlachtfeld treffen und unseren Kampfgeist mit dem seinen messen, und wenn das Blut eines jeden tapferen Mannes, den wir haben, vergossen wird. Sollte das Ministerium ausländische Truppen zur Hilfe rufen, können wir seinem Beispiel folgen. Und wenn es dann zu unserer Sicherheit unerläßlich ist, uns für unabhängig zu erklären, so würde ich der Notwendigkeit willig Folge leisten.

Zit. nach: Willi Paul Adams, Angela Meurer Adams (Hrsg. und Übersetzer): Die Amerikanische Revolution in Augenzeugenberichten. dtv, München 1976, S. 235–237.

Q 6

The Horse America, throwing his Master.
Karikatur eines unbekannten Künstlers, 1. August 1779, 18,3 x 27,7 cm

Info: Hintergrundinformation zu Q 8
39f7na

Q 7

Die Unabhängigkeitserklärung

Thomas Jefferson (1743–1826), der 1801 zum dritten Präsidenten der USA gewählt wurde, verfasst federführend das folgende Dokument, mit dem der Kontinentalkongress am 4. Juli 1776 die Unabhängigkeit der Kolonien von Großbritannien erklärt:

Ein-Leitung

Wenn es im Laufe der geschichtlichen Ereignisse für ein Volk notwendig wird, die politischen Bande zu lösen, die es mit einem anderen verknüpft haben, und unter den Mächten der Erde die gesonderte und gleichwertige Stellung einzunehmen, zu der die Gesetze der Natur und des Schöpfers es berechtigen, so erfordert eine geziemende Achtung vor der Meinung der Welt, daß es die Gründe angibt, die es zur Trennung zwingen.

Wir halten diese Wahrheiten für in sich einleuchtend: daß alle Menschen gleich geschaffen sind; daß sie von ihrem Schöpfer mit gewissen unveräußerlichen Rechten ausgestattet sind […]; darunter Leben, Freiheit und Streben nach Glück; daß zur Sicherung dieser Rechte Regierungen unter den Menschen eingesetzt sind, die ihre gerechten Vollmachten von der Einwilligung der Regierten herleiten; daß, wenn immer eine Regierungsform diesen Zielen zum Schaden gereicht, es das Recht des Volkes ist, sie zu ändern oder abzuschaffen und eine neue Regierung einzusetzen, die sich auf solchen Grundsätzen aufbaut und ihre Macht in einer Weise organisiert, wie sie am geeignetsten erscheint, seine Sicherheit und sein Glück zu schaffen.

In der Tat wird die Klugheit gebieten, daß seit langem bestehende Regierungsformen nicht aus geringfügigen und vorübergehenden Ursachen geändert werden sollten, und dementsprechend beweist alle Erfahrung, daß die Menschheit eher geneigt ist zu dulden, so lange die Mißstände ertragbar sind, als sich Recht zu verschaffen durch Abschaffung der Formen, an die sie ge-

Z. 1–12: Einleitung, Ankündigung von Gründen

Z. 13–32: Argument ↳ jeder hat Rechte die er kriegen soll

Q 8

4. Juli 1776: „Die Unabhängigkeitserklärung wird dem Kontinentalkongress vorgelegt".
Ölgemälde von John Trumbull, 1787–95, Öl auf Leinwand, 51 x 76 cm, New Haven, Yale University Art Gallery.
Die 55 Delegierten unterzeichneten an diesem Tag das u.a. von Thomas Jefferson entworfende Dokument.

wöhnt ist. Aber wenn eine lange Kette von Mißbräuchen und Anmaßungen, stets das gleiche Ziel verfolgend, die Absicht enthüllt, ein Volk unter den unbeschränkten Despotismus zu beugen, so ist es sein Recht, ist es seine Pflicht, eine solche Herrschaft abzuschütteln und sich neue Bürgschaften für seine zukünftige Sicherheit zu verschaffen. Solcher Art ist das geduldige Leiden dieser Kolonien gewesen, und so zwingt sie jetzt die Notwendigkeit, ihr früheres Regierungssystem zu ändern. […] Die Geschichte des gegenwärtigen Königs von Großbritannien ist eine Geschichte wiederholter Beleidigungen und Anmaßungen, die alle das direkte Ziel verfolgen, eine unbeschränkte Tyrannei über diese Staaten aufzurichten. […]

Er [Georg III.] hat sich mit anderen [dem Parlament] zusammengetan, […] um uns Steuern ohne unsere Zustimmung aufzuerlegen; […] um uns unsere Freibriefe zu nehmen, unsere wertvollsten Gesetze zu beseitigen und uns unsere Regierungsform von Grund auf abzuändern; um unsere eigene Gesetzgebung aufzuheben und sich selbst uns gegenüber für befugt zu erklären, uns in allen Fällen Gesetze zu geben. […] Auf jeder Stufe dieser Bedrückungen sind wir in untertänigsten Ausdrücken um Abhilfe eingekommen; unsere wiederholten Bitten wurden nur mit wiederholten Kränkungen beantwortet […] Auch haben wir es nicht an Achtung vor unseren britischen Brüdern fehlen lassen; wir haben sie von Zeit zu Zeit vor Versuchen gewarnt, durch ihre Gesetzgebung eine gesetzwidrige Rechtsprechung in ungerechtfertigtem Maße auf uns auszudehnen. […] Wir haben ihnen die Umstände unserer Auswanderung und hiesigen Ansiedlung ins Gedächtnis zurückgerufen. Wir haben an ihren natürlichen Gerechtigkeitssinn und ihre Großmut appelliert, wir haben sie bei der Verbundenheit durch unsere gemeinsame Abkunft beschworen, von diesen Anmaßungen zu lassen, die unvermeidlich unsere Bindung und unsere Beziehungen zerreißen würden. Sie sind auch taub gewesen für die Stimme der Gerechtigkeit und der Blutsverwandtschaft, […] wir müssen uns deshalb in die Notwendigkeit fügen, die unsere Trennung verlangt […].

Wir, die Vertreter der Vereinigten Staaten von Amerika, versammelt im Allgemeinen Kongreß, rufen deshalb den höchsten Richter der Welt zum Zeugen an für die Rechtlichkeit unserer Absichten. Im Namen und in Vollmacht des guten Volkes dieser Kolonien geben wir feierlich bekannt und erklären, daß diese Vereinigten Kolonien sind und von Rechts wegen sein sollen freie und unabhängige Staaten, daß sie von jeder Untertanenpflicht gegen die britische Krone befreit sind, und daß jeder politische Zusammenhang zwischen ihnen und dem Staate Großbritannien völlig gelöst ist.

Zit. nach: Wolfgang Lautemann (Hrsg.): Geschichte in Quellen. Bd. 4. bsv, München 1981, S. 90–94.

D 2

„Ausgemacht, dass alle Menschen gleich erschaffen wurden"

Der an der Universität von Georgetown in Washington DC lehrende Politikwissenschaftler Michael Werz schreibt über die Antrittsrede Präsident Barack Obamas am 20.1.2009:

Viermal hat Barack Obama Gott in seiner Antrittsrede erwähnt. [Der Autor nennt davon zwei Passagen und fährt dann fort:] Später wurde es vor fast zwei Millionen Zuhörern auf der Washington Mall noch einmal übersinnlich: Die USA hätten „den Horizont fest im Blick und mit Gottes Gnade das großartige Geschenk der Freiheit weitergetragen".

George Bush wäre mit solch einer Formulierung nicht ohne Weiteres davongekommen. Die beunruhigende Verknüpfung von Religion und Freiheitsversprechen hatte Barack Obama bereits zu Beginn seiner Ansprache postuliert. Es gehe darum, so der gerade eingeschworene Präsident, „diese großartige Idee weiterzutragen, die von Generation zu Generation weitergegeben worden ist: das gottgegebene Versprechen, dass alle Menschen gleich sind, frei sind – und ein Recht darauf haben, ihr Glück zu versuchen."

Diese Formulierungen beziehen sich auf die berühmten Passagen aus der amerikanischen Unabhängigkeitserklärung vom 4. Juli des Jahres 1776: „Wir halten diese Wahrheiten für ausgemacht, dass alle Menschen gleich erschaffen wurden, dass sie von ihrem Schöpfer mit gewissen unveräußerlichen Rechten begabt wurden, worunter Leben, Freiheit und das Streben nach Glückseligkeit sind."

Diese von Thomas Jefferson geschriebenen Sätze sind so wichtig, weil sie die Besonderheit der amerikanischen Revolution spiegeln: Im absolutistischen Frankreich wurde vor allem égalité, also „Gleichheit", versprochen, in Amerika – ein Anspruch auf Freiheit und Glück. Diese jedem Menschen zustehenden Rechtstitel speisten sich aus ihrer Freiheitsfähigkeit, das wird in der Unabhängigkeitserklärung als „self-evident", als offensichtlich oder eben als „ausgemacht" angesehen, wie der Pennsylvanische Staatsbote damals schrieb. […]

Obama spricht allerdings nicht davon, dass Menschen mit diesen Ansprüchen von Natur aus versehen sind – für deren Durchsetzung ist der Schöpfer dann nicht mehr nötig – sondern er beschreibt sie als Versprechen Gottes. Etwas ganz anderes, wenn man an das Kapitol denkt, dessen Kuppel eine Statue schmückt, die Freiheit für alle verspricht, ganz ohne spirituelle Zutaten. […] Die Verteidiger Obamas erklären diese Dehnungsübungen als besonders geschickte Strategie eines Politikers, der sich um die Stimmen von Linken und Liberalen nicht zu sorgen braucht und versucht, konservative Wählergruppen zu binden.

Michael Werz: „So wahr mir Gott helfe" – Obama interpretiert die Unabhängigkeitserklärung neu. 26.1.2009. Zit. nach: www.boell.de/de/navigation/europa-nordamerika-5934.html (Zugriff: 19.10.2018)

Vom Staatenbund zum Bundesstaat – Die Verfassung der USA

Nachdem die Vereinigten Staaten ihre Unabhängigkeit erreicht hatten, beschäftigten sich die politischen Repräsentanten und zahlreiche andere Autoren damit, wie das neue Staatswesen im Innern gestaltet werden sollte. Die erste Idee einer losen Konföderation souveräner Einzelstaaten erwies sich in der Praxis schnell als untauglich, so dass die Amerikaner ein bundesstaatliches Modell entwickelten. Die damals ausgearbeitete Verfassung ist, mit wenigen Ergänzungen, bis heute in Kraft.

Der Verfassertext informiert Sie über das Ringen um eine Verfassung für die USA. Besonders im Fokus steht George Washington, der nicht nur als Vorsitzender des Verfassungskonvents, sondern auch als erster Präsident den neuen Staat prägte.

1 Erklären Sie die aus der inneren Verfasstheit resultierenden Probleme im ersten Jahrzehnt der USA.
2 Erläutern Sie die Funktionsweise des politischen Systems der USA mit Hilfe des Verfassungsschaubildes (D 1)
3 Arbeiten Sie die Kompetenzen des amerikanischen Präsidenten heraus (VT, D 1).
4 Interpretieren Sie Gilbert Stuarts Gemälde von George Washington (Q 1).
5 Vergleichen Sie es mit Ramsays Gemälde von Georg III. (Q 2).
6 Nehmen Sie Stellung zur These, dass Washington als republikanischer Monarch agiert hat.
7 Erläutern Sie, inwiefern das Prinzip der Gewaltenteilung in der amerikanischen Verfassung realisiert wird.
8 Erörtern Sie, inwieweit die Verfassung die Grundsätze der Unabhängigkeitserklärung (S. 52, 58–59) aufgreift und umsetzt.

Die Zeit der Konföderation

Bereits in der Krisenzeit der 1760er und 1770er Jahre sowie während des Unabhängigkeitskrieges war deutlich geworden, wie fragil das Bündnis der 13 Kolonien untereinander war. Die Kolonien verfolgten oftmals in erster Linie mehr ihre Einzelinteressen als sich am Gemeinwohl zu orientieren – was auch daran lag, dass durchaus umstritten war, worin dieses Gemeininteresse bestand. So kamen die Kolonien ihren eingegangen Verpflichtungen im Unabhängigkeitskrieg nur sehr zögerlich nach und unterstützten sowohl den Kongress als auch die Kontinentalarmee nur widerwillig mit Geld, Truppen und Versorgungsleistungen.

Um auch Interessengegensätzen Raum zu lassen, schlossen sich die Einzelstaaten zunächst zu einer Konföderation, einem lockeren Staatenbund, zusammen. Die 1777 beschlossenen Konföderationsartikel traten erst 1781 in Kraft. Entscheidungen wurden mit Zweidrittelmehrheit gefällt, Änderungen der Konföderationsartikel bedurften sogar der Einstimmigkeit. Dies erwies sich recht schnell als unpraktikabel, da einzelne Staaten alle ihnen nicht genehmen Pläne blockieren konnten. Die Abgeordneten waren überdies weisungsgebunden, mussten also mit den Parlamenten, die sie entsandt hatten, immer wieder Rücksprache halten. Auch finanziell war die Konföderation völlig vom guten Willen der Einzelstaaten abhängig, so dass sie ihnen gegenüber keine Durchsetzungskraft entwickeln konnte. Gesetzgebende Gewalt besaß der Konföderationskongress nicht, einzig Resolutionen konnte er verabschieden. Auch Steuern und Zölle durfte er nicht erheben.

Diese starken Beschränkungen der Zentralgewalt sollten einem möglichen Machtmissbrauch der bundesstaatlichen Ebene vorbeugen und dezentrale Regierungsstruk-

Resolution: schriftliche Stellungnahme (z.B. Anweisung, Hinweise) ohne Gesetzeskraft

turen stärken. Als es nach dem Frieden von Paris 1783 zu einer Wirtschaftskrise und schließlich zu Aufständen kam, die die bisherige öffentliche Ordnung bedrohten, wurde die Handlungsunfähigkeit der Konföderation allerdings offenbar. Ein Teil der politischen Vertreter fürchtete zunehmend um die wirtschaftliche Entwicklung der 13 Staaten und um ihr Ansehen im Ausland. Daher sollten die Institutionen der Konföderation reorganisiert werden. Die Konföderationsartikel sollten überprüft und Vorschläge zu ihrer Verbesserung diskutiert werden. Das Ziel bestand in der Stärkung der gesamtstaatlichen Zentralgewalt; die Bundesebene sollte bei Gefahr für Recht und Ordnung in den Einzelstaaten eingreifen können. Wie weit genau die Befugnisse der Zentralgewalt jedoch gehen sollten, war im Vorfeld nicht ausgemacht.

Der Verfassungskonvent

Um die offenen Fragen zu klären, versammelte sich im Mai 1787 ein Konvent in Philadelphia. Die 55 Delegierten aus 12 Staaten (außer Rhode Island) erweiterten jedoch eigenmächtig ihren Auftrag und begannen mit der Ausarbeitung einer Verfassung. Nach langwierigen Debatten, die den unterschiedlichen politischen und wirtschaftlichen Interessen der Einzelstaaten geschuldet waren, verabschiedeten sie im September 1787 einen Verfassungsentwurf, der dann wiederum den Einzelstaaten zur Beratung vorgelegt wurde. Dort folgten heftige Debatten über die Annahme oder Ablehnung der Verfassung. Beim Streit über die Ratifizierung der Verfassung standen sich Befürworter (Federalists) und Gegner (Anti-Federalists) gegenüber. Die Federalists – unter ihnen zahlreiche prominente „Gründerväter“ wie z. B. Alexander Hamilton, Benjamin Franklin, James Madison, John Adams oder George Washington – wurden vor allem von der Oberschicht unterstützt; sie sprachen sich für eine starke Zentralgewalt aus, die sowohl wirtschaftlichen Fortschritt als auch Recht und Ordnung garantieren könne. Die Anti-Federalists – nicht minder prominent u. a. mit Thomas Jefferson, Samuel Adams, James Monroe, George Mason oder John Hancock – hatten ihre Anhänger eher in den unteren Bevölkerungsschichten. Sie fürchteten um die Freiheit der Einzelstaaten, beharrten auf lokaler sowie regionaler Selbstverwaltung und kritisierten, dass auch die Bundesverfassung die Besitzenden bevorzuge und dass ein Grundrechtekatalog fehle. Außerdem bezweifelten sie, dass eine demokratisch-republikanische Staatsform mit zentralen Institutionen sich innerhalb eines so großen und weiter ausdehnenden Territoriums überhaupt verwirklichen lassen würde.

Tendenziell setzten sich in diesem Konflikt die Federalists durch. Lediglich der Hinweis ihrer Gegner, dass eine Grundrechtserklärung fehle, war erfolgreich. Sie wurde nachträglich ergänzt, so dass schließlich 11 Staaten der neuen Verfassung zustimmten und sie 1788 in Kraft trat.

D 1

Das politische System der USA gemäß der Verfassung

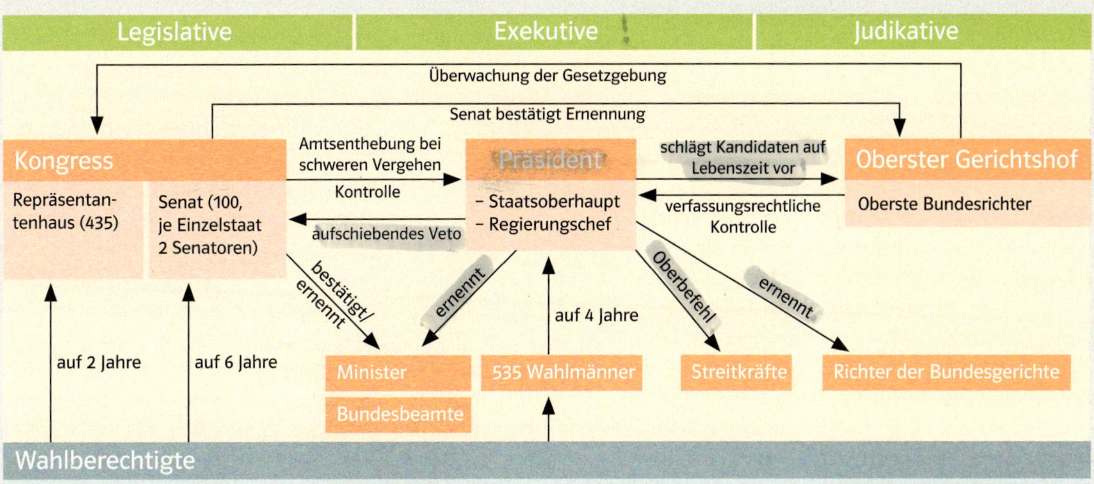

1789: Zensuswahlrecht für 10 % der männlichen Erwachsenen
1830: Wahlrecht für besitzlose Weiße
1868: Wahlrecht für alle männlichen Bürger über 21 Jahre; dennoch erhebliche Beschränkungen für Indianer und Schwarze
1870: Wahlrecht „soll […] nicht aufgrund von Rasse, Farbe oder vormaliger Unfreiheit versagt oder gekürzt werden“; dennoch in den Südstaaten für Schwarze noch Wahlrechtsbehinderungen
1920: Wahlrecht auch für Frauen über 21 Jahre
1924: Volles Bürgerrecht für Indianer
1964: Alle noch existierenden Formen von Wahlrechtsbehinderungen werden verboten
1971: Herabsetzung des Wahlalters auf 18 Jahre

Kodifiziert = festgelegt

Die Verfassung

Eine Innovation dieser neuen Unionsverfassung bestand im Prinzip der Bundesstaatlichkeit; erstmals wurden Befugnisse zwischen Einzelstaaten und einem übergeordneten Bundesstaat genau kodifiziert aufgeteilt. Ferner war die Verfassung den aufklärerischen Prinzipien Gewaltenteilung und Volkssouveränität verpflichtet. Ein System der gegenseitigen Kontrolle und des Ausgleichs (checks and balances) sollte vor Machtmissbrauch schützen und für eine Ausgeglichenheit des politischen Systems sorgen. Das Wahlrecht blieb allerdings – wie auch schon zu Kolonialzeiten – an Besitz gebunden und schloss damit zwischen 20 und 40 % der erwachsenen männlichen, weißen Bevölkerung aus. Frauen, Schwarze und Sklaven hatten ohnehin keine politischen Mitspracherechte.

Der „Gründervater" George Washington

George Washington (1732–1799) entstammte einer wohlhabenden Pflanzerfamilie aus Virginia. Als Zweitgeborener strebte er schon früh eine militärische Karriere an; vor Beginn des Siebenjährigen Krieges war er bereits Adjutant in der Miliz von Virginia. Er erwarb sich in den folgenden Jahren große militärische Anerkennung in den so genannten „Indianerkriegen", militärischen Auseinandersetzungen mit der indigenen Bevölkerung vor dem Siebenjährigen Krieg, und einen beachtlichen Ruf als Kommandeur. Politisch trat er erstmals 1774 in Erscheinung, als er zum Vertreter Virginias im ersten Kontinentalkongress gewählt wurde. Seine Reputation sorgte dafür, dass der Kongress sich im Juni 1775 für ihn als Oberbefehlshaber der Kontinentalarmee im Unabhängigkeitskrieg gegen England entschied. Seine insgesamt erfolgreiche Kriegsführung steigerte sowohl sein militärisches Renommee noch weiter als auch sein Ansehen in der Bevölkerung.

Washington als Vorsitzender des Verfassungskonvents

Nach siegreichem Abschluss der kriegerischen Auseinandersetzungen wurde Washington zum Vorsitzenden des Verfassungskonvents gewählt, der eine Verfassung für den neuen Staat ausarbeiten sollte. Bei den Beratungen sprach er sich für eine starke Exekutivgewalt aus, die einem zukünftigen Präsidenten weitreichende Befugnisse gewähren sollte. Die Mehrheit im Konvent stimmte Washington zu. Auf diese Weise wollte der Verfassungskonvent ein Übergewicht der Legislative verhindern. So sollte der zukünftige Präsident ein aufschiebendes Veto-Recht gegenüber der Legislative besitzen, sofern Senat und Repräsentantenhaus ihn nicht mit einer Zweidrittelmehrheit überstimmten. Mit dieser starken Stellung des Präsidenten gegenüber dem Parlament schufen die Verfassungsväter eine Art republikanischer Monarchie, indem sie die Prinzipien von Monarchie und Demokratie miteinander verbanden.

Reputation = Ruf

Der Verfassungskonvent gewährte dem Präsidenten weitreichende Kompetenzen, indem er ihn gleichzeitig als Staatsoberhaupt, Regierungschef und Oberbefehlshaber der Streitkräfte vorsah. Diese enorme Machtfülle wurde allerdings dadurch eingegrenzt, dass der Präsident zahlreiche Befugnisse mit der Legislative, den zwei Kammern des Parlaments, teilen musste: Für die Ernennung von Ministern, hohen Regierungsbeamten sowie Richtern benötigte er die Zustimmung des Senats. Von ihm abgeschlossene völkerrechtliche Verträge wurden erst mit Zustimmung einer Zweidrittelmehrheit des Senats wirksam. Trotz seines Status als Oberbefehlshaber oblag die Entscheidung über Krieg und Frieden, die Aufstellung von Truppen und die Mobilmachung nicht dem Präsidenten, sondern dem Kongress, was militärischen Alleingängen des Präsidenten mit unkalkulierbarem Risiko vorbeugen sollte. Ferner konnte der Kongress bei schwerwiegenden Vergehen des Präsidenten ein Amtsenthebungsverfahren gegen ihn einleiten. Dieses System der gegenseitigen Kontrolle und Verflechtung sollte das Machtstreben Einzelner begrenzen und auch die Bürger vor staatlicher Willkür und Unterdrückung schützen.

Nach der Verabschiedung der Verfassung wurde Washington vom Wahlmännerkollegium am 4. Februar 1789 einstimmig zum ersten Präsidenten der Vereinigten Staaten gewählt.

Washington als Präsident

Washington war sich der Tatsache wohl bewusst, dass jede seiner Handlungen einen Präzedenzfall darstellen und er fortlaufend politisches Neuland betreten würde: Erstmals in der modernen Geschichte war ein Staatsoberhaupt in dieser Weise der Bevölkerung rechenschaftspflichtig. Daher agierte er vorsichtig, war stets auf Ausgleich bedacht und gestaltete sein Amt erst im Laufe des politischen Prozesses und auf Grundlage seiner dabei gewonnenen Erfahrungen weiter aus. Er erfand unter bewusstem Rückgriff auf Moralvorstellungen der Antike und der Aufklärung quasi die republikanische Präsidentschaft. Washington vermied persönliches Machtstreben und demonstrierte stattdessen öffentlich seine Moralität, indem er in Reden immer wieder betonte, dass er sich der Verfassung unterordnete und ihren Bestimmungen gehorchte. Zur Anerkennung und Durchsetzung seiner präsidialen Stellung und seines politischen Gestaltungsanspruches nutzte er dabei aber durchaus sein Charisma, das auf seinem im Krieg erworbenen Ruf als militärischer Anführer basierte. Bei Antrittsbesuchen in den Bundesstaaten stieg er vor größeren Städten aus seiner Kutsche aus und auf seinen Paradeschimmel. Als im Jahr 1794 im Hinterland von Pennsylvania eine Rebellion gegen eine Whiskey-Steuer ausbrach, zog Washington höchstselbst mit einer Bundesarmee ins Feld und schlug den Aufstand nieder.

Auf diese Weise entstand um den ersten Präsidenten der USA bereits zu Lebzeiten ein Personenkult, der auf zahlreiche Zeichen monarchischer Herrschaft zurückgriff. Die Bevölkerung war mit diesen royalen Insignien vertraut, und die völlig neuartige Legitimationsgrundlage der demokratischen Herrschaft wurde mithilfe dieser Übernahmen ein wenig bemäntelt, um keinesfalls Zweifel an ihrer Rechtmäßigkeit und ihrer Durchsetzungsfähigkeit aufkommen zu lassen.

Insignie = Kennzeichen von Macht/Würde (z.B. Krone, Zepter)

Gegen Ende seiner zweiten Amtszeit verzichtete Washington auf eine weitere, die damals noch möglich gewesen wäre – auch mit dieser Entscheidung setzte er Maßstäbe. Es sollte unbedingt deutlich werden, dass die Machtfülle des Präsidenten keine Gefahr für die junge Demokratie darstellte. Washington zog sich ins Privatleben auf sein Landgut Mount Vernon zurück, wo er 1799 starb.

Q 1

Gilbert Stuart (1755–1828):
George Washington, Öl auf Leinwand, 247,7 x 158,8 cm, 1796.

Q 2

Allan Ramsay (1713–1784):
Georg III., Öl auf Leinwand, 236,2 x 158,7 cm, um 1762.

Die Verfassungsgebung war ein schwieriger Prozess, zahlreiche Streitpunkte mussten gelöst werden. Anhand der folgenden Materialien können Sie die Qualität der Verfassung selbst beurteilen.

1 Erklären Sie das Prinzip der „checks and balances“ (Q 3, D 1).
2 Analysieren Sie arbeitsteilig Q 4 bis Q 5 und nehmen Sie Stellung zur Frage, ob es sich bei der Verfassung der USA in den Jahren nach der Revolution um ein in erster Linie der Volkssouveränität verpflichtetes Dokument handelte oder ob die Begüterten in „undemokratischer“ Weise bevorzugt wurden.

Q 3

Checks and balances

James Madison, Mitautor der Verfassung und späterer (vierter) Präsident der USA, zur Gewaltenteilung:

Zu den Haupteinwänden, welche die achtenswerten Gegner der Verfassung vorbringen, gehört die ihr angelastete Verletzung jenes politischen Grundsatzes, der besagt, daß die gesetzgebende, die vollziehende und die richterliche Gewalt deutlich voneinander getrennt sein müssen. Es wird behauptet, daß diese für die Freiheit wesentliche Vorsichtsmaßregel beim Aufbau der Zentralregierung nicht berücksichtigt worden sei. Die verschiedenen Machtbefugnisse seien in einer Weise verteilt und miteinander vermischt, die […] die Gefahr heraufbeschwöre, daß wichtige Teile des Gebäudes unter dem Übergewicht anderer Teile zusammenbrechen könnten. […]

Schon bei oberflächlicher Betrachtung der britischen Verfassung werden wir bemerken, daß gesetzgebende, vollziehende und richterliche Gewalt keineswegs gänzlich voneinander getrennt und unterschieden sind. Der Träger der vollziehenden Gewalt bildet einen integrierenden Bestandteil der gesetzgebenden Autorität. Er allein hat das Recht, mit fremden Souveränen Verträge abzuschließen, die nach ihrem Abschluß mit gewissen Einschränkungen Gesetzeskraft erlangen. Alle Mitglieder des richterlichen Zweiges der Regierung werden von ihm ernannt, können auf Antrag der beiden Häuser des Parlaments von ihm abgesetzt werden und bilden, wenn es ihm beliebt, sie zu konsultieren, ein ihm verfassungsmäßig zustehendes Ratskollegium. Ein Zweig der gesetzgebenden Körperschaft stellt auf Grund der Verfassung ein zweites, größeres Ratskollegium für den Träger der vollziehenden Gewalt dar. Der gleiche Zweig ist jedoch andrerseits in Fällen von Hochverrat der einzige Träger der richterlichen Gewalt, während er in allen übrigen Fällen die höchste Berufungsinstanz darstellt. Die Richter wieder sind so eng mit der gesetzgebenden Körperschaft verbunden, daß sie häufig an deren Beratungen teilnehmen, wenn ihnen auch keine gesetzgebende Stimme zusteht.

Aus diesen Tatsachen, von denen Montesquieu ausging, kann mit voller Klarheit folgendes geschlossen werden: Wenn Montesquieu sagt, „es kann keine Freiheit geben, wo gesetzgebende und vollziehende Gewalt in ein und derselben Person oder in ein und derselben Körperschaft vereinigt sind oder wo die richterliche Gewalt nicht von der gesetzgebenden und von der vollziehenden Gewalt getrennt ist“, so meint er damit keineswegs, daß die drei Zweige der Regierung untereinander auf ihre spezifische Tätigkeit nicht ein gewisses Maß von Einfluß ausüben oder einander nicht wechselseitig kontrollieren sollten. […]

Wenn wir die Verfassungen unserer Einzelstaaten betrachten, so finden wir, daß […] in keiner einzigen von ihnen die drei Zweige der Regierung absolut getrennt sind.

Zit. nach: Felix Ermacora (Hrsg.): Alexander Hamilton, James Madison, John Jay: Der Föderalist. Manzsche Verlags- und Universitätsbuchhandlung, Wien 1958, S. 277–280. Übersetzung: Kamilla Demmer.

Q 4

Die Verfassung der USA – ein Beispiel für Volkssouveränität

Der französische Philosoph und Politiker Alexis de Tocqueville schreibt 1835 über die „Demokratie in Amerika“:

Will man von den politischen Gesetzen der Vereinigten Staaten sprechen, so muß man stets mit dem Dogma der Volkssouveränität beginnen. […] In Amerika ist die Volkssouveränität nicht, wie bei manchen Völkern, versteckt oder unfruchtbar geblieben, sie wird hier vielmehr durch die Sitte anerkannt, von den Gesetzen feierlich verkündet; sie breitet sich in Freiheit aus und erreicht ungehindert ihre letzten Konsequenzen. […] Es gibt Länder, in denen eine gleichsam außerhalb der Gesellschaft stehende Gewalt diese beherrscht und sie zwingt, eine bestimmte Richtung einzuschlagen. […]

Ganz anders in den Vereinigten Staaten; hier haben wir Selbstverwaltung und Selbstherrschaft. Alle Gewalt geht vom Volke aus; man begegnet kaum einem Menschen, der den Gedanken wagen oder gar aussprechen würde, die Gewalt sei anderswo zu suchen. Durch die Wahl der gesetzgebenden Körperschaft nimmt das Volk an der Gesetzgebung, durch die Wahl der Beamten der ausführenden Gewalt an ihrer Ausführung teil; man kann sagen, daß das Volk sich wirklich selbst regiert, so gering und so begrenzt ist der Anteil der Verwaltung, so sehr ist die Verwaltung sich ihres Ursprungs aus dem Volke bewußt und gehorcht der Gewalt, in der sie wurzelt. Das Volk beherrscht die politische Welt Amerikas wie Gott das Universum. Das Volk ist Anfang und

Bezug auf Briten: sie fühlen sich immer noch mit GBR verbunden

Ende aller Dinge; alles geht vom Volke aus, alles in ihm auf. […]

Da in den Vereinigten Staaten Menschen leben, die untereinander gleich sind, gibt es dort keinen naturgegebenen und anhaltenden Konflikt zwischen den Interessen der verschiedenen Bewohner.

Alexis de Tocqueville: Über die Demokratie in Amerika. hrsg. u. übers. v. Jacob-Peter Mayer, Reclam, Stuttgart 1985, S. 45–49 und 141.

Q 5

Das Wahlrecht als Grenze der Volkssouveränität

John Adams, Delegierter von Massachusetts beim Kontinentalkongress und später zweiter Präsident der USA, in einem Brief an James Sullivan, Mitglied des Provinzialkongresses von Massachusetts, 26. Mai 1776:

Theoretisch ist nicht zu bestreiten, daß die einzige ethische Grundlage von Herrschaft die Zustimmung des Volkes ist. Aber wie weit sollen wir dieses Prinzip auslegen? Sollen wir sagen, daß jeder einzelne in der Gemeinschaft, alt und jung, männlich und weiblich, arm und reich, jedem Gesetz explizit zustimmen muß? Nein, werden Sie sagen, das ist nicht möglich.

Worauf beruht aber das Recht der Mehrheit, die Minderheit gegen ihren Willen zu beherrschen? Woraus ergibt sich das Recht der Männer, über die Frauen ohne deren Zustimmung zu herrschen? Worauf beruht das Recht der Alten, über die Jungen zu herrschen ohne deren Zustimmung? […] Sie werden antworten: aus der Notwendigkeit, weil es keine andere Regel geben kann. […]

Das ist wahr, aber gelten diese Gründe nicht auch für andere? Ist es nicht ebenso wahr, daß alle Menschen in allen Gesellschaften, die keinerlei Eigentum haben, ebenfalls zu wenig vertraut mit öffentlichen Angelegenheiten sind, um sich ein Urteil bilden zu können, und daß sie zu abhängig von anderen Menschen sind, um einen eigenen Willen zu haben? Wenn dies stimmt und wenn jeder, der kein Eigentum besitzt, das Wahlrecht erhält, wird dann diese Bestimmung des Grundgesetzes nicht eine Einladung zur Korruption? Der menschliche Charakter ist so schwach, daß sehr wenige Menschen ohne Eigentum eigene Urteilskraft besitzen. Sie reden und stimmen nach Anweisung eines Begüterten, der ihre Gedanken seinen Interessen verpflichtet hat. […]

Sie sind zu Recht der Ansicht, daß Gesetze, die das Leben und die persönliche Freiheit aller berühren, die z. B. körperliche Züchtigung vorsehen, sowohl Wahlberechtigte wie Nicht-Wahlberechtigte treffen. Aber sie treffen auch Frauen und Kinder. Welchen Grund gibt es dafür, einen Mann von zwanzig Jahren elf Monaten und 27 Tagen auszuschließen und einen Einundzwanzigjährigen wählen zu lassen? Der Grund liegt allein darin, daß man ein Alter festlegen muß, in dem die Öffentlichkeit normalerweise dem Verstand und der Entschlußkraft eines Menschen trauen kann. Kann man nicht aus dergleichen Überlegung heraus eine gewisse Größe des Besitzes als Voraussetzung des Wahlrechts festlegen? […]

Glauben Sie mir, Sir, es ist gefährlich, einen so endlosen Streit zu beginnen, wie ihn die Änderung des Wahlrechts auslösen würde. Er wird kein Ende nehmen. Frauen werden das Wahlrecht verlangen. Burschen von 12 bis 21 werden ihre Rechte nicht mehr für ausreichend geschützt halten. Und Männer, die nicht einen Pfennig besitzen, werden bei allen Maßnahmen der Regierung gleiche Mitsprache verlangen. Der Verwischung und Zerstörung aller Unterschiede würde Vorschub geleistet, und alle Rangunterschiede würden eingeebnet.

John Adams, zit. nach: Willi Paul Adams, Angela Meurer Adams (Hrsg. und Übersetzer): Die Amerikanische Revolution in Augenzeugenberichten. dtv, München 1976, S. 317–319.

Arme seien zu wenig vertraut mit öffentlichen Angelegenheiten, zu abhängig von Anderen

Q 6

Vorherrschaft in der Demokratie

Der französische Gesandte Louis-Guillaume Otto 1786 in einem Lagebericht nach Paris:

Das Volk weiß sehr wohl, welche Folgen es haben würde, wenn der Regierung mehr Macht übertragen wird: die regelmäßige Einziehung der Steuern, eine strenge Rechtspflege, sehr hohe Einfuhrzölle, unerbittliche Pfändungen gegenüber Schuldnern und schließlich die eindeutige Vorherrschaft der Reichen und der Großgrundbesitzer. Es liegt daher im Interesse des Volkes, die absolute Freiheit, die ihm […] zugestanden worden ist, […] so weit wie möglich zu bewahren. In jenen stürmischen Zeiten mußte man zugestehen, daß alle Gewalt nur vom Volk ausgehen darf […] und daß die Magistrate nur seine Diener sind.

In Amerika gibt es zwar keine Patrizier, aber Männer, die […] auf Grund ihres Reichtums, ihrer Fähigkeiten, ihrer Bildung, ihrer Familien und der Ämter, die sie innehaben, eine Vorherrschaft anstreben, die das Volk ihnen zuzubilligen nicht bereit ist. Einige haben zwar die Interessen ihrer Gruppe preisgegeben, um Beliebtheit zu erlangen, aber dennoch herrscht zwischen ihnen eine umso engere Bindung, als sie befürchten, daß das Volk sie ihrer Besitzungen berauben könnte; und weil sie darüber hinaus die Gläubiger sind [also anderen Geld geliehen haben], die Interesse daran haben, die Regierung zu stärken und die Ausführung der Gesetze zu überwachen. […] Die meisten von ihnen sind Kaufleute, denen daran gelegen ist, den Vereinigten Staaten in Europa durch pünktliche Bezahlung der Schulden einen dauerhaften Kredit zu verschaffen und die daran interessiert sind, dem Kongreß umfassende Vollmachten zu verleihen, damit er Steuern vom Volk eintreiben kann.

Louis-Guillaume Otto, zit. nach: Willi Paul Adams, Angela. Meurer Adams (Hrsg. und Übersetzer): Die Amerikanische Revolution in Augenzeugenberichten. dtv, München 1976, S. 331–332.

Die US-amerikanische Revolution in der Geschichtskultur

Obwohl die revolutionären Ereignisse selbst schon fast 250 Jahre her sind, ist diese Epoche in der Geschichts- und Erinnerungskultur der US-amerikanischen Gesellschaft sehr präsent. Neben Denkmälern, Gedenkstätten, Büchern und Filmen gehören seit Kurzem auch innovative Serien-Formate sowie ein Hip-Hop-Musical zu dieser Erinnerungskultur. Zugleich sind aber „Lücken“ in der kulturellen Präsenz der Revolutionszeit zu erkennen.

Der Verfassertext legt einen Schwerpunkt auf die seltene Thematisierung der Revolution im Medium Film und bietet Erklärungsansätze dafür.

1 Erläutern Sie die im Text genannten Thesen, weshalb die Anzahl an filmischen Thematisierungen der Revolution in der US-amerikanischen Geschichts- und Erinnerungskultur bislang eher gering geblieben ist, obwohl angesichts der Bedeutung und Prominenz der Thematik eine Vielzahl von Filmen zu erwarten wäre.

2 Interpretieren Sie das Filmplakat Q 1.

3 Recherchieren Sie arbeitsteilig in Gruppen weitere Filme zur Amerikanischen Revolution, informieren Sie sich über deren Inhalt sowie Protagonisten und überprüfen Sie, ob die hier formulierten Deutungen ebenfalls auf diese Filme zutreffen

4 Nehmen Sie Stellung zu Hochgeschwenders Thesen (S. 67).

Die Revolutionszeit in der Geschichts- und Erinnerungskultur der USA

Die Revolution war seit ihrem erfolgreichen Ende ein zentrales Element in der Erinnerungskultur der Amerikaner. Auch nach dem Tod der Gründerväter blieb sie sehr lebendig, denn sie stellt für die Vereinigten Staaten bis heute den zentralen Bezugspunkt ihrer nationalen Identität dar. Bereits in der Grundschule steht die Revolution auf dem Lehrplan. Bis heute gedenkt man dieser Zeit und ihrer Heroen an Fest- und Feiertagen; die Gründerväter werden quasi als Heilige verehrt. George Washingtons Geburtstag ist z. B. ein Feiertag (Washington's Birthday am 22. Februar; heute auch Presidents' Day genannt und am dritten Montag im Februar gefeiert), am bekanntesten ist jedoch der Unabhängigkeitstag (Independence Day) am 4. Juli, der an die Ratifizierung der Unabhängigkeitserklärung durch den Kontinentalkongress im Jahr 1776 und somit die eigentliche Staatsgründung erinnert.

So entwickelte sich schon im 19. Jahrhundert ein regelrechter Kult um die revolutionäre Frühzeit. Anekdoten und Erzählungen wurden aufgeschrieben und fortan tradiert. Die Landsitze Mount Vernon von George Washington und Monticello von Thomas Jefferson, dem dritten Präsidenten der USA, wurden zu nationalen Gedenkstätten erhoben. Zunächst handelte es sich dabei um private und lokale bzw. regionale Initiativen, die erst allmählich in die staatliche Gedenkkultur integriert wurden, die nach dem Bürgerkrieg in den 1860er Jahren entstand.

Hollywood und die Revolutionshistorie

Angesichts der deutlich erkennbaren Popularität der Revolutionszeit in den USA ist es erstaunlich, dass diese Epoche im filmischen Bereich der amerikanischen Geschichts- und Erinnerungskultur vergleichsweise wenig thematisiert wird, obwohl die amerikanische Filmkultur gegenüber historischen Themen sehr aufgeschlossen ist. Amerikanische Geschichte wurde und wird der Bevölkerung vielfach über Spielfilme und TV-Serien vermittelt, wobei deren Qualität im Hinblick auf Emotionalisierung und historische Genauigkeit recht unterschiedlich ausfällt. Gleichwohl prägen historische Filme sowohl das gegenwärtige Selbstbild als auch das Geschichtsbild vieler Amerikaner.

Die Ära der Revolution, sozusagen die Geburt der USA als Nation, ist in Fernsehserien und in den Blockbustern Hollywoods im Vergleich zu anderen historischen Epochen und Themen wie z. B. der Besiedlung des Westens, dem Bürgerkrieg, dem Ersten Weltkrieg, der „Großen Depression“, dem Zweiten Weltkrieg, dem Kalten Krieg oder dem Vietnam-Krieg deutlich unterrepräsentiert. Pointiert kann man sagen: Die Revolutionsgeschichte stellt nur eine Marginalie in der Filmographie dar.

Eine Erklärung dafür erweist sich als schwierig. Der Historiker Michael Hochgeschwender vertritt die These, dass die Geschichte des 18. Jahrhunderts nicht (mehr) den Sehgewohnheiten des Publikums entspricht. Denn damals sei alles langsam gewesen, militärische Bewegungen ebenso wie Schusswechsel bei Gefechten. Versuche, die Revolutionsgeschichte im Film modernen Geschwindigkeiten anzupassen, wie sie die Zuschauer von aktuellen Hollywood-Produktionen gewohnt sind, seien daher von Vornherein zum Scheitern verurteilt, weil sie zum einen der Geschichte nicht gerecht und zum anderen äußerst lächerlich wirken würden. Dies erklärt allerdings höchstens den Verzicht auf derartige Filme in den letzten rund 50 Jahren, seitdem sich die Filmtechnik rasant weiterentwickelt hat. Für die erste Hälfte des 20. Jahrhunderts dagegen greift eine solche Erklärung nicht.

Für diesen Zeitraum könnte ein anderer Deutungsansatz hilfreich sein, der vor allem auf die mythische Funktion der Revolution abhebt. Wie bereits gesagt, gilt die Revolutionszeit im Bewusstsein vieler US-Amerikaner als sakrosankt, also als heilig und unverletzlich. Das bedeutet auch, dass sie nicht einfach in filmische Bildsprache übersetzt werden kann, ohne an mythischer Qualität einzubüßen. Damit resultierten der Unwille bzw. die Unfähigkeit, Filme über die Revolutionszeit zu drehen, aus der Befürchtung, dem Identitätsbedürfnis der Zuschauer nicht entsprechen zu können. Dies wird auch an dem weitgehenden Verzicht darauf deutlich, die mythischen Gründerväter der USA filmisch ausführlicher darzustellen. Nach Michael Hochgeschwender eigneten sie sich in ihrer mythischen Überhöhung lange nicht als Filmfiguren, da ihre Aura nicht beschädigt werden sollte. Ein Verzicht auf die zentralen Hauptfiguren bedeute aber, dass jedes geschichtskulturelle Produkt über die Revolution bei Randereignissen stehen bleiben musste, was zu einem Verlust an Attraktivität für dieses Sujet geführt habe.

Die Revolutionszeit in der jüngeren Populärkultur

Erst nach und nach wird mit den oben genannten Konventionen gebrochen. Während Roland Emmerichs Film „Der Patriot“ noch einen prototypischen Amerikaner als Hauptfigur hatte, widmeten sich inzwischen sowohl die Serie „John Adams“ des privaten Kabelsenders HBO als auch das Musical „Hamilton“ zwei zentralen Protagonisten der Revolution. Sie werden nun als ganz normale Menschen mit Stärken und Schwächen, Sehnsüchten und Leidenschaften dargestellt. Erst rund 250 Jahre nach der Revolution scheint die Zeit gekommen zu sein, sich ihr im Bereich der Geschichts- und Erinnerungskultur ohne mythische Überhöhung nähern und sie damit auch populärkulturell im Medium Film darstellbar machen zu können.

Dennoch bleibt das überlieferte Bild der Revolution als gleichsam heiliges Ereignis weiterhin gültig, es ist nach wie vor eine zentrale Säule für den amerikanischen Patriotismus. Divergierende Deutungen sind zumindest in Blockbustern und massentauglichen Produkten nicht vorgesehen. Der Verlauf der Geschichte lässt sich im Nachhinein nicht mehr verändern, alles ist bekannt und damit auch vorhersehbar und somit gewissermaßen „unattraktiv“. Mit diesem Problem hat das Genre Historienfilm generell zu kämpfen, die Gründung der USA steht aufgrund ihrer permanenten mythischen Präsenz jedoch in besonderer Weise vor diesem Problem. Größtenteils erschöpft sich die Behandlung der Revolution daher in der permanenten Bestätigung des Status Quo, auch wenn mittlerweile Neuakzentuierungen zunehmen. Dies hat in den letzten Jahren neben der HBO-Serie „John Adams“ (2008) auch die AMC-Serie „Turn: Washington's Spies“ (2014–2017) möglich gemacht.

Q 1

Filmplakat zu „The Patriot“, USA 2000.
Regie: Roland Emmerich

Die Darstellungen thematisieren verschiedene geschichtskulturelle Formen der Auseinandersetzungen mit der Amerikanischen Revolution. Ferner wird Reenactment behandelt, da diese Art der Geschichtswahrnehmung zunehmend an Bedeutung gewinnt. Mit Hilfe der Materialien können Sie eigene Beurteilungen der Produkte entwickeln.

1 Fassen Sie die Kritikpunkte am Spielfilm „The Patriot" (USA, 2000) zusammen (D 1).
2 Arbeiten Sie die Ursachen für den Erfolg des Musicals „Hamilton" heraus (D 2, C 3).
3 Analysieren Sie die Motive der Darstellergruppe (D 3).
4 Vergleichen Sie die Motive der deutschen Reenactment-Gruppe (D 3) mit der amerikanischen (Q 2).

D 1

„Gefühlsseliges Historienspektakel"

Michael Hochgeschwender, Professor für Nordamerikanische Kulturgeschichte, beurteilt „The Patriot" folgendermaßen:

Der Film The Patriot aus dem Jahr 2000 [ist] ein farbiges, gefühlsseliges Historienspektakel mit dem Australier Mel Gibson als Hauptdarsteller und dem Deutschen Roland Emmerich als Regisseur, eine Melange, die für die Studios Hollywoods nicht untypisch ist. Auch amerikanischer Patriotismus soll sich schließlich weltweit verkaufen. Gibson spielt den Witwer Benjamin Martin aus South Carolina, einen Veteranen der britischen Kolonialkriege in Nordamerika, der gegen seinen Willen durch die Brutalität des britischen Offiziers William Tavington in den Unabhängigkeitskrieg hineingezogen wird. Als archetypischer Frontierfarmer greift Martin die Miliztradition der Amerikaner auf, um sich dem grausamen und heimtückischen Feind entgegenzustellen. In einer Schlüsselszene motiviert er seine Mitstreiter, darunter einen freien Schwarzen und einen schwarzen Sklaven, der für seine Freiheit auf Seiten der Revolutionäre kämpft, durch einen patriotischen Appell zum Kampf. In dieser Rede ist viel von Freiheit und der Notwendigkeit, den aufgezwungenen Kampf gegen die Tyrannei tapfer anzunehmen, zu hören. Entschlossen greifen die Männer zur Waffe und ringen den Feind, der dargestellt wird, als handele es sich um SS-Männer des Zweiten Weltkriegs, nieder. […]

The Patriot [ist] ein Film, dessen unkritischer, anachronistischer Patriotismus bestens zum amerikanischen nationalen Triumphalismus zwischen dem Sieg über die Sowjetunion im Kalten Krieg und den islamistischen Attentaten vom 11. September 2001 passt. Roland Emmerichs Blockbuster behandelt eine Episode der Revolution, den Bürgerkrieg zwischen den Milizen der Whigs und Tories sowie der British Legion Banastre Tarletons im westlichen South Carolina. Die von Mel Gibson dargestellte Figur Benjamin Martin ist dem Anführer der Whig-Milizen[1], Francis Marion, dem Sumpffuchs, der britische Colonel Tavington Banastre Tarleton nachempfunden. Während sich der Film in Detailfragen um Authentizität bemüht, sind seine politischen Generalisierungen mehr dem Gründungsmythos der USA als der historischen Realität geschuldet. Die Brutalität der Whig-Milizen und ihr durchaus interessengeleiteter Kampf werden nicht berücksichtigt, die Motivation der Tories bleibt undeutlich, das Freiheitspathos bezieht sich auf einen transhistorischen, inadäquaten Freiheitsbegriff, die Briten werden einseitig als übermäßig brutal dargestellt, der Vernichtungskrieg der Siedler gegen die Indianer wird nicht thematisiert.

Vollkommen unrealistisch ist die Darstellung des schwarzen Sklaven Occam, der sich als Milizionär im Dienste der Revolution seine Freiheit erkämpft. [Der Anglist Grant] Tracey hat diesen Aspekt zwar positiv herausgestrichen und betont, die Armee des Unabhängigkeitskrieges sei vor dem Koreakrieg die letzte rassisch integrierte Armee der Vereinigten Staaten gewesen, vergisst aber zu erwähnen, dass die Mehrheit der Schwarzen im Süden für die Briten kämpfte, dass freie und versklavte Schwarze ganz überwiegend in nordstaatlichen und dort in segregierten [getrennten] Regimentern eingesetzt wurden, und schließlich, dass viele schwarze Sklaven, die für die Revolution kämpften, am Ende gerade nicht ihre Freiheit geschenkt bekamen. Wohl gerade wegen dieser ideologisch motivierten Ungenauigkeiten erfreute sich The Patriot eines enormen Publikumszuspruchs. Wegen seiner weltanschaulichen Einseitigkeiten wurde er allerdings 2011 vom Time Magazin zu einem der zehn historisch irreführendsten Filme ernannt.

Michael Hochgeschwender: Die Amerikanische Revolution. Geburt einer Nation 1763–1815. C.H. Beck, München 2. Aufl. 2017, S. 7–8, 434–435.

1 Whig Milizen: Bewaffnete Gruppen, die für die Unabhängigkeit kämpften und sich wirtschaftspolitisch an den liberalen Whigs orientierten

D 2

Wie der ‚Hamilton'-Hype die USA verändert

Das Hip-Hop-Musical über den Gründervater Alexander Hamilton erhielt zahlreiche Preise und Auszeichnungen, es entstand ein regelrechter Hype um diese seit 2015 laufende Broadway-Show:

Man kann es sich jetzt schon vorstellen. Man möchte sogar darauf wetten. Dass eines Tages jemand kommt und diese Geschichte verfilmt. Eine Geschichte von Außenseitern, eine Geschichte von historischem Erfolg gegen alle Widrigkeiten. Die Geschichte von Lin-Manuel Miranda und „Hamilton". Ein Hip-Hop-Musical über einen der Gründerväter der USA hat den Kulturbetrieb eines ganzen Landes in Aufregung versetzt. Hat eigenhändig ein ganzes Genre revolutioniert, eine gesellschaftliche Debatte transformiert und einen popkulturellen Instant-Klassiker geschaffen. Präsident Obama ist Fan, die Show [ist] [...] immer ausverkauft [...], die Schwarzmarktpreise bewegen sich im Bereich einer Profi-Küche oder eines Kleinwagens. Wie konnte aus der Broadway-Show über Alexander Hamilton, den ersten Finanzminister der Vereinigten Staaten, nur solch ein Hype werden?

Zunächst einmal ist da eben Lin-Manuel Miranda, der Universalkreative hinter, vor und als „Hamilton". Richtig, Miranda hat nicht nur Handlung und Texte des Musicals geschrieben. Er hat auch die Musik komponiert und spielt als Alexander Hamilton die Hauptrolle. „Hamilton" ist Mirandas Baby. Und – das kann man wohl so sagen – sein Lebenswerk. Es steckt ja auch sein Leben drin. Miranda stammt aus einer puertoricanischen Familie, geboren und aufgewachsen in Washington Heights, Manhattan. Alexander Hamilton war ein Einwanderer aus der Karibik, der zur rechten Hand von George Washington aufstieg. Mirandas Musical erzählt also die Geschichte dieses „founding father without a father". Und tut doch noch so viel mehr. „Hamilton" ist eine Selbstermächtigungsgeste der Stimmlosen, der Übersehenen, der von der Historie Vergessenen. Und für dieses Musical hätte Miranda keine bessere Sprache finden können als den Hip-Hop, der einst einer ganzen Generation eine Stimme schenkte.

So etwas wie „Hamilton" hat man am Broadway tatsächlich noch nie gesehen. Eine Lektion in Revolution und Staatsgründung, gestanzt in Reime voller Tempo, Witz und pophistorischer Zitatfreude. So ist die Kongressdebatte zwischen Hamilton und seinem Rivalen Thomas Jefferson nicht nur Basislager für eine ausufernde Wikipedia-Expedition in das fiskale System der USA, sondern auch ein astreiner Battlerap. [...]

Alexander Hamiltons Geschichte ist eine zutiefst amerikanische Geschichte – erzählt von einem Cast so divers wie das Land selbst. Das ist der große Coup von Lin-Manuel Miranda: Er gibt den Außenseitern die Deutungshoheit über ihre Geschichte zurück – und macht „Hamilton" zu einem Migranten-Epos. Miranda selbst hat puertoricanische Wurzeln, Daveed Diggs, der sich in einer Doppelrolle als Marquis de Lafayette und Thomas Jefferson als schnellster Rapper auf dem Broadway profiliert, ist Afroamerikaner, Phillipa Soo, die Hamiltons Frau Eliza spielt, hat asiatische Vorfahren. Diggs als französischer Aushilfs-Revolutionär Lafayette bringt es auf den Punkt: „Immigrants: We get the job done." [...]

Eine Show für uns alle, eine Show über uns alle. Mit diesen Worten hat Präsident Barack Obama die „Hamilton"-Schauspieler im Weißen Haus begrüßt. [...] Um zu begreifen, wie irre der Hype um „Hamilton" in den USA geworden ist, muss man sich nur die Sache mit den Tickets anschauen. Reguläre Karten gibt es schon lange nicht mehr. Die Preise auf dem Schwarzmarkt kratzten jüngst an der 10.000-Dollar-Marke [...]. Was wirklich erschreckend ist: Über „Hamilton" sind sich gerade alle – und zwar wirklich alle – einig. Demokraten und Republikaner, Musicalhasser und Broadway-Traditionalisten. Ein Autor der New York Times begann seine Kritik mit den schlichten Worten: „Ja, es ist wirklich so gut." Und weiter: „Ich will den Leuten nicht empfehlen, eine Hypothek aufzunehmen oder ihre Kinder zu vermieten, um an ein Ticket zu kommen. Aber ‚Hamilton' mag es vielleicht wert sein." [...] „Hamilton" ist ein amerikanischer Traum. Und darin liegt auch schon das ganze Geheimnis seines Erfolgs. Denn amerikanische Träume sind grell, bunt und glitzernd. Aber sie sind selten wahr. Dieser ist es.

Julian Dörr: Rekord-Musical: Wie der „Hamilton"-Hype die USA verändert (10. Juni 2016), unter: www.sueddeutsche.de/kultur/hip-hop-rekord-musical-wie-der-hamilton-hype-die-usa-veraendert-1.3026494 (Zugriff 19.06.2018)

D 3

Die Braunschweiger Jäger

Der Verein „Braunschweiger Jäger“, der an Reenactment-Veranstaltungen zum amerikanischen Unabhängigkeitskrieg teilnimmt, bietet auf seiner Homepage folgende Selbstdarstellung:

Wer sind wir?

Wir, die „Braunschweiger Jäger 1776 – Verein zur Förderung der Braunschweigischen Militär- und Zivilgeschichte des 18. Jahrhunderts e.V.“ sind eine sogenannte Reenactment-Gruppe (= Historische Darstellergruppe) und beschäftigen uns mit der Braunschweigischen Landesgeschichte des ganzen 18. Jahrhunderts, wobei indes der Schwerpunkt unseres Interesses auf die Zeit von 1776 bis 1783, der Zeit des Rebellenaufstandes in den englischen Kolonien Nordamerikas, auch bekannt als „Amerikanischer Unabhängigkeitskrieg“, gerichtet ist. […]

Die Braunschweiger kämpften im Jahr 1777 u.a. bei Ticonderoga, Bennington, Hubbardton und Saratoga, wo sie letztlich nach Fehlentscheidungen des englischen Oberkommandierenden General John Burgoyne vom Nachschub abgeschnitten wurden und sich einer überlegenen amerikanischen Armee ergeben mussten. Während sich der Großteil der braunschweigischen Truppen bis zum Ende des Unabhängigkeitskrieges in Kriegsgefangenschaft befand, verblieb eine Rest-Einheit in Kanada und wurde regelmäßig durch neu geworbene Rekruten verstärkt. Diesen Braunschweigern – zusammen mit den anderen deutschen Truppen aus Hessen-Kassel, Hessen-Hanau, Ansbach-Bayreuth, Waldeck und Anhalt-Zerbst, allgemein alle zusammen in den USA nur die „Hessians“ genannt – ist es zu danken, dass Kanada seine Unabhängigkeit behielt.

Unsere Gruppe bemüht sich um historisch-exakte Darstellung einer Jäger-Gruppe des 18. Jahrhunderts. Nachweislich gab es bei den Braunschweiger Jägern nur wenig Drill und keinen Wachtdienst. Die Soldaten galten als Spezialisten, waren gefürchtete Scharfschützen und hatten dadurch alle Freiheiten, die das militärische Leben der Zeit nur bieten konnte. Schon früh übertrug man den Jägern „Polizeiaufgaben“ und die Sicherung wichtiger Personen und Objekte. Das Dasein der Braunschweiger Jäger, insbesondere während des Dienstes in Kanada und Amerika, war gewiß kein romantisches Kriegsabenteuer. Trotzdem haben die Jäger ein vollkommen anderes Leben als die übrigen Soldaten geführt. Ihre Aufgabe bestand in der Aufklärung und dem Plänkeln bis zum Eintreffen der Hauptarmee. Sie kämpften in kleinen Gruppen und durchzogen zusammen mit Indianern als Kundschafter die Wälder, um den Feind auszuspionieren. Bei zahlreichen kleineren Gefechten bewiesen die oft aus dem Forstdienst stammenden Männer ihre Treffsicherheit mit den gezogenen Jägerbüchsen

Q 2

US-Bürger stellen das Gefecht „Huck's Defeat“ aus dem Jahr 1780 nach. Brattonsville 11. Juli 2015

aus Deutschland. Viele der Jäger hatten ihre eigene Waffe mitgebracht, mit der sie seit Jahren vertraut waren. Als Soldaten waren sie bald von ihrem Gegner sehr gefürchtet, und George Washington stellte eigene Scharfschützengruppen auf, um den gefährlichen Jägern aus Braunschweig und Hessen zu begegnen. Allerdings waren die langen Tennessee-Rifles den Jägerbüchsen in Bezug auf Treffsicherheit unterlegen.

Historische Darstellungsgruppe oder „militaristische Verherrlichung?"

Wir haben uns das Thema „Braunschweiger Jäger" als historische Darstellungsgruppe ausgesucht, weil wir hier ein Stück deutscher Geschichte, aber auch der amerikanischen und ganz besonders natürlich der kanadischen Geschichte aufgreifen und darstellen können. Wir sind in erster Linie bemüht, Leben und Zeit des 18. Jahrhunderts darzustellen. Es geht uns nicht um die Verherrlichung militärischer Ideen. Bei uns steht der Mensch im Mittelpunkt. Wir möchten so detailgetreu wie möglich nachvollziehen, wie die Menschen im 18. Jahrhundert gelebt haben. Anhand historischer Quellen versuchen wir, ihren Alltag darzustellen – mit allen Schwierigkeiten der damaligen Zeit, angefangen vom Feuerentfachen mit Stahl und Zunder bis zum Leben im Zelt unter einfachsten Umständen. Glücklicherweise haben sich in den Archiven zahlreiche Dokumente erhalten. Die größte Quelle bietet das Niedersächsische Staatsarchiv in Wolfenbüttel. Angefangen von den Erlassen des Herzogs Carl I. von Braunschweig-Lüneburg zur Rekrutenwerbung über die Transportzettel bis hin zu den Aufträgen an die Schneider und Sattler sind so zahlreiche Dokumente, Tagebücher und Briefe überliefert, dass wir heute sehr viele Details über die Soldaten wissen, die sich als Söldner anwerben ließen und nach Amerika gingen, um für England gegen die „Revolutionäre" zu kämpfen.

Zivildarstellung – nicht nur für die Damen!

Das Hobby „18. Jahrhundert" bietet natürlich neben einer reinen Militärdarstellung auch eine Vielzahl an Möglichkeiten, sich als ziviler Darsteller einzubringen. Sei es nun als Dienstbote, Handwerker, Schreiber, Feldscher [angelernter Wundarzt], Arzt etc. etc. oder gar als Angehöriger des Adels, in dieser Zeit findet ein jeder seine Bestimmung und die Rolle, in die er schon immer einmal schlüpfen wollte. Speziell für Hobbyisten weiblichen Geschlechts ist die Zivildarstellung zudem eine hochinteressante Alternative zum sonst üblicherweise dargestellten Soldatenstand und letztlich auch die einzig authentische. Weibliche Soldaten gab es damals nicht, zumindest nicht offiziell. Die nachweislich wenigen, die sich unter falscher Identität haben anwerben lassen, stellen absolute Ausnahmen dar und sind bei Entdeckung auch samt und sonders umgehend entlassen worden. Obgleich ihnen der Soldatenberuf selbst verwehrt war, waren selbstredend nicht wenige Frauen Teil des damals noch üblichen Heeresgefolges, wie zum Beispiel im Bereich der Marketenderei [ziviler Tross, der das Herr versorgte], als Ehefrau eines Dienstgrades oder einfachen Soldaten, als Mätresse eines höheren Offiziers bzw. Dienstmagd im Haushalt eines solchen.

Unter den etwa 5 300 Braunschweiger Soldaten, die in den Jahren 1776 bis 1783 über England nach Kanada verschifft wurden, befanden sich auch 267 Frauen. Es handelte sich dabei allerdings nicht um Marketenderinnen oder gar „zweifelhafte Weibspersonen", sondern um ehrbare Ehefrauen teilnehmender Militärs aller Dienstränge. Sie machten sich während der gesamten Zeit des Krieges nützlich, wo sie konnten, und verdienten sich zusätzliches Geld durch Kochen, Waschen und Nähen. Die bekannteste Feldzugteilnehmerin dürfte übrigens Friederike Riedesel Freifrau zu Eisenbach sein, die damals mit drei kleinen Töchtern ihrem Mann, dem kommandierenden General Friedrich Riedesel Freiherr zu Eisenbach, hinterherreiste und ihre Erlebnisse bereits im Jahre 1800 in Buchform veröffentlichte.

Ob Soldatenfrau, Mädchen vom Lande, Bürgerliche oder Frau von Stand – vom einfachen, schlichten Rock mit entsprechender Weste bis zum fantastischen Kleid gibt es viele Darstellungsmöglichkeiten, die von den weiblichen Mitglieder unseres Vereins ausgeschöpft werden und das 18. Jahrhundert in seiner Vielfalt erlebbar und begreifbar machen.

Zit. nach: www.braunschweiger-jaeger.de/uns.html (Zugriff: 01.08.2018)

Q 3

Szene aus dem Musical „Hamilton", New York 2015

Der Amerikanische Unabhängigkeitskrieg: eine Revolution?

Im Kernmodul haben Sie sich bereits theoretisch mit dem Revolutionsbegriff als Erklärung bzw. Deutungsmuster für abrupte und tiefgreifende historische Wandlungsprozesse an so genannten „Wendepunkten der Geschichte“ auseinandergesetzt. Ist dieser Begriff auch auf die US-amerikanische Unabhängigkeit anwendbar? Oder: Welche Elemente dieses Prozesses waren revolutionär, welche nicht?

Der Verfassertext eröffnet verschiedene Fragestellungen zum Charakter der Ereignisse in Nordamerika um 1776. Damit wird die Analyse der nachfolgenden Materialien vorbereitet. Insbesondere geht es um die Frage, was eigentlich das Revolutionäre an dem genannten Prozess gewesen ist. Damit wird sowohl eine Gegenüberstellung mit den Inhalten des Kernmoduls möglich (vgl. S. 16 – 29) als auch ein Vergleich mit der Französischen Revolution (vgl. S. 78 – 129)

1 Benennen Sie mithilfe des Verfassertextes Kontroversen zur Frage, ob es sich bei der US-Unabhängigkeit um eine Revolution gehandelt habe.

2 Überprüfen Sie John Adams' Ansicht, dass sich die Revolution schon vor dem Unabhängigkeitskrieg in den Köpfen der Amerikaner vollzogen habe.

3 Informieren Sie sich über den Kontext des Jahres 1848 und interpretieren Sie das Gemälde Q 1.

Die American Revolution – eine weltgeschichtliche Zäsur

John Adams, zweiter Präsident der USA, soll einmal gesagt haben, dass die eigentliche Revolution sich zwischen 1763 und 1776 in den Köpfen der Amerikaner vollzogen habe und bereits beendet gewesen sei, als der Unabhängigkeitskrieg begann. Handelte es sich also vor allem um eine geistige Revolution? Wo aber wären dann die gesellschaftlichen Bedingungen für diese Veränderung zu verorten?

Unstrittig ist, dass es sich beim Unabhängigkeitskampf der späteren USA um einen Meilenstein der Weltgeschichte handelt. Sie animierte nicht nur in unmittelbarer zeitgeschichtlicher Nähe Franzosen zu ihrer Revolution, sondern zentrale Dokumente wie die Unabhängigkeits- und die Grundrechtserklärung inspirieren nach wie vor Menschen auf der ganzen Welt dazu, für Gleichheit, Freiheit und politische Beteiligung zu kämpfen. Formulierungen wie novus ordo saeculorum – neue Ordnung der Zeitalter, wie es im Siegel der Vereinigten Staaten heißt – oder „selbstverständliche Wahrheiten“ wie das Recht auf Leben, Freiheit und Streben nach Glück blieben nicht bloße politische Schlagworte, sondern wurden zu Handlungsaufforderungen.

Die damaligen Ereignisse wirken also noch immer nach und nehmen Einfluss auf die Gegenwart. Im Laufe der Zeit wurde jedoch auch die Diskrepanz zwischen Ideal und Wirklichkeit deutlich und bisweilen heftig kritisiert. Denn einige der damals rhetorisch so vollmundig formulierten Versprechungen wie z. B. gesellschaftliche Gleichheit wurden bis heute nicht erfüllt.

Die Geschichtswissenschaft und die American Revolution

Seit jeher beschäftigen sich Historiker und in jüngerer Zeit auch Historikerinnen mit der American Revolution. Dabei stellten sie Fragen wie z. B. nach den Trägern und Befürwortern der Unabhängigkeitsbestrebungen, nach den Erfolgsbedingungen oder nach den Gewinnern und Verlieren etc. Auch Vergleiche – vor allem mit der Französischen Revolution – wurden angestellt. Jede Epoche fand dabei ihre eigenen Antworten auf die von ihr an die Vergangenheit gestellten Fragen. Bis heute sind einige Fragen offen, viele Aspekte werden noch immer kontrovers diskutiert. Handelte es sich überhaupt um eine Revolution? Oder ist die Bezeichnung „Unabhängigkeitskampf“ passender? Denn es fand zwar seit den späten 1770er Jahren zweifellos eine Veränderung des politischen Systems in den ehemaligen britischen Kolonien statt, die Gesellschaftsordnung blieb aber ebenso intakt wie die politische und soziale Führungsschicht. Welche ökonomischen und sozialen Folgen zeitigte die Revolution? Kam es beispielsweise durch die Umverteilung des Landbesitzes emigrierter Loyalisten zu vermehrtem sozialen Aufstieg und erhöhter politischer Partizipation? Wer zählte zu den Gewinnern, wer gehörte zu den Verlierern der Evolution? Welchen Anteil am revolutionären Geschehen hatten Frauen, (schwarze) Sklaven und „Indianer"? Welche ideologischen Folgen hatte der erfolgreiche Unabhängigkeitskampf für das Selbstverständnis der USA im 19. und 20. Jahrhundert, gerade auch im Hinblick auf deren zunehmende ökonomische und politische Bedeutung?

Amerikanischer Unabhängigkeitskrieg oder Amerikanische Revolution?

In Deutschland war die Bezeichnung „Amerikanischer Unabhängigkeitskrieg" lange Zeit gebräuchlicher als „Amerikanische Revolution". Die Erklärung für diese Wortwahl ist historisch: Als im zweiten Drittel des 19. Jahrhunderts in den deutschen Staaten eine revolutionäre Dynamik einsetzte, die eine nationale und liberale Veränderung zum Ziel hatte, verwiesen die Befürworter dieser Entwicklung auf die USA. Damit sollte ein positives Gegenbild zur Französischen Revolution aufgezeigt werden, die spätestens seit der Napoleonischen Besatzung überwiegend negativ konnotiert war. Die USA sollten zeigen, dass nicht jede Revolution in Terror umschlagen und in einer autoritären Restauration enden müsse. Aus diesem Grund wurde der Revolutionsbegriff möglichst vermieden und die Betonung auf den Begriff der Unabhängigkeit gelegt. Erst im 20. Jahrhundert verwendeten auch deutsche Historiker und Historikerinnen zunehmend den Revolutionsbegriff, um die Entwicklungen in Amerika hin zur Unabhängigkeit zu charakterisieren und den Fokus vermehrt auf die inneren Veränderungen der Vereinigten Staaten legen zu können.

Q 1

Richard Caton Woodville (1825–1855): Old '76 and Young '48, 53,7 x 68,3 cm, 1849, Walters Art Museum (Baltimore)

Die folgenden Texte von Historikerinnen und Historikern beschäftigen sich mit Momenten von Kontinuität und Wandel im Unabhängigkeitsprozess. Anhand dieser Materialien können Sie Ihr theoretisches Wissen nun anwenden und die Nutzbarmachung des Revolutionsbegriffs für die damaligen Verhältnisse in Amerika kritisch überprüfen.

1 Fassen Sie die Argumente der jeweiligen Historiker im Hinblick auf Kontinuitäten und revolutionäre Veränderungen zusammen (VT, D 1–D 5).

2 Analysieren Sie, in welchen Bereichen die Historiker den damaligen Ereignissen revolutionären Charakter attestierten und in welchen nicht (VT, D 1–D 5).

3 Nehmen Sie Stellung zu der Frage, ob es sich bei den damaligen Ereignissen um eine Revolution handelte oder nicht. Wenn ja, charakterisieren Sie die Art der Revolution.

D 1

Möglichkeiten statt Entwicklungen

Der Historiker Udo Sautter beurteilt die Revolutionsergebnisse folgendermaßen:

Eine gewisse Neuordnung des politischen Lebens war […] allenthalben sichtbar. Ob die Revolution in Nordamerika auch als eine soziale Umwälzung betrachtet werden kann, ist weniger sicher. Zweifellos hatten sich zahlreiche Patrioten von dem Umschwung auch wirtschaftlichen und sozialen Wandel erhofft und die Begeisterung, mit der man sich beispielsweise des Guts der pro-britischen Mitbürger bemächtigte, zeugte von bemerkenswerter Ungeniertheit dem Gedanken des persönlichen Eigentums gegenüber. Aber ebenso traf es zu, dass besonders im Süden die konservativen Sklavenhalter zur aufständischen Seite stießen, weil die Briten die Sklaven gegen ihre Herren aufwiegelten, ihnen die Freiheit versprachen und sogar schwarze Truppen aufstellten. Die im Grund konservative Gesinnung der amerikanischen Erhebung wird wohl auch aus den Zugeständnissen an die Briten im Friedensvertrag deutlich, in dem ja das Eigentumsrecht auch des Feindes ausdrücklich anerkannt wurde. […] Mancher Patriot hatte gehofft, dass eine Lostrennung vom Mutterland auch Erlösung von den Schulden bei britischen Gläubigern bringen würde. Solche Erwartungen wurden durch den Friedensvertrag bitter enttäuscht. Die allgemeine Empörung nützte hier wenig. Zwar wurden die britischen Kreditgeber nicht völlig zufriedengestellt, aber ein beträchtlicher Teil der Schulden wurde abbezahlt. Die Kreditwürdigkeit der jungen Republik profitierte davon entsprechend. […]

Die Halbheit der amerikanischen Revolution äußerte sich besonders deutlich in der Beibehaltung der Sklaverei als Institution. Die volltönende Eingangspassage der Unabhängigkeitserklärung war mit Blick auf die imperiale Verfassungsfrage geschrieben worden. Zu einer Verwirklichung des ihr zugrunde liegenden naturrechtlichen Konzepts innerhalb der amerikanischen Gesellschaft selbst konnte man sich nicht entschließen. Die Unangemessenheit dieses Verhaltens wurde von nicht wenigen Zeitgenossen schmerzlich empfunden. Einige nördliche Staaten gingen auch mit gutem Beispiel voran. In Pennsylvania, Connecticut, Rhode Island, New York und New Jersey verabschiedete man in den 1780er Jahren Gesetze, die auf ein allmähliches Auslaufen der Sklaverei abzielten. Aber nur in Massachusetts und, durch Bundesgesetz, im Nordwest-Territorium, schaffte man die Einrichtung sofort ab. Hier konnte man es sich wirtschaftlich leisten, hatte die Sklaverei doch nie eine bedeutende Rolle gespielt. In allen Staaten von Maryland an südwärts hielt man am Hergebrachten fest und sogar ein so enragierter [leidenschaftlicher] Freiheitsapostel wie Patrick Henry rechtfertigte dieses Verhalten mit dem Hinweis auf die „generelle Unbequemlichkeit" (general inconvenience), die sich einstellen müsste, wollte man ohne Sklaven leben. […]

Auch auf anderen Gebieten des täglichen Lebens konnte von einer tiefgreifenden Erschütterung durch den Umsturz des Regimes kaum die Rede sein. Ein Wandel im Erziehungswesen von der kirchlichen zur säkularen Verantwortlichkeit hin, wie sie sich in einigen Staatsverfassungen äußerte, oder eine wachsende Reformgesinnung etwa in Bezug auf die katastrophalen Verhältnisse im Strafvollzug waren wohl kaum in erster Linie der Revolution zu verdanken. Diese konzentrierte vielmehr ihre Energien, so wird ein zusammenfassendes Urteil feststellen müssen, auf die Neuordnung der politischen Zustände. Wenn von einer weitergehenden revolutionsbedingten Veränderung der amerikanischen Verhältnisse die Rede sein soll, so ist eher auf die durch die politische Umwälzung eröffneten Möglichkeiten zu verweisen als auf vollendete Entwicklungen.

Udo Sautter: Geschichte der Vereinigten Staaten von Amerika. Kröner, Stuttgart 8. Aufl. 2013, S. 92–95.

D 2

Charakter und Grenzen der Amerikanischen Revolution

Der Historiker Mark Häberlein beurteilt die Revolutionsergebnisse folgendermaßen:

Zwischen 1763 und 1789 vollzogen sich vor allem im politisch-konstitutionellen Bereich tiefgreifende Veränderungen. Der Gedanke der Volkssouveränität, geschriebene Verfassungen als höheres Recht auf Bundesebene wie in den Einzelstaaten, die Festschreibung persönlicher Freiheitsrechte in Grundrechteerklärungen, die Gewaltenteilung zwischen den Regierungsorganen sowie zwischen Bund und Einzelstaaten in einem föderalistischen System und schließlich die Herausbildung einer pluralistischen politischen Kultur [...] gehören zu den zentralen Errungenschaften der Amerikanischen Revolution. Die koloniale Gesellschaftsordnung wurde von diesen Veränderungen allerdings kaum berührt. Neben der persönlichen Freiheit hatte die Sicherheit des Eigentums einen überragenden Stellenwert in der politischen Wertehierarchie der großen Mehrzahl der Amerikaner [...].

Mit der politisch-konstitutionellen Neuordnung ging allerdings auch ein Wandel der sozialen Beziehungen und der Vorstellungswelt der Amerikaner, ihrer Mentalität, einher. Traditionelle hierarchische und patriarchalische Gesellschafts- und Ordnungsvorstellungen wurden durch das Konzept einer egalitären staatsbürgerlichen Gesellschaft abgelöst. An die Stelle älterer Konzeptionen von Gemeinwohl und korporativer Vorstellungen von wirtschaftlicher Ordnung trat zunehmend die Bejahung von individuellem Erfolgsstreben, wirtschaftlicher Konkurrenz und kommerziellen Interessen. Im Bereich der sozialen Beziehungen verschwanden traditionelle Formen von Ehrerbietung, und anstelle von Rangunterschieden wurden nun Gleichheit, Individualität und Privatheit betont. Die Vorstellung, dass Gentlemen von Bildung und Wohlstand eine „natürliche Aristokratie“ bildeten, die auch bei der Regierung des Landes eine besondere Rolle spielen sollte, prägte zwar noch viele der Verfassungsväter von 1787, wurde in der Folgezeit aber mehr und mehr von den politischen Gleichheitsforderungen und Partizipationsansprüchen des „gemeinen Mannes“ verdrängt. In die Regierungen der Einzelstaaten gelangten zahlreiche „neue Männer“, häufig Farmer und Handwerker aus dem Hinterland, und die alte politische Elite der Kolonialzeit wurde teilweise ersetzt, vor allem aber wesentlich erweitert. [...]

Die Grenzen der Revolution zeigen sich vor allem darin, dass im Wesentlichen nur weiße Männer von ihren Errungenschaften profitierten. Die meisten Indianer blieben während des Unabhängigkeitskrieges neutral oder kämpften auf britischer Seite und gaben dadurch deutlich zu erkennen, dass sie sich von der amerikanischen Unabhängigkeit nichts Gutes erwarteten. Der Friede von Paris 1783 erwähnte die Indianer mit keinem Wort, und die amerikanischen Politiker argumentierten und handelten in der Folgezeit, als hätten sie im Unabhängigkeitskrieg auch alles indianische Territorium bis zum Mississippi erobert. [...]

Vom Gleichheitspostulat der Revolution und den politischen Rechten amerikanischer Staatsbürger blieben auch weiße Frauen zunächst ausgeschlossen. Während der Revolution beteiligten sich Frauen an den Importboykotten, sammelten Geld für die Kontinentalarmee und führten in Vertretung ihrer abwesenden Männer Farmen, Geschäfte und Handwerksbetriebe weiter. Einige führende Vertreter der revolutionären Generation waren zwar bereit, den Frauen als „mothers of the Republic“ eine wichtige Rolle bei der Erziehung ihrer Söhne zu guten republikanischen Staatsbürgern einzuräumen; den Frauen selbst politische Freiheitsrechte zuzugestehen schien ihnen jedoch zu weit zu gehen. Allerdings bot die Rhetorik der Revolution Frauen wie Indianern und Schwarzen später immer wieder Anknüpfungspunkte für die Einforderung ihrer eigenen Rechte. Das Postulat der Unabhängigkeitserklärung, dass alle Menschen gleich geschaffen seien, entfaltete somit langfristig auch für diese benachteiligten Gruppen eine befreiende Wirkung.

Mark Häberlein, in: Philipp Gassert, Mark Häberlein, Michael Wala: Geschichte der USA. Reclam, Stuttgart 2018, S. 165–169.

D 3

Revolution nur in der Theorie

Der Historiker Hermann Wellenreuther beurteilt die Revolutionsergebnisse folgendermaßen:

In der neueren Forschung ist in den letzten Jahrzehnten nachdrücklich die These sowohl aus begriffsgeschichtlicher Sicht als auch aus der Analyse der gesellschaftlichen Entwicklungen in Nordamerika heraus formuliert worden, daß es sich bei den Ereignissen in den ehemaligen Kolonien Englands zwischen 1776 und 1787 gleichfalls um eine „Revolution“ im modernen Sinne handele. Freilich sind Zweifel an dieser Auffassung nie verstummt [...] andere Historiker haben gar gemeint, in der Entwicklung nur wenig mehr als einen kolonialen Befreiungskrieg sehen zu können. [...] In drei Schritten soll die Frage des „revolutionären“ Charakters der Amerikanischen Revolution erörtert werden: [...]

1. Politische Kultur: Bis in die Mitte des achtzehnten Jahrhunderts hatte sich in Nordamerika eine politische Kultur entwickelt, die die wahrscheinlich wichtigste Voraussetzung für die Entwicklung nach 1763 ebenso wie für die Entstehung der republikanischen Verfassungen der jungen Freistaaten, dann der Konföderation und Föderation bildete. [...] In den meisten Kolonien nahmen die Kolonisten mit Petitionen immer wieder auf den Gesetzgebungsprozeß unmittelbaren Einfluß. [...] Ohne den Versuch zu machen, sie theoretisch zu untermauern, war die politische Kultur durch Mitbestimmung, Berufung auf Rechte und Privilegien,

permanenten Rekurs auf das Gemeinwohl der Wähler und deren Interessen bestimmt und geprägt. Anders formuliert: Die meisten kolonialen Verfassungen entsprachen schon um die Mitte des 18. Jahrhunderts republikanischen, an partizipatorischen Konzepten orientierten Modellen, ohne daß die Kolonisten dazu schon die passenden republikanischen Theorien formuliert hätten. Das Fortleben dieser Verfassungsinstitutionen und der politischen Kultur der Kolonialzeit sicherte die Funktionsfähigkeit der jungen Staaten. […]

2. Soziale Dynamik: […] Die Ereignisse zwischen 1760 und 1790 produzierten keine Entwicklungen, die jenen Gruppen, denen die Bürgerrechte vorenthalten waren, eben alle oder zumindest einige dieser Rechte verliehen. Frauen blieb das Wahlrecht vorenthalten ebenso wie Indianern, Sklaven und jenen, die über keinerlei Eigentum verfügten oder keine Steuern zahlten. Die Revolution setzte vor 1800 keine sozialen Energien frei, die die politische Gesellschaft verändert hätten.

3. Verfassungsrechtliche Entwicklung: […] Zeitgenössische Klagen über tyrannische Gouverneure, korrupte Richter und bestochene Gerichte scheinen zwar das Gegenteil zu beweisen. Aber beim genaueren Hinschauen erweisen sich solche Klagen überwiegend als Bestandteile politischer Auseinandersetzungen; sie beschreiben keine Zustände. Grundsätzlich galt in den Kolonien, soweit koloniale Gesetze hier keine anderen Rechtstatbestände geschaffen hatten, das englische Gewohnheitsrecht. Und daran sollte auch die Amerikanische Revolution nichts ändern. Die Leistungen der Revolution lagen vielmehr in einem anderen, grundsätzlicheren Bereich: In der Fixierung der Rechte der Siedler in Verfassungen und in der Garantie von Menschenrechten als Grundrechten – die übrigens später als erster Verfassungszusatz in die 1787 ausgearbeitete Bundesverfassung aufgenommen wurden.

In der Geschichte des Grund- und Verfassungsrechts stellt dies eine langwirkende, auch auf Europa ausstrahlende Entwicklung dar. Entscheidend aber war, daß aus der schriftlichen Fixierung von Grund- und Verfassungsrechten, die 1787 in der Billigung der Bundesverfassung ihren Höhepunkt fand, letztlich eine dynamische Entwicklung erwuchs, die bis in unsere unmittelbare Gegenwart hinein immer wieder verändernd auf die amerikanische Gesellschaft einwirkte. Die Berufung auf die Verfassung und auf die Bill of Rights gehörte in den Vereinigten Staaten zu den wichtigsten Mitteln verfolgter und scheinbar oder tatsächlich rechtloser Minderheiten, die für sich rechtliche Gleichheit mit den anderen Bürgern erstreiten wollten. Dies war die Strategie der Antisklavenbewegung ebenso wie der Frauenrechtsbewegung oder der Menschen, die sich nach dem Zweiten Weltkrieg für bessere Rechte der schwarzen Bewohner in den Südstaaten oder der mexikanischen Einwanderer im Südwesten einsetzten. Diese Bürgerrechtsbewegungen der zweiten Hälfte des zwanzigsten Jahrhunderts sind ohne die Errungenschaften, die in den Bills of Rights verankert wurden, nicht vorstellbar.

Hermann Wellenreuther: Die Amerikanische Revolution. In: Peter Wende (Hrsg.), Große Revolutionen der Geschichte. Von der Frühzeit bis zur Gegenwart. C. H. Beck, München 2000, S. 101–120, hier S. 114–118.

D 4

Gleichheit? Die Rolle der Frauen in der Revolution

Die Münchner Historikerin Charlotte A. Lerg beschreibt die Bedeutung der Frauen während der Revolution und die daraus resultierenden Konsequenzen folgendermaßen:

„Remember the Ladies“ – „Bedenket die Frauen!“ mahnte Abigail Adams in einem Brief an ihren Ehemann John Adams, als er mit den übrigen Vertretern im Kontinentalkongress 1776 in Philadelphia um die Unabhängigkeit und um eine Reorganisation der Regierung rang. Im gesellschaftlichen Verständnis der Zeit hatten Frauen eine passive Rolle einzunehmen. Dennoch darf der Beitrag der Frauen zur Revolution und zum Unabhängigkeitskrieg nicht unterschätzt werden. […]

Bereits vor Ausbruch des Krieges und noch vor der Unabhängigkeitserklärung erwiesen sich die Frauen als wichtige Akteurinnen im nichtmilitärischen organisierten Widerstand und für die Mobilisierung der Zivilbevölkerung. Während der Proteste gegen den Stamp Act [Stempelsteuergesetz] waren auch sie Teil des Mobs, der Zollhäuser stürmte, durch die Straßen zog und unter ‚Hurrah‘-Rufen Strohpuppen verbrannte. […]

Es gab jedoch auch eine ‚zivilisiertere‘ Form des Protestes, die in den kommenden Jahren ganz besonders an Bedeutung gewinnen sollte: der Boykott. […] Die Townsend Duties [Zölle auf die Einfuhr verschiedener Güter aus Großbritannien] waren um einiges strenger als der Stamp Act und belegten viele wichtige Handelsgüter mit Zöllen und Steuern. Dazu gehörten Luxusgüter wie Möbel, Geschirr und modische Kleidung, aber auch unzählige Produkte des täglichen Hausgebrauchs wie Zucker, Klebstoff, Kurzwaren und allen voran Tee. Die Wortführer des Protests erkannten schnell, dass es jetzt auf die Frauen ankam. Immer öfter wandten sie sich in ihren Aufrufen zum Boykott direkt an die weibliche Bevölkerung. Als Herrinnen über den Haushalt konnten zumeist die Mütter und Ehefrauen entscheiden, was sie wo einkauften. Ihre Kreativität war gefragt, um schwer erhältliche Produkte zu ersetzen und so Alternativen zu den importierten Gütern zu finden. Sie kochten Tee aus heimischen Kräutern oder Rindenkaffee, zum Färben von Stoffen verwandten sie Beerensaft. Auf modische Hüte wurde verzichtet.

Die Frauen taten jedoch mehr, als nur durch Kaufverhalten und Haushaltsführung Einfluss zu nehmen. Mit der Industrialisierung der englischen Textilindustrie war es immer unüblicher geworden, Bekleidung selbst herzustellen. Nun aber wurde propagiert, statt teurer Kleider lieber Homespun [Selbstgesponnenes und Selbstgenähtes] zu tragen. […] Zeitungen stürzten sich auf derartige Ereignisse, lobten die Frauen für ihr patriotisches Engagement und ermutigten Leser und Leserinnen, es ihnen gleichzutun. Hier standen die Frauen im Mittelpunkt der Aufmerksamkeit. Erstmals wurden sie als politische Akteurinnen ernst genommen. […] Auf diese Weise politisch wahrgenommen zu werden, bedeutete für viele Frauen dennoch eine Veränderung in ihrem Selbstverständnis. Sie konnten sich erstmals direkt mit den politischen Belangen der Kolonien identifizieren, was zuvor nur über ihre Männer möglich gewesen war. […]

Im Zentrum des weiblichen Aufgabenbereichs standen Familie und Religion. Kindererziehung und Haushalt waren die weibliche Sphäre, während der Mann sich um Finanzen und Politik kümmerte. Hier setzte auch das neue Rollenverständnis an, das sich nach der Revolution zu entwickeln begann. […] Den Frauen kam nun in diesem Verständnis eine ganz entscheidende Aufgabe zu, die später als „Republican Motherhood" bezeichnet wurde: Sie galten als Wächterinnen der Tugend, hatten ihre Ehemänner auf dem rechten Weg zu halten und aus ihren Söhnen tugendhafte Bürger zu formen. Frauen blieben damit zwar im Privaten und von den direkten politischen Geschäften ausgeschlossen, die Aufgaben einer „Republican Mother" aber erforderten eine über die häusliche Sphäre hinausreichende Bildung. Neben Kochen, Handarbeit und Musizieren erlernten sie nun beispielsweise auch Latein und Griechisch, Geschichte und klassische Literatur. In den folgenden Jahrzehnten wurden spezielle Schulen und Colleges für Frauen eingerichtet. […]

Die Revolution vermittelte Frauen ein neues politisches Selbstverständnis und schuf darüber hinaus die Grundlage für eine bessere Bildung von Frauen, die es ihren Töchtern und Enkelinnen ermöglichte, aktiv in der politischen Sphäre Einfluss zu nehmen.

Charlotte A. Lerg: Die Amerikanische Revolution. Francke, Tübingen 2010, S. 96–102.

D 5

Revolution ohne Ende

Die Historiker Jürgen Heideking und Christof Mauch äußern Folgendes zu den geistigen Ursprüngen der Revolution sowie ihrer Fortdauer:

Der Gesinnungswandel, der aus treuen Untertanen der Krone Patrioten und Rebellen machte, hatte sich erstaunlich rasch vollzogen. John Adams bezeichnete diesen intellektuellen Prozess rückblickend als den eigentlichen Kern des Geschehens. Die Revolution, so schrieb er 1815 an Thomas Jefferson, habe in den Köpfen der Menschen stattgefunden, und sie sei schon abgeschlossen gewesen, bevor 1775 bei Lexington und Concord Blut vergossen wurde. […] Das beharrliche Pochen auf die „alten englischen Rechte" diente nicht der Verschleierung materieller Interessen, wenngleich diese sicher auch eine Rolle spielten. Den unerlässlichen Nährboden für die Widerstandshaltung bildete vielmehr ein Geflecht von Denkgewohnheiten, Verhaltensweisen und Wertvorstellungen, das in tiefere Bewusstseinsebenen hineinreichte und breite soziale Schichten beeinflusste. Die gebildeten Kolonisten schöpften ihre Argumente und Konzepte aus vielen Quellen: aus den Werken englischer Juristen wie Sir Edward Coke und William Blackstone; aus der liberalen Natur- und Vertragsrechtslehre John Lockes; aus der Literatur der Aufklärung […].

Die Berufung auf die Ancient Constitution und die historischen Rechte der Engländer wurde im Laufe der Debatte durch die Konzepte des Gesellschaftsvertrags und der „natürlichen Rechte" aller Menschen ergänzt und überwölbt. Auf diese Weise gelang es, die städtischen Mittel- und Unterschichten zu mobilisieren und die Autorität von englischer Regierung und Westminster-Parlament sowie mehr und mehr auch die Zuneigung zur Krone zu untergraben. […] Eine wachsende Zahl von Amerikanern, die den patriotischen Führern folgten, empfanden sich demgegenüber nicht mehr als Untertanen, sondern als freie Bürger, die ihr Schicksal selbst in die Hand nahmen. […]

Wenn sich ein großer Teil des mentalen Wandels auch bereits vor der Unabhängigkeitserklärung vollzogen hatte, wie John Adams später behauptete, so war die Transformation des gesellschaftlichen Bewusstseins doch noch längst nicht abgeschlossen. In diesem Sinne hatte Benjamin Rush Recht, der 1787 feststellte, der Krieg sei wohl vorüber, nicht aber die amerikanische Revolution: „Ganz im Gegenteil, nur der erste Akt des großen Dramas ist beendet." Die Verfassung institutionalisierte gewissermaßen die Revolution, indem sie für einen offenen politischen Prozess sorgte, durch den das amerikanische politische System und die amerikanische Gesellschaft kontinuierlich weiterentwickelt werden konnten.

Jürgen Heideking, Christof Mauch: Geschichte der USA. Aufl. 2008. Francke, Tübingen, S. 33–34 und 66.

Die Französische Revolution

1789 begann in Frankreich eine weltgeschichtlich bedeutsame Revolution. Sie hat Frankreich, Europa, sogar die ganze Welt nachhaltig geprägt und stark verändert. Unter der Parole „liberté (Freiheit), égalité (Gleichheit) und fraternité (Brüderlichkeit)!“ wollten die Revolutionäre einen Aufbruch in eine fortschrittlichere, bessere Zeit bewirken. Die Vorrechte des Adels und der Geistlichen wurden abgeschafft und eine Erklärung der Menschen- und Bürgerrechte veröffentlicht.

Doch wenige Jahre später wurde der abgesetzte König hingerichtet, die Auseinandersetzungen zwischen den revolutionären Fraktionen wurden immer gewaltsamer – und dem beginnenden „Terreur“ (Schrecken) fielen immer mehr Revolutionäre selbst zum Opfer.

Mit der Herrschaft Napoleons nach 1799 veränderte sich die Revolution abermals deutlich. Frankreich besaß wieder einen Kaiser, der schließlich militärisch die Vorherrschaft in Europa errang. Erst eine Koalition vieler europäischer Könige und anderer Fürsten konnte ihn 1815 besiegen – nach mehr als 20 Jahren Krieg in Europa.

Worin bestehen die Ursachen der Revolution?
In welche Phasen lässt sich die Revolution einteilen?
Welche gesellschaftlichen Gruppen treiben die Umbrüche voran bzw. bekämpfen sie?
Welche Rolle spielt Napoleon Bonaparte und welches „Erbe“ verantwortet er?
Welche Auswirkungen hat die Revolution auf die deutschen Staaten und Europa?

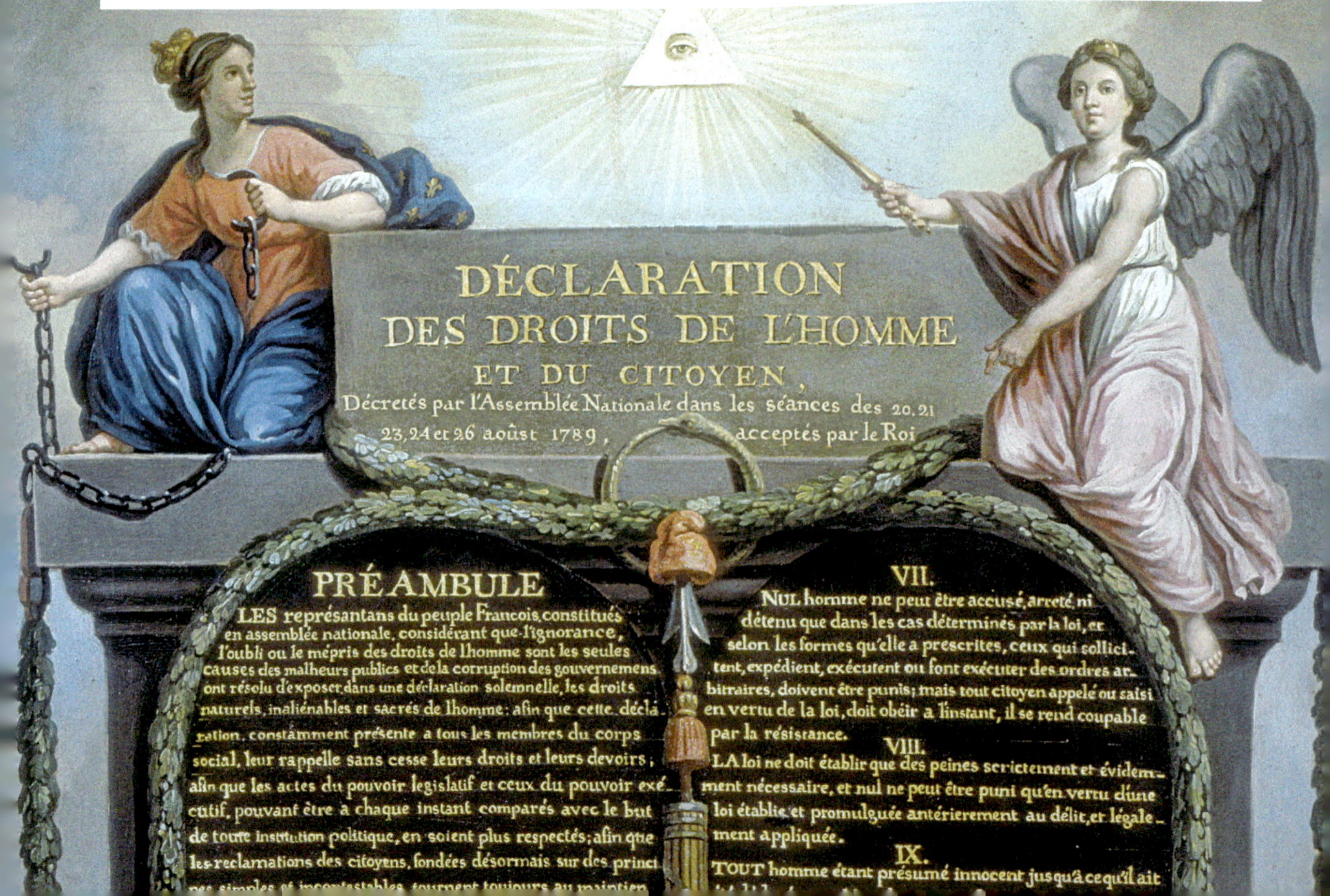

In den folgenden Schritten können Sie die Inhalte des Kapitels zur Französischen Revolution erschließen und Antworten auf die Leitfragen erarbeiten. Dabei werden Sie gleichzeitig den kompetenten Umgang mit Geschichte üben.

Die Ideen der Aufklärung

Die Reformunfähigkeit der Monarchie

Wirtschaftliche Strukturen und Probleme vor 1789

Ursachen der Revolution

→ mit Kategorien und Begriffen arbeiten
→ mit Perspektivität umgehen
→ eigene Deutungen vornehmen
→ Sach- und Werturteile formulieren
→ Darstellungen von Vergangenheit analysieren

Gesellschaftsaufbau des Ancien Regime

Generalstände und Interesse der einzelnen Stände

Die drei Revolutionen 1789 – Schlüsselereignisse, Handlungsorte und Gruppierungen

Die Errichtung der konstitutionellen Monarchie

Wissenschaftliche Kontroversen zur Revolution

Phasen der Revolution und ihre Träger

→ mit Kategorien und Begriffen arbeiten
→ mit Perspektivität umgehen
→ eigene Deutungen vornehmen
→ Sach- und Werturteile formulieren
→ Darstellungen von Vergangenheit analysieren

Die Diktatur der Jakobiner

Der Zusammenhang von Krieg und Radikalisierung

Grenzen der Freiheit und Gleichheit für Frauen, Sklaven und Minderheiten

Die französische Hegemonie in Europa

Das Ende des Heiligen Römischen Reiches und die Neuordnung Deutschlands

Mythos Napoleon als Erbe der Revolution

→ mit Perspektivität umgehen
→ eigene Deutungen vornehmen
→ Sach- und Werturteile formulieren
→ Gegenwartsbezüge herstellen
→ Darstellungen von Vergangenheit analysieren

Der Code Napoleon

Mythos Napoleon

Die Mainzer Republik

Modernisierung in Preußen und den Rheinbundstaaten

Ausstrahlung der Revolution auf Deutschland

→ mit Perspektivität umgehen
→ eigene Deutungen vornehmen
→ Sach- und Werturteile formulieren
→ Gegenwartsbezüge herstellen
→ Darstellungen von Vergangenheit analysieren

Die antinapoleonischen Kriege

Napoleon als Erinnerungsort

Abbildung: Am 26. August 1789 verkündet die französische Nationalversammlung auf Vorschlag des Abgeordneten Marquis de Lafayette die aus 17 Artikeln bestehende Erklärung der Menschen- und Bürgerrechte. Schmuckdarstellung, Öl auf Leinwand, Jean-Jacques-François Le Barbier, um 1789 (Ausschnitt)

Was ist Aufklärung?

Im 17. und 18. Jahrhundert wandelte sich das Welt- und Menschenbild: die Aufklärung entwickelte Ideen des Humanismus und der Renaissance weiter und stellte die menschliche Vernunft in den Mittelpunkt. Der deutsche Philosoph Immanuel Kant beschrieb das aufklärerische Leitmotiv: „Habe Mut, dich deines eigenen Verstandes zu bedienen."

Der Verfassertext befasst sich mit Grundsätzen und wichtigen Vertretern der Aufklärung. Der Schwerpunkt der Darstellung liegt auf den politischen Herausforderungen, die die Ideen für Gesellschaft und Staat bildeten.

1. Erstellen Sie ein Lernplakat, auf dem Sie mithilfe des Textes zentrale Aspekte der Aufklärung darstellen.
2. Analysieren Sie Q 1 und stellen Sie Vermutungen an, aus welchen gesellschaftlichen Schichten die Abgebildeten stammen.
3. Nehmen Sie Stellung dazu, welchen Beitrag das Denken der Aufklärung zur Entwicklung von Demokratie und Menschenrechten leistete.

Eine neue Geistesbewegung – die Aufklärung

Der Ausdruck „Aufklärung" ist bildhaft: Die Sonne der Erkenntnis klärt mit ihrem Licht die Nebel des Aberglaubens auf. Dieses Verständnis entwickelte sich bereits in der Frühen Neuzeit, als sich (nicht immer zutreffend) die Vorstellung von einem „finsteren", irrationalen Mittelalter herauszubilden begann.

Nur was der Mensch mit seiner Vernunft erkennen kann, sei wahr (Rationalismus). René Descartes (1596–1650) betrachtete logisches Denken als alleinige Richtschnur gegenüber überlieferten Wahrheiten. Er brachte das auf die Formel: „cogito ergo sum" (Ich denke, also bin ich). Neben diesen Rationalismus trat zunehmend die Auffassung, dass wissenschaftliche Erkenntnis auf Wahrnehmung und Beobachtung von Einzelphänomenen beruhe (Empirismus).

Einige Monarchen und Fürsten in Europa unterstützten die Verbreitung eines modernen Wissenschaftsverständnisses, indem sie neue Universitäten gründeten. Dazu zählte auch die Gründung der Universität in Göttingen 1734 durch den Kurfürsten von Hannover Georg II. August.

Vor allem ab Mitte des 18. Jahrhunderts war in Europa ein Aufschwung in allen Bereichen der damaligen Wissenschaft zu beobachten. Die Franzosen Denis Diderot und Jean Baptiste D'Alembert begannen 1748 mit der Herausgabe der „Encyclopédie", die mithilfe von Gelehrten aus allen Fachrichtungen das gesamte Wissen ihrer Zeit zusammenführen sollte. So entstand in fast 30 Jahren ein 35-bändiges Nachschlagewerk.

Eine Revolution des Denkens

Der Königsberger Philosoph Immanuel Kant (1724–1804) definierte die Aufklärung 1784: „Aufklärung ist der Ausgang des Menschen aus seiner selbstverschuldeten Unmündigkeit." Unmündig sei der Mensch nicht, weil ihm die geistigen Mittel zur Erkenntnis fehlten, sondern weil er diese Mittel nicht gebrauche. Der Philosoph führte aus, dass der Mensch nicht nur das Recht, sondern die Pflicht zum Gebrauch der Vernunft habe, denn nur so könne er sein Mensch-Sein verwirklichen.

Obwohl einige der Philosophen dieser Zeit (wie auch Kant) durchaus christlich argumentierten, richtete sich die neue Denkweise gegen eine rein religiöse Erklärung der Welt. Aufklärer wie der Franzose Voltaire (1694–1778) kämpften gegen den Anspruch der Kirche, ein Wahrheitsmonopol zu besitzen. Historiker bezeichnen diese Entwicklung als Teil einer Säkularisierung. Rationale Erklärungen ersetzten nach und nach religiöse Vorstellungen. Zugleich kämpften die Aufklärer gegen politische Unterdrückung, denn wenn alle Menschen Träger einer allgemeinen menschlichen Vernunft waren, vertrug sich das nicht mit hergebrachten Standesunterschieden.

Die Rolle des Bürgertums und die Öffentlichkeit

Die Aufklärung war kein rein geistiger Prozess, sondern gründete auf gesellschaftlichen Veränderungen. Das Bürgertum in den Städten erlebte seit der Frühen Neuzeit einen wirtschaftlichen Bedeutungszuwachs. Kaufleute hatten Interesse an einer „Berechenbarkeit" ihrer Geschäfte; andere Bürger traten im 16. und 17. Jahrhundert als gebildete Elite in den Dienst von Fürsten und erlebten so einen sozialen Aufstieg. Gemeinsam war diesem gehobenen Bürgertum die Orientierung an individueller Leistung - sei es durch Erwerb von Reichtum oder Bildungsqualifikation. Dieses Bewusstsein widersprach den festgefügten Ständeordnungen und der politischen Einflusslosigkeit.

Aufgeklärte Staatstheorien

Von diesen Entwicklungen wurde auch das Nachdenken über eine gerechte Herrschaft berührt. Wie lässt sich rechtmäßige Herrschaft begründen und ausüben? Solche Fragen auch nur zu stellen schuf zwangsläufig Konflikte mit den absolutistisch regierenden Fürsten. Wegweisend für die aufgeklärten Staatstheoretiker wurde das Werk von John Locke (1632–1704). In seinem Werk „Zwei Abhandlungen über die Regierung" (1689) erklärte er, dass alle Individuen im Naturzustand frei und gleich seien. Sie verfügten über natürliche Rechte auf Leben, Freiheit und Besitz. Die Beziehung zwischen Staat und Individuum wird durch die Vorstellung eines (fiktiven) Gesellschaftsvertrages zwischen Beherrschten und Herrscher vernunftgemäß begründet. Die Menschen übertragen demnach bestimmte Rechte auf das Gemeinwesen. Wenn sich ein Staat oder Herrscher anmaße, die Freiheit der Bürger zu bedrohen, müsse der Vertrag als gebrochen gelten und die Bürger hätten ein Recht auf Widerstand.

Einflussreich wurde auch die Schrift „Vom Geist der Gesetze" (1748) von Charles de Montesquieu (1689–1755). Die Trennung von Exekutive, Legislative und Judikative ist darin ein wichtiges Motiv, das auch schon bei Locke angelegt war. Die Gewaltenteilung soll die Mächtigen in Schranken halten und die Freiheit der Bürger schützen. Montesquieu formulierte so einen Wesenszug der modernen Demokratie.

Volkssouveränität bei Rousseau

Einen Angriff auf alle absolutistischen Herrscher stellte auch eine 1755 erschienene Schrift des Franzosen Jean Jacques Rousseau (1712–1778) dar. Darin heißt es zu Beginn: „Der Mensch ist frei geboren, und überall liegt er in Ketten." In seinem Werk „Vom Gesellschaftsvertrag" begründet er die Volkssouveränität. Bürger schließen einen (fiktiven) Vertrag untereinander und sind für Rousseau somit die alleinigen Träger der Souveränität. Diese kann weder geteilt noch übertragen werden.

Rousseau stammte aus Genf, einer überschaubaren Stadtrepublik. Ihm schwebte eine Art direkte Demokratie vor, in der sich die Stadtbürger ihre Gesetze selbst geben und nur den eigenen Gesetzen unterworfen sind. Dort ist das Volk der einheitliche Souverän und in der Legislative komme der *allgemeine Wille des Volkes* (volonté générale) zum Ausdruck. Rousseau lehnt daher auch die Gewaltenteilung und eine parlamentarische, repräsentative Demokratie ab. Allerdings handelte sich Rousseau den Vorwurf ein, dass seine Ideen auch Unterdrückung rechtfertigen können. Denn die volonté générale dient definitionsgemäß dem öffentlichen Wohl und hat nach Rousseau immer Recht. Das könne zur Unterdrückung von Minderheitspositionen führen.

Q 1

Aufgeklärte Öffentlichkeit

Lesung des Mathematikers und Aufklärers d'Alembert im Salon der Madame Geoffrin in Paris, 1755. In der Mitte steht eine Büste Voltaires. Ausschnitt aus einem Gemälde von A. Charles Lemmonier, 1812

Die Materialien geben Ihnen einen Überblick über die Forschungsgebiete der frühen Aufklärung (Q 2) und gesellschaftsphilosophischen Schlussfolgerungen, die im Zuge der Aufklärung gezogen wurden (Q 3 – Q 6). Als Beispiel für die politischen Herausforderungen, die sich aus der Aufklärung ergaben, bietet sich die vergleichende Analyse von Q 7 und Q 8 an. Dass die Aufklärung nicht nur Gebildete beschäftigte, sondern auch konkrete Auswirkungen auf den Alltag vieler Menschen hatte, kann mithilfe von Q 9 thematisiert werden.

1 Analysieren Sie das Bild Q 2 und identifizieren Sie dabei die abgebildeten Gegenstände. Schließen Sie von den Gegenständen auf die Forschungsgebiete der Akademie.

2 Erläutern Sie, inwiefern diese Forschungsgebiete damals einen Beitrag zu einem neuen Welt- und Menschenbild geleistet haben.

3 Geben Sie wieder, wie Locke Herrschaft und die Notwendigkeit eines Vertrages begründet (Q 3).

4 Listen Sie die Rechte auf, die die „Bill of Rights" (Q 4) garantiert, und erläutern Sie sie kurz in eigenen Worten.

5 Ordnen Sie die Quelle Q 4 in den historischen Zusammenhang ein: Informieren Sie sich dazu im darstellenden Text (S. 33) über den Konflikt zwischen König und Parlament in England.

6 Vergleichen Sie die Positionen Lockes (Q 3), Montesquieus (Q 5) und Rousseaus (Q 6) in Bezug darauf, wie sie die Rechte des Individuums begründen und diese schützen wollen.

7 Schildern Sie die Ereignisse und die Lösungsansätze der Akteure in Hermeskeil (Q 9). Verfassen Sie einen Brief an die Beteiligten, in dem Sie auf der Basis einer aufklärerischen Argumentation die Angelegenheit beurteilen (siehe hierzu den Verfassertext auf den Seiten 80 f.).

8 Begründen Sie, warum ein Aufklärer wie August Schlözer einen Text wie Q8 veröffentlichte.

9 Erläutern Sie die zeitgenössischen Bewertungen der aufgeklärten Öffentlichkeit, die sich in Q 7 und Q 8 ausdrücken.

Q 2

Fortschritte der Wissenschaft

Der französische König Ludwig XIV. (1638–1715) besucht die Akademie der Wissenschaft in Paris, deren Gründung er 1666 veranlasst hatte. Stich von Sébastian Leclerc, 1671 (Ausschnitt)

Q 3

Abhandlung über die Regierung

John Locke (1632–1704) war mit seinem Werk „Zwei Abhandlungen über die Regierung" ein Wegbereiter der aufgeklärten Staatsphilosophie. 1689 veröffentlicht, hat Locke sein Werk vermutlich früher verfasst:

Um politische Gewalt richtig zu verstehen und sie von ihrem Ursprung abzuleiten, müssen wir erwägen, in welchem Zustand sich die Menschen von Natur aus befinden. Es ist ein Zustand vollkommener Freiheit innerhalb der Grenzen des Gesetzes der Natur, ihre Handlungen zu regeln und über ihren Besitz und ihre Persönlichkeit so zu verfügen, wie es ihnen am besten scheint. [...]

Es ist darüber hinaus ein Zustand der Gleichheit, in dem alle Macht und Rechtsprechung wechselseitig sind, da niemand mehr besitzt als ein anderer: Nichts ist einleuchtender, als daß Geschöpfe von gleicher Gattung und von gleichem Rang, die ohne Unterschied zum Genuß derselben Vorteile der Natur und zum Gebrauch derselben Fähigkeiten geboren sind, ohne Unterordnung und Unterwerfung einander gleichgestellt leben sollen. [...]

Jeder Mensch, der mit einem anderen übereinkommt, einen einzigen politischen Körper [einen Staat] unter einer Regierung zu bilden, verpflichtet sich gegenüber jedem Einzelnen dieser Gesellschaft, sich dem Beschluß der Mehrheit zu unterwerfen und sich ihm zu fügen. [...]

Wenn der Mensch im Naturzustand so frei ist, wie gesagt worden ist, [...] warum soll er auf seine Freiheit verzichten? Warum soll er seine Selbstständigkeit aufgeben und sich der Herrschaft und dem Zwang einer anderen Gewalt unterwerfen? Die Antwort darauf liegt auf der Hand: Obwohl er nämlich im Naturzustand ein solches Recht hat, so ist doch die Freude an diesem Recht eher ungewiß, da er fortwährend den Übergriffen anderer ausgesetzt ist. Denn da jeder in gleichem Maße König ist wie er, da alle Menschen gleich sind und der größere Teil von ihnen nicht genau die Billigkeit und Gerechtigkeit beachtet, so ist die Freude an seinem Eigentum, das er in diesem Zustand besitzt, sehr ungewiß und sehr unsicher. Das lässt ihn bereitwillig einen Zustand aufgeben, der bei aller Freiheit voll von Furcht und ständiger Gefahr ist. Und nicht grundlos trachtet er danach und ist dazu bereit, sich mit anderen zu einer Gesellschaft zu verbinden [...] zum gegenseitigen Schutz ihres Lebens, ihrer Freiheiten und ihres Vermögens, was ich unter der allgemeinen Bezeichnung Eigentum zusammenfasse. [...]

Das große Ziel, das Menschen, die in eine Gesellschaft eintreten, vor Augen haben, liegt im friedlichen und sichern Genuß ihres Eigentums, und das große Werkzeug und Mittel dazu sind die Gesetze, die in dieser Gesellschaft erlassen worden sind. So ist das erste und grundlegende positive Gesetz aller Staaten die Begründung der legislativen Gewalt wie das erste und grundlegende natürliche Gesetz, das sogar über der legislativen Gewalt gelten muss, die Erhaltung der Gesellschaft und (soweit es mit dem öffentlichen Wohl vereinbar ist) jeder einzelnen Person in ihr ist.

John Locke: Zwei Abhandlungen über die Regierung. Zit. nach: Norbert Hoerster (Hrsg): Klassische Texte der Staatsphilosophie. dtv, München 1976, S. 133–136.

Q 4

Bill of Rights

Die „Bill of Rights" wurde nach Ende der Glorious Revolution 1689 dem zukünftigen Königspaar zur Annahme vorgelegt:

[...] Die angemaßte Befugnis, Gesetze oder die Ausführung von Gesetzen durch königliche Autorität ohne Zustimmung des Parlaments aufzuheben, ist gesetzwidrig. [...]

Steuern für die Krone oder zum Gebrauch der Krone unter dem Vorwand eines Prärogativs [Vorrechts] ohne Erlaubnis des Parlaments für längere Zeit oder in anderer Weise, als erlaubt und bewilligt wurde, zu erheben, ist gesetzwidrig.

Es ist das Recht des Untertans, dem König Bittschriften einzureichen, und jede Untersuchungshaft sowie Verfolgung wegen solch einer Petition ist gesetzwidrig.

Es ist gegen das Gesetz, es sei denn mit Zustimmung des Parlaments, eine stehende Armee im Königreich in Friedenszeiten aufzustellen oder zu halten.

Den protestantischen Untertanen ist es erlaubt, Waffen zu ihrer Verteidigung gemäß ihrer Stellung und wie es das Gesetz gestattet zu führen.

Die Wahl von Parlamentsmitgliedern soll frei sein. Die Freiheit der Rede und der Debatten und Verhandlungen im Parlament darf von keinem Gerichtshof oder sonstwie außerhalb des Parlaments angefochten oder infrage gestellt werden. [...]

Auch dürfen keine übermäßigen Geldstrafen auferlegt oder grausame und ungewohnte Strafen vollzogen werden. [...]

Um allen Beschwerden abzuhelfen sowie zur Besserung, Stärkung und Erhaltung der Gesetze sollen Parlamentssitzungen häufig gehalten werden. [...]

Im vollen Vertrauen, daß Seine Hoheit der Prinz von Oranien seine diesbezügliche Erklärung erfüllen und sie gegen Verletzung ihrer hiermit zugesicherten Rechte sowie gegen alle sonstigen Angriffe auf ihre Religion, Rechte und Freiheiten schützen wird, beschließen die zu Westminster versammelten geistlichen und weltlichen Lords und Gemeinen, daß Wilhelm und Maria, Prinz und Prinzessin von Oranien, König und Königin von England sein und als solche erklärt werden sollen. [...]

Zit. nach: Wolfgang Lautemann, Manfred Schlenke (Hrsg.): Geschichte in Quellen. Bd. 3: Renaissance. Glaubenskämpfe. Absolutismus. Bearb. v. Fritz Dickmann, bsv, München 1982, S. 495.

Q 5

Vom Geist der Gesetze

Der französische Jurist Baron de Montesquieu (1689–1755) veröffentlichte 1748 das Werk „Vom Geist der Gesetze". In Paris wurde es sofort verboten:

Die politische Freiheit ist nur unter maßvollen Regierungen anzutreffen. Indes besteht sie selbst in maßvollen Staaten nicht immer, sondern nur dann, wenn man die Macht nicht mißbraucht. Eine ewige Erfahrung lehrt jedoch, daß jeder Mensch, der Macht hat, dazu getrieben wird, sie zu mißbrauchen. Er geht immer weiter, bis er an Grenzen stößt. Wer hätte das gedacht: Sogar die Tugend hat Grenzen nötig.

Damit die Macht nicht mißbraucht werden kann, ist es nötig, durch die Anordnung der Dinge zu bewirken, daß die Macht die Macht bremse. […]

Es gibt in jedem Staat drei Arten von Vollmacht: die legislative Befugnis, die exekutive Befugnis in Sachen, die vom Völkerrecht [hier: öffentliches Recht] abhängen, und die exekutive Befugnis in Sachen, die vom Zivilrecht abhängen. […] Diese Letztere soll richterliche Befugnis heißen und die andere schlechtweg exekutive Befugnis des Staates. […] Sobald in ein und derselben Person oder derselben Beamtenschaft die legislative Befugnis mit der exekutiven Befugnis verbunden ist, gibt es keine Freiheit. Es wäre nämlich zu befürchten, dass derselbe Monarch oder derselbe Senat tyrannische Gesetze erließe und dann tyrannisch durchführte. Freiheit gibt es auch nicht, wenn die richterliche Befugnis nicht von der exekutiven Befugnis geschieden wird. Die Macht über Leben und Freiheit der Bürger würde unumschränkt sein, wenn diese mit der legislativen Befugnis gekoppelt wäre, denn der Richter wäre Gesetzgeber. Der Richter hätte die Zwangsgewalt eines Unterdrückers, wenn jene mit der exekutiven Gewalt gekoppelt wäre. Alles wäre verloren, wenn ein und derselbe Mann bzw. die gleiche Körperschaft entweder der Mächtigsten oder der Adligen oder des Volkes folgende drei Machtvollkommenheiten ausübte: Gesetze erlassen, öffentliche Beschlüsse in die Tat umsetzen, Verbrechen und private Streitfälle aburteilen. […]

Charles Louis de Secondat de Montesquieu: Vom Geist der Gesetze. Auswahl von Kurt Weigand, Reclam, Stuttgart 1965, S. 211 - 214.

Q 6

Vom allgemeinen Willen

Der Schriftsteller Jean-Jacques Rousseau (1712–1778) schreibt in seinem Werk „Vom Gesellschaftsvertrag" (1762):

Der Mensch wird frei geboren, und überall ist er in Ketten. […] Die gesellschaftliche Ordnung ist ein geheiligtes Recht, das die Grundlage aller übrigen bildet. Dieses Recht entspringt jedoch keineswegs der Natur; es beruht also auf Verträgen. Es kommt deshalb darauf an, über diese Verträge Klarheit zu schaffen.

Der Stärkste ist nie stark genug, um immer der Herr zu sein, wenn er nicht seine Gewalt in Recht umwandelt und den Gehorsam in Pflicht. […] Gewalt [schafft] kein Recht […] und […] zum Gehorsam [ist man] nur gegenüber den gesetzmäßigen Gewalten verpflichtet. Da kein Mensch eine natürliche Macht über seinesgleichen besitzt und da die Gewalt kein Recht schafft, so bleiben also die Verträge als die Grundlage jeder gesetzmäßigen Macht unter den Menschen. […]

Es geht darum, eine Gesellschaftsform zu finden, die mit der ganzen gemeinsamen Kraft die Person und die Güter jedes Gesellschaftsmitgliedes verteidigt und schützt und durch welche jeder Einzelne, obwohl er sich mit allen verbindet, dennoch nur sich selbst gehorcht und so frei bleibt wie zuvor. Dies ist das Grundproblem, dessen Lösung der „Gesellschaftsvertrag" bietet. […]

Trennt man also von dem Gesellschaftsvertrag alles das ab, was nicht zu seinem Wesen gehört, so findet man, daß er sich folgendermaßen begrenzen läßt: Jeder von uns stellt gemeinschaftlich seine Person und seine ganze Kraft unter die oberste Leitung des allgemeinen Willens, und wir nehmen jedes Mitglied als unteilbaren Teil des Ganzen auf. […]

Damit der Gesellschaftsvertrag keine leere Form bleibt, enthält er stillschweigend jene Verpflichtung, die allein den übrigen Kraft zu verleihen vermag, nämlich die Verpflichtung, daß wer auch immer sich weigert, dem allgemeinen Willen zu gehorchen, von der ganzen Gemeinschaft hierzu gezwungen wird. Das bedeutet nichts anderes, als daß man ihn dazu zwingen wird, frei zu sein. Denn dies ist die Bedingung, die jedem Bürger, dadurch daß sie ihn dem Vaterlande einverleibt, Schutz gegen jede persönliche Abhängigkeit verleiht.

Jean-Jacques Rousseau: Vom Gesellschaftsvertrag. Zit. nach: Peter Hartig, Irmgard A. Hartig: Die Französische Revolution. Klett, Stuttgart 1972, S. 6-9.

Q 7

„Über den Punkt hinaus"?

Ludwig XVI. schrieb am 12.12.1786 einen Brief an seinen ehemaligen Minister C. G. de Malesherbes über die Wirkung der aufgeklärten Öffentlichkeit:

Voltaire, Rousseau, Diderot und ihresgleichen, denen für einen Augenblick meine Bewunderung galt, die ich auch seitdem zu würdigen wußte, haben die Jugend verdorben, die im Rausche liest, und haben die zahlreichste Klasse Menschen verdorben, die ohne Überlegung liest. Ohne Zweifel, mein lieber Malesherbes, erweitert die Freiheit der Presse den Kreis der menschlichen Kenntnisse; ohne Zweifel ist es wünschenswert, daß die Schriftsteller ohne Zustimmung irgendeiner Zensur ihre Gedanken äußern können; aber die Menschen gehen immer dermaßen über den Punkt hinaus, an dem die Weisheit ihnen Halt gebieten müsste, daß es nicht nur einer strengen Polizei der Bücher bedarf, sondern einer rührigen Überwachung der Personen […]. Ich weiß es, jede Inquisition ist gehässig, aber die Zügellosigkeit muß in Schranken gehalten werden, den ohne diese Mittel würden Religion und Sitte bald ihre Macht und die königliche Gewalt den Respekt verlieren, der immer in ihrer Begleitung sein muss. Unsre modernen Philosophen haben die Wohltaten der Freiheit nur darum übertrieben, um die Saat der Empörung geschickter in die Geister zu werfen. Nehmen wir uns in acht, vielleicht kommt der Tag, wo wir uns eine etwas zu große Nachsicht gegen die Philosophen und ihre Meinungen werden zum Vorwurf machen müssen.

Zit. nach: Gustav Landauer: Briefe aus der Französischen Revolution, 2. Bd. Rütten und Loening, Frankfurt/M. 1948, S. 339–341.

Q 8

Vorteil auf Seiten der Wahrheit?

Der französische Philosoph und Politiker Marquis de Condorcet (1743–1794) schrieb 1793 über den Einfluss der öffentlichen Meinung:

Man kannte nun das Mittel, zu den zerstreuten Nationen zu sprechen. Und man sah eine neuartige Tribüne entstehen, von der zwar weniger lebhafte, aber tiefere Eindrücke ausgehen; von der herab man die Leidenschaften weniger tyrannisch beherrscht, doch über die Vernunft eine gewissere und dauerhaftere Macht erlangt; eine Tribüne, bei der aller Vorteil aufseiten der Wahrheit ist, da die dort geübte Kunst an Mitteln der Verführung einzig verlor, was sie an Möglichkeiten der Aufklärung gewann. Eine öffentliche Meinung bildete sich, mächtig durch die Zahl ihrer Anhänger und überaus wirksam durch den gleichzeitigen und sogar sehr weit reichenden Einfluß ihrer Beweggründe. So sah man, wie zugunsten der Vernunft und der Gerechtigkeit ein von jeglicher Macht unabhängiges Tribunal sich erhob, vor dem man schwerlich etwas verbergen und dem man unmöglich sich entziehen kann.

Jean Antoine Nicolas de Caritat Condorcet: Entwurf einer historischen Darstellung der Fortschritte des menschlichen Geistes. Hrsg. v. Wilhelm Alff. Übers. v. Wilhelm Alff u. Hermann Schweppenhäuser. Suhrkamp, Frankfurt/M. 1976, S. 123 f.

Q 9

Blitzableiter oder Donatus
Faksimile einer Seite der „Staatsanzeigen“ 1784, herausgegeben vom Historiker und Staatsrechtler August Ludwig von Schlözer (1735–1809).

Der Heilige Donatus soll um 180 n.Chr. wegen seines christlichen Glaubens hingerichtet worden sein. Die Reliquien kamen 1652 an das Jesuitenkolleg von Münstereifel. Der Legende nach schlug am Tag der Überführung der Blitz in das Dach einer Kirche ein und verletzte einen Priester schwer. Er bat Donatus um Hilfe und wurde angeblich völlig geheilt. Er gilt seither als Wetterheiliger. – Blitzableiter wurden um 1750 erfunden und fanden nach und nach Verbreitung.

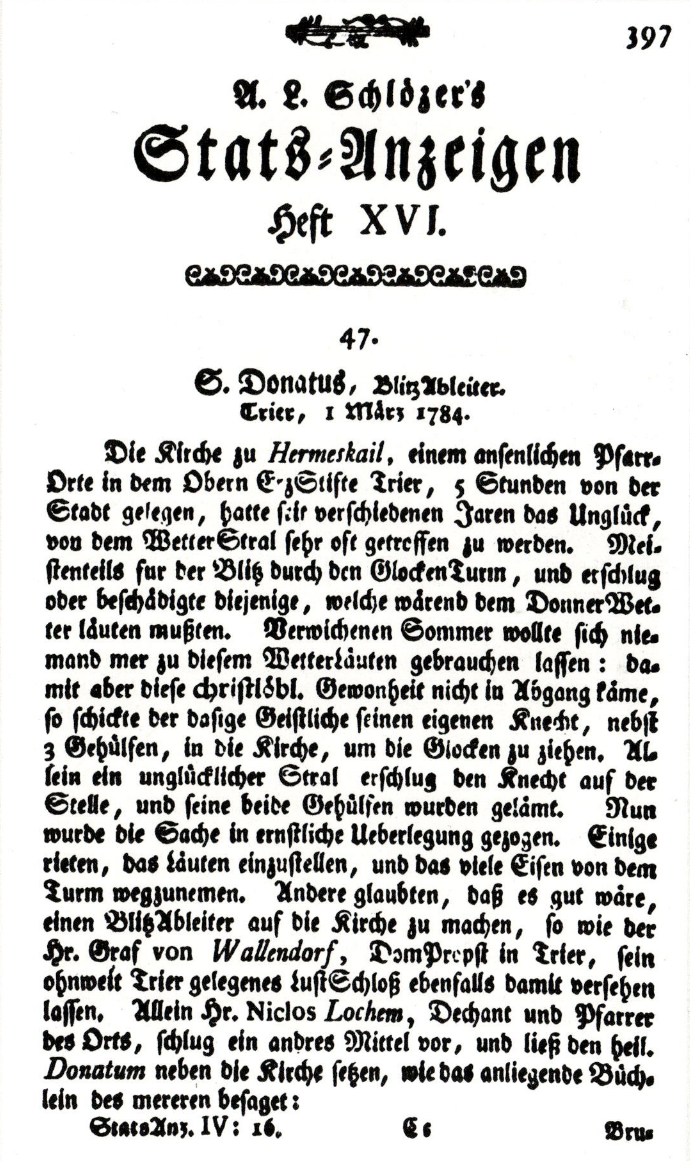
397

A. L. Schlözer's

Stats-Anzeigen

Heft XVI.

47.

S. Donatus, BlitzAbleiter.
Trier, 1 März 1784.

Die Kirche zu *Hermeskail*, einem ansenlichen Pfarr-Orte in dem Obern E-zStifte Trier, 5 Stunden von der Stadt gelegen, hatte seit verschiedenen Jaren das Unglück, von dem WetterStral sehr oft getroffen zu werden. Meistenteils fur der Bliz durch den GlockenTurm, und erschlug oder beschädigte diejenige, welche wärend dem DonnerWetter läuten mußten. Verwichenen Sommer wollte sich niemand mer zu diesem Wetterläuten gebrauchen lassen: damit aber diese christlöbl. Gewonheit nicht in Abgang käme, so schickte der dasige Geistliche seinen eigenen Knecht, nebst 3 Gehülfen, in die Kirche, um die Glocken zu ziehen. Allein ein unglücklicher Stral erschlug den Knecht auf der Stelle, und seine beide Gehülfen wurden gelämt. Nun wurde die Sache in ernstliche Ueberlegung gezogen. Einige rieten, das Läuten einzustellen, und das viele Eisen von dem Turm wegzunemen. Andere glaubten, daß es gut wäre, einen BlitzAbleiter auf die Kirche zu machen, so wie der Hr. Graf von *Wallendorf*, DomPrepst in Trier, sein ohnweit Trier gelegenes LustSchloß ebenfalls damit versehen lassen. Allein Hr. Niclos *Lochem*, Dechant und Pfarrer des Orts, schlug ein andres Mittel vor, und ließ den heil. *Donatum* neben die Kirche setzen, wie das anliegende Büchlein des mereren besaget:

StatsAnz. IV: 16. Cc Bru-

Das Ancien Régime: Krise ohne Ausweg?

Mit dem Begriff Ancien Régime bezeichnet man die „alte Herrschafts- und Gesellschaftsordnung“ vor 1789. Die Frage, wie es zum Zusammenbruch dieser Ordnung kam, beschäftigte schon die Zeitgenossen. Waren der Zusammenbruch und die Revolution unvermeidlich?

Der Verfassertext befasst sich mit den politischen, ökonomischen und gesellschaftlichen Strukturen Frankreichs vor 1789. Davon ausgehend werden Ursachen für die Revolution skizziert.

1 Beschreiben Sie den Aufbau und die Zusammensetzung der französischen Gesellschaft vor 1789 (D 1).
2 Erläutern Sie mithilfe des Verfassertextes folgende These des Historikers Axel Kuhn (1999) zu den Ursachen der Revolution: „In Frankreich führten unzufriedene Massen, eine ökonomisch erstarkte bürgerliche Klasse mit politisch versierten Wortführern und die Zwangslage eines bankrotten Staates zu einer revolutionären Situation, in der der König und seine Berater durch halbherzige und widersprüchliche Reformen die Chance zur evolutionären Veränderung von Staat und Gesellschaft verspielten.“

Die Ständegesellschaft des Ancien Régime

Für heute lebende Menschen, für die die Gleichwertigkeit aller zumindest eine theoretische Selbstverständlichkeit ist, ist es nicht leicht, sich gedanklich in die französische Ständegesellschaft vor 1789 hineinzuversetzen. Die Geistlichen (Klerus) bildeten den ersten Stand, der zweite Stand war der Adel. Die übrige Bevölkerung bildete den „Tiers Etat“ (Dritter Stand). Jeder hatte in dieser Ordnung seinen durch Geburt zugewiesenen Platz. Tatsächlich war die Gesellschaftsordnung zu Beginn der Neuzeit aber immer differenzierter, wandelte sich weiter und geriet in eine Krise.

Auf dem Land, wo 23 der 25 Millionen Franzosen lebten, waren die meisten Menschen Bauern, die das Land von Grundherren pachteten. Sie mussten ihnen dafür Abgaben leisten. Es gab aber noch eine ganze Reihe weiterer „feudaler“ Rechte. Bauern mussten Wege- und Brückengeld zahlen, waren verpflichtet die Mühle, den Backofen oder den Kelter ihres Herrn gegen Gebühren zu nutzen. Die Bauern mussten in der Regel zulassen, dass der Grundherr auf ihren Feldern Tauben halten oder Wild jagen durfte. Für die Bauern entstanden daraus große Probleme, da die Wildschweine und Tauben beträchtlichen Schaden auf den Feldern anrichteten, ohne dass die Bauern dagegen etwas tun durfte.

Grundherren waren aber nicht nur Adlige, sondern auch Angehörige des Bürgertums, die vor der Revolution etwa 30 Prozent des Bodens besaßen. Der Dritte Stand, der rund 98 % der Bevölkerung umfasste, war also keine homogene Gruppe. Das gleiche galt für den ersten Stand, zu dem reiche und einflussreiche, ursprünglich adlige Bischöfe einerseits und andererseits einfache Landpfarrer zählten. Auch der Adel teilte sich in den einflussreichen Hochadel und den Landadel, der oft am Rand des Existenzminimums lebte und sich im Konsumniveau von reicheren Bauern nicht unterschied. Brisant waren verschiedene Privilegien einzelner Stände, vor allem die ungerechte Besteuerung durch den König. Denn die ersten beiden Stände waren weitgehend von der Steuerzahlung befreit.

Das politische System Frankreichs

Die französische Monarchie unter König Ludwig XIV. (1638–1715) gilt als ein herausragendes Beispiel, wie Monarchen in der Frühen Neuzeit ihre Macht erweitern konnten. Die politischen Rechte der Stände – auch des Adels – wurden eingeschränkt: Bis Anfang des 17. Jahrhunderts hatten sich Deputierte aus den drei Ständen von Zeit zu Zeit in Generalständen versammelt, um Entscheidungen der Krone, insbesondere Steuererhöhungen, zu erörtern und ihnen nur gegebenenfalls zuzustimmen. Diese Generalstände rief der König nach 1614 nicht mehr ein, da er ihre Mitsprache in Steuerfragen ablehnte. Aufstände des Hochadels und der Parlamente von Paris (mit Adligen besetzte Gerichtshöfe) gegen ihn ließ er niederschlagen. Der König rief den Hochadel an seinen Hof in Versailles, verpflichtete ihn dort auf ein kostspieliges Leben und hatte ihn so unter direkter Kontrolle.

Als neue Stütze seiner Herrschaft nutzte der Monarch dagegen bürgerliche Fachleute, die anstelle des Adels wichtige Verwaltungs- und Regierungsposten bekleideten.

Vor allem verfügte Ludwig aber über ein großes stehendes Heer, das seinem Oberbefehl unterstand. Im Satz „L' état c'est moi" (Der Staat bin ich) drückt sich sein Herrschaftsverständnis treffend aus. Neben dem *absoluten* Monarchen sollte es keine konkurrierenden Gewalten geben.

In der heutigen historischen Forschung benutzt man den Begriff „Absolutismus" zur Kennzeichnung dieser Staatsform dennoch mit Vorsicht. Die konkrete Herrschaftspraxis zeige, dass Könige in Wirklichkeit oft gar nicht die Mittel hatten, um entfernt von ihrem Herrschaftszentrum ihren Willen durchzusetzen. Der französische Adel in der Provinz bestimmte z. B. weiterhin die Gerichtsbarkeit und war politisch einflussreich.

Politische und wirtschaftliche Problemfelder

In der Regierungszeit Ludwigs XVI. von 1774 bis 1792 zeigte sich immer deutlicher, dass der Adel nicht vollends entmachtet war. Der König verfügte nicht über die politische Autorität seines Vor-Vorgängers. Auch das verschwenderische und kostspielige Hofleben erntete Kritik. Im Wettbewerb mit der Handelsmacht England musste Frankreich Niederlagen hinnehmen und büßte unter anderem die starke Stellung in Nordamerika ein. Im Unabhängigkeitskrieg an der Seite der späteren USA (1778–1783) bekämpfte man England zwar erfolgreich, ruinierte sich damit aber finanziell. Eine nicht vorhergesehene Folge der Beteiligung an diesem Kampf war auch, dass dort Franzosen wie Marquis de Lafayette kämpften und mit neuen Ideen zu Menschenrechten und Demokratie nach Frankreich zurückkehrten.

Frankreich geriet in der zweiten Jahrhunderthälfte aufgrund dieser Entwicklungen in eine Wirtschaftskrise. Die Bevölkerung litt unter der Verteuerung von Lebensmitteln. Missernten 1788 und 1789 verschärften die Situation. Schließlich spitzte sich die Finanzkrise des Staates zu. Die Ausgaben überstiegen die Einnahmen immer mehr und ein Staatsbankrott drohte. Die Hälfte der Staatsausgaben musste für Schuldzinsen aufgebracht werden. Ein weiteres Viertel entfiel auf die laufenden Ausgaben für das Militär.

Eine reformunfähige Monarchie?

Um die finanzielle Lage in den Griff zu bekommen, ließ Ludwig XVI. seine Finanzminister Steuerreformen vorbereiten. Da Ausgabenkürzungen als nicht praktikabel angesehen wurden, sollte der gering belastete Adel nun auch Steuern zahlen. Dieser lehnte das ab, und die Adelsvertretungen wiesen die Reformvorschläge zurück. Der König versuchte ohne Erfolg, sich gegen den Widerstand dieser „Parlamente" durchzusetzen.

1788 forderten regionale Ständeversammlungen die Einberufung von Generalständen, um über die Missstände in der Monarchie zu beraten. Auch wenn sich niemand mehr aus eigener Anschauung an diese Form der Mitbestimmung erinnern konnte, galt sie vielen Franzosen als legitime Vertretung der Nation. Der König stimmte der Einberufung der Generalstände zum 1. Mai 1789 zu, da er darin eine Möglichkeit sah, gegen den Adel Steuererhöhungen durchzusetzen. Doch es entwickelte sich in der Folgezeit eine Dynamik, die aus der wirtschaftlichen und sozialen Krise eine politische Systemkrise machen sollte.

D 1

Die französische Ständegesellschaft zur Zeit Ludwigs XVI.

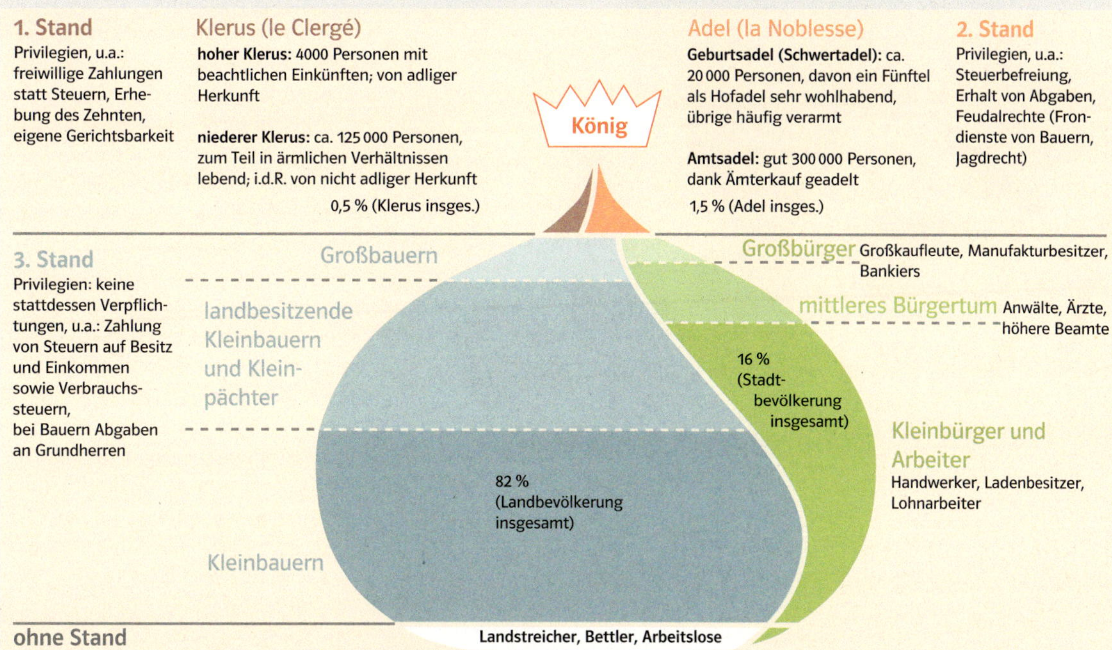

Info: Hintergrundinformation zu Q 1
xt6b5b

Anhand der Quellen können Sie Elemente der sozialen Unzufriedenheit am Vorabend der Revolution erarbeiten. Neben der Bildquelle Q 1 bieten sich dazu die cahiers de doléance (Beschwerdehefte) an, aus denen Q 2 Auszüge enthält. Q 3 ergänzt einen weiteren, außereuropäischen Einflussfaktor.

1 Stellen Sie arbeitsteilig die in Q 2 angeführten Beschwerden zusammen und ordnen Sie Ihr Ergebnis nach sozialen, wirtschaftlichen und politischen Aspekten. Stellen Sie die Ergebnisse im Kurs vor.

2 Interpretieren Sie die Bildquelle Q 1 unter Verwendung der Informationen aus dem Verfassertext und dem Schaubild D 1 (S. 86 f.).

3 Informieren Sie sich auf den Seiten 52 f. und 60 f. über die politische Entwicklung in den USA vor 1789. Erläutern Sie, welche Einflüsse auf die Entwicklung in Frankreich Jefferson in Q 3 anführt. Nehmen Sie Stellung zu weiteren Ursachen der Revolution.

Q 1

„Man muss hoffen, dass dies Spiel bald ein Ende hat“. Karikatur aus dem Jahr 1789, unbekannter Künstler

Q 2

Aus den Beschwerdeheften

Zur Vorbereitung der Versammlung der Generalstände forderte Ludwig XVI. seine Untertanen auf, Beschwerdehefte zu verfassen, um Missstände zu sammeln. Diese „Volksbefragung“ bildet eine wichtige Grundlage zur Analyse der Lage in Frankreich vor 1789.

a) Das Beschwerdeheft der Gemeinde Etrepagny vom 22. März 1789: […]

3. Das Kriminalgerichtsverfahren soll reformiert werden, der Angeklagte soll einen Rechtsbeistand und das Protokoll seines Verhörs bekommen und nach der Verhandlung volle Akteneinsicht nehmen können. […]

6. Alle Richterämter sollen nicht mehr käuflich sein, sie sollen nach Verdienst verliehen werden, nach der Entscheidung der Bürger, die dadurch das Recht bekommen, die Richter des Gebiets zu wählen, in dem sie leben. […]

12. Alle finanziellen Privilegien des geistigen Standes und des Adels sollen abgeschafft werden, so daß alle Franzosen durch eine Geldabgabe und Kopfsteuer den Satz entrichten, der für den Grund und Boden festgesetzt wird, und somit jede Steuer für die drei Stände von Bürgern gleich ist. […]

17. Kein Bürger im Alter zwischen 20 und 30 Jahren soll davon befreit sein, am Losentscheid über die Einberufung zur Miliz teilzunehmen, es sei denn, er hat eine wichtige Stellung in der Gesellschaft oder ist verheiratet. […]

28. Frankreich soll nur ein einziges Recht, ein Gesetz, die gleichen Maße und Gewichte und eine einheitliche Eichabgabe haben. […]

35. Die Generalstände sollen das Recht haben, alle 20 Jahre zu tagen, um Mißstände zu beseitigen und dem Herrscher ihre Vorstellungen zu unterbreiten.

36. In allen Provinzen sollen alle drei Jahre Abgeordnete bestimmt werden, um die Generalstände in kleinerem Rahmen zu repräsentieren; sie sollen sich an dem Ort versammeln, den der Herrscher ihnen zuweist, und jeder Bürger soll diesen Abgeordneten seine Ansichten und Beschwerden vortragen können.

37. Diesen Abgeordneten soll das Recht zugestanden werden, alle Pensionen zu bewilligen oder abzulehnen, die vom Herrscher erbeten werden. […]

Cahiers Gisors, S. 128–131, übers. v. Chris Paschold, Albert Gier, in: Die Französische Revolution. Ein Lesebuch mit zeitgenössischen Berichten und Dokumenten. Reclam, Stuttgart 1989, S. 53–55.

b) Beschwerdeheft der Gemeinde Gerlfangen, März 1789:

1. Unsere Gemeinde muß sich über nichts mehr beklagen und Ihrer Majestät vortragen, als daß wir so sehr von der Verpachtung der Salzsteuer[1] belastet werden, daß die Hälfte unserer Einwohner weder Suppe noch eine Gemüsesuppe in der Woche essen kann wegen des hohen Salzpreises.

2. Unsere Gemeinde ist mehr, als man es beschreiben kann, belastet wegen des Mühlenbanns. Wenn selbst ein armer Mensch noch […] Getreide hat, um Brot zu backen, muß er doch eine gute Meile laufen, um Mehl zu bekommen, und gerade unsere Bannmühle ist nicht in der Lage, uns Mehl bei Trockenheit zu liefern, und wir haben wegen der Mühle viel Vieh verloren, und es ist keine Mühle Ihrer Majestät. […]

4. […] Unsere Gemeinde ist mit Frondiensten belastet insbesondere: jeder Bauer ist verpflichtet, drei Tage mit seinem Gespann für den Kapiteldekan zu pflügen und ebenso für Herren Galheau von Fremersdorf und jeder Arbeiter drei Tage zu Handarbeiten, und wir wissen nicht warum, und darüber hinaus müssen wir so viel Faß Getreide als Pacht für unser Land liefern, so viel Tage während der Ernte Handdienste leisten, und alles für den Kapiteldekan von Trier. Deshalb bitten wir, wenn wir die genannten Frondienste leisten müssen, sie eher Ihrer Majestät als ausländischen Herren zu leisten. Wir bitten Ihre Majestät, uns beizustehen und uns Ihr großes Erbarmen wegen der Forstgerichtsbarkeit zu gewähren, denn wir werden von den grundherrlichen Förstern geplagt, und am stärksten von den Waldhütern Ihrer Majestät! Deshalb bitten wir um Gnade, und wenn Ihre Majestät sie uns gewähren will, bitten wir die Freiheit zu erhalten, unsere Waldhüter selbst einzusetzen, und daß die Waldhüter für unsere Wälder zuständig sind, und wir werden sie selbst bezahlen.

Zit. nach: Johannes Schmitt: Französische Revolution an der Saar. Saarbrücker, Saarbrücken 1989, S. 23 f.[1]

1 Das Eintreiben der Salzsteuer verpachtete der König an Steuerpächter. Sie führten eine gewisse Summe an ihn ab und machten in der Regel großen Gewinn.

Q 3

Einfluss des amerikanischen Unabhängigkeitskrieges

Thomas Jefferson, späterer US-Präsident, schreibt als amerikanischer Botschafter in Paris am 8. Januar 1789 an einen Bekannten:

Da ich von Anfang an hier an Ort und Stelle war und die Entwicklung als neutraler Zuschauer, nur bestimmt von Liebe zur Menschlichkeit, beobachtet habe, will ich Ihnen meine Gedanken darüber vortragen. Wenn auch schon berühmte Schriftsteller aus diesem und auch anderen Ländern gute Grundsätze über das Regierungswesen dargelegt haben, so hat doch wohl zuerst der amerikanische Unabhängigkeitskrieg den denkenden Teil des französischen Volkes aus dem Schlaf des Despotismus, in denen es versunken war, erweckt. Die Offiziere, die in Amerika gekämpft hatten, waren zumeist Männer, die sich durch Gewohnheit und Vorurteil weniger gebunden und aufgeschlossener für die Gebote des gesunden Menschenverstandes und allgemeine Rechte fühlten. Hiervon stark beeinflußt, kehrten sie nach Frankreich zurück. Die Zeitungen, wenn sie auch gefesselt waren, fingen an, diese Gedanken zu verbreiten; auch die Unterhaltung gewann mehr Freiheit. Die Freiheit wurde das Thema aller Gesellschaften, der männlichen wie auch der weiblichen, und es bildete sich eine sehr ausgebreitete und eifrige Partei, die man die Partei der Patrioten nennen könnte. Die Patrioten, die empfindlich waren gegenüber der Mißbrauch treibenden Regierung, sehnten sich nach Gelegenheiten, sie zu reformieren. Diese Partei umfasste alle ehrbaren Leute des Königreichs, die über genügend Muße verfügten um nachzudenken: die Schriftsteller, das wohlhabende Bürgertum, die jungen Adligen […].

Sie werden mich fragen, wohin alles das führen wird. Ich bin der Auffassung, daß die Grundlage des gegenwärtigen Streites die Aufklärung der öffentlichen Meinung über die Rechte des Volkes ist, daß die Franzosen gemäß dem natürlichen Fortschritt der Dinge auf die Errichtung einer Verfassung, die ihnen ein gutes Maß an Freiheit gewährt, vorwärts drängen müssen.

Thomas Jefferson, aus: The Life and Selected Writings of Thomas Jefferson. Ed. by Adrienne Koch. Modern Library, New York 1944, S. 453 f., übers. v. Peter Hartig. Zit. nach: Arnulf Moser, Joachim Rohlfes, Erhard Rumpf: Historisch-politische Weltkunde. Vom Ancien Regime zur modernen Welt. Klett, Stuttgart 1990, S. 56.

1789 – eine oder drei Revolutionen?

Die Revolution im Jahr 1789 markiert für die französische und die europäische Geschichte insgesamt einen Einschnitt. Den revolutionären Prozess kennzeichnen verschiedene Handlungsorte, Schlüsselereignisse, Gruppierungen und Aktionsformen.

Der Verfassertext stellt die politischen Ereignisse des Jahres 1789 dar. Im Mittelpunkt steht dabei die Frage, wie das absolutistische Herrschaftssystem abgeschafft und der Konflikt der Stände entschieden wurden.

1 Recherchieren Sie unter Berücksichtigung der Seiten 16–21 Herkunft und Bedeutungen des Begriffs „Revolution" und erörtern Sie seine Anwendbarkeit für die Ereignisse 1789.

2 Erstellen Sie eine dreispaltige Tabelle mit den drei Handlungsorten: Versailles, Paris, Land. Tragen Sie dann mithilfe des Verfassertextes die Schlüsselereignisse, Trägergruppen und Aktionsformen chronologisch ein.

3 Drei Revolutionen oder doch eine? Nehmen Sie Stellung zu dieser Frage.

Die Umbrüche des Jahres 1789

Viele Historiker identifizieren im Jahr 1789 drei zwar miteinander verbundene, aber unterschiedlich verlaufende revolutionäre Geschehnisse: die Revolution der Abgeordneten in Versailles, die Revolution der Landbevölkerung und die Revolution der Pariser Stadtbevölkerung. Es gab demnach drei unterschiedliche Akteursgruppen und drei Handlungsorte.

Die Verfassungsrevolution in Versailles

Am 5. Mai 1789 eröffnete Ludwig XVI. feierlich vor knapp 1200 Deputierten in Versailles die Versammlung der Generalstände. Die Ordnung des Ancien Régime schien noch stabil zu sein: Nur für die ersten beiden Stände waren Sitzplätze reserviert; die Kleidung des ersten und zweiten Standes sah aufwändige Kostüme mit Rangabzeichen vor; die Abgeordneten des dritten Standes trugen dagegen einen einheitlichen schwarzen Anzug.

Der Auftritt und die Rede des Königs enttäuschten viele Abgeordnete. Vor allem die Vertreter des dritten Standes wollten über politische Mitsprache reden, bevor man über Steuererhöhungen beriet. Dabei stand eine Frage im Zentrum: Wie sollte abgestimmt werden? Im Vorfeld hatte der König dem dritten Stand doppelt so viele Vertreter wie den beiden anderen Ständen zugestanden. Die traditionelle Form der Abstimmung sah jedoch vor, dass jeder Stand eine Stimme hatte. Das lehnte der dritte Stand ab. Denn trotz einiger reformwilliger Abgeordneter des ersten und zweiten Standes hätte dieses Stimmverhältnis kaum Aussichten auf Reformen zugelassen. Die Vertreter des dritten Standes sahen sich als Vertreter der gesamten Nation an. Sie forderten daher eine Abstimmung nach Köpfen. Das hätte eine Mehrheit für Veränderungen ermöglicht, denn eine nicht geringe Zahl der Deputierten des ersten und zweiten Standes signalisierte, nicht ausschließlich standesbezogen abzustimmen.

Der aus dem Kleinbürgertum stammende Geistliche Emmanuel Joseph Sieyès hatte bereits im Januar eine weitverbreitete Schrift veröffentlicht. Darin stellte er eine einfache Frage und lieferte die revolutionäre Antwort gleich mit: „Was ist der Dritte Stand? Alles. Was ist er bisher in der staatlichen Ordnung gewesen? Nichts. Was will er? Etwas darin werden!" Er hatte die bisherige Herrschaftsordnung damit radikal infrage gestellt und den Dritten Stand zur Nation und zum legitimen Souverän erklärt.

Unter Führung von Abbé Sieyès erklärten sich nun die Vertreter des dritten Standes der Generalstände gemeinsam mit ein paar Überläufern aus dem ersten Stand zur Nationalversammlung. Schließlich repräsentierten sie über 90 Prozent der Gesamtbevölkerung. Der Klerus entschied mit knapper Mehrheit (149 zu 137) am 19. Juni 1789, sich dem dritten Stand anzuschließen.

Nun reagierte der König: Er verbot der Versammlung den Zutritt zum Sitzungssaal. Kurzerhand versammelten sich die Deputierten daraufhin in der nahegelegenen Ballsporthalle, wo sie am 20. Juni schworen, sich nicht zu trennen, bis der Staat eine Verfassung habe („Ballhausschwur"). Konsequenterweise wies der Versammlungspräsident Jean-Sylvain Bailly den Befehl des Königs, die Versammlung aufzulösen, zurück: Die versammelte Nation nehme von niemandem Befehle an. Ludwig gab nach und befahl den Zusammenschluss der Stände zur Nationalversammlung.

Die Revolution in Paris und anderen Städten

Die Ereignisse in Paris brachten nun weitere soziale Schichten ins Spiel. Die politische Auseinandersetzung verlagerte sich auf öffentliche Plätze, Straßen und Versammlungsorte wie Salons und Kirchen. Emotionen, Gerüchte und hitzige Debatten und auch Gewalt prägten den weiteren Verlauf.

Wichtig waren die Enttäuschung über die Entlassung des populären königlichen Finanzministers Necker und die Angst, der König würde Truppen zusammenziehen und gewaltsam eingreifen. Redner wie der junge Anwalt Camille Desmoulins warnten davor und riefen die städtische Bevölkerung auf, sich zu bewaffnen. Die Bürger – vor allem Kleinbürger wie Händler, Handwerker und Lohnarbeiter – gründeten eine Bürgerwehr unter Führung des Marquis de Lafayettes, der als General im amerikanischen Unabhängigkeitskrieg gekämpft hatte.

Am 14. Juli stürmten empörte Bürgerinnen und Bürger die Bastille. Das Gebäude, eine alte Torburg, diente als Gefängnis und war nur schwach bewacht. Doch es symbolisierte die alte Ordnung. Die Wachmannschaft wurde massakriert und zehn Gefangene befreit – darunter kein einziger politischer Häftling. Dennoch wurde der „Sturm auf die Bastille" später symbolisch überhöht – der 14. Juli ist heute französischer Nationalfeiertag.

Andere Städte folgten Paris, riefen bewaffnete Milizen ein und übergaben die Leitung der Stadtverwaltung Vertretern des Dritten Standes.

Die antifeudale Revolution auf dem Land

Die Revolution erreichte auch die Bauern. Bereits im Frühjahr lösten sehr hohe Getreidepreise spontane Unruhen aus; Furcht vor angeblich marodierenden Räuberbanden vergrößerte die Bereitschaft der Bauern, sich zu bewaffnen. Gerüchte erregten die Bevölkerung, dass der König Truppen in einigen Regionen zusammenziehe. Die Bauern begannen, Schlösser und Abteien zu belagern und zu stürmen. Ein Ziel war die Zerstörung der Archive, da dort Urkunden lagerten, die wirtschaftliche Pflichten der Bauernschaft belegten.

Die Verschränkung der drei Revolutionen

Die Ereignisse in Paris und auf dem Land beunruhigten die meist wohlhabenden Abgeordneten in Versailles. Viele von ihnen waren selbst Grundbesitzer, und nun sahen sie ihre Interessen als Eigentümer gefährdet. Sie handelten schnell und verzichteten in einer Sitzung am 4./5. August offiziell auf einige ihrer Privilegien und feudalen Rechte. Die Steuerprivilegien des ersten und zweiten Standes entfielen ebenso wie das Jagdrecht und die Ämterkäuflichkeit. Offiziell war dadurch die Feudalordnung abgeschafft. Die genaueren Ausführungsbestimmungen schränkten bald danach aber die befreiende Wirkung ein. So sollten Bauern für einige weggefallene Abgaben Entschädigungen zahlen.

Nicht minder bedeutsam war die Verabschiedung eines zweiten Grundgesetzes durch die Nationalversammlung am 26. August: „Die Erklärung der Rechte des Menschen und des Bürgers". Die Prinzipien der Aufklärung prägten das Dokument: individuelle Freiheitsrechte, Rechtsgleichheit, Souveränität der Nation, Sicherung des Eigentums, Repräsentativverfassung. Die Bürger sollten vor jeder Willkür geschützt werden. Das galt jedoch nicht für alle Menschen: Die Rechte von Frauen, Kolonialsklaven, religiösen Minderheiten wie den meisten Juden und Eigentumslosen blieben weitgehend unberücksichtigt, soziale Fragen spielten in der Erklärung keine Rolle.

Aus Empörung über zu hohe Brotpreise zogen am fünften Oktober 6000–7000 Pariser Marktfrauen nach Versailles. Dort zwangen sie den König, die rechtlichen Veränderungen zu akzeptieren, und setzten seinen Umzug nach Paris durch. Die Nationalversammlung folgte dem König am 12. Oktober nach Paris. Künftig sollten die Nationalversammlung und der König unter dem Schutz, aber auch unter dem Druck der städtischen Massen politisch handeln und entscheiden müssen.

Q 1

Der Ballhausschwur (Ausschnitt)

Kupferstich und Radierung von P.-G. Berthault, Paris 1792; abgedruckt in einer Sammlung von Ereignisstichen „Tableaux historiques de la Révolution français". Das Motiv bezieht sich auf den 20. Juni 1789, als Ludwig XVI. kurzerhand den Sitzungssaal der Nationalversammlung in Versailles schließen ließ. Die Deputierten wichen spontan in die nahe Ballsporthalle aus, wo sie einen Schwur leisteten, sich nicht zu trennen, bis der Staat eine Verfassung habe.

Das Material bietet Ihnen die Möglichkeit, die Forderungen des dritten Standes am Beginn des Jahres 1789 (Q 1) und die revolutionären „Grundgesetze" Q 4 und 5 zu erarbeiten. Die beiden Bildquellen ermöglichen, die jeweilige künstlerische Umsetzung des revolutionären Prozesses zu interpretieren.

1 Analysieren Sie den Argumentationsgang in Q 2 und erläutern Sie, welche konkreten Forderungen der Autor aufstellt. Überprüfen Sie dann mithilfe des Verfassertextes, inwieweit die Forderungen im Jahr 1789 realisiert wurden.

2 Vergleichen Sie die Bildquellen Q 3 und Q 1 auf S. 91 in Hinsicht auf: Wirkung auf den Betrachter, Komposition/Bildaufbau, Perspektive, Bildelemente, Figurendarstellung, Größenverhältnisse, Licht- und Farbwirkung usw.

3 Beurteilen Sie anschließend, welche Sichtweise auf das Ereignis David (Q 3) transportieren wollte und welche politische Funktion diesem Gemälde im Sitzungssaal der Nationalversammlung zugekommen wäre.

4 Erläutern Sie die in Q 4 dekretierten Veränderungen in Bezug auf die „Beschwerdehefte" (S. 88 f.).

5 Erläutern Sie, wie in der (zeitgenössischen) Einleitung von Q 5 die Menschen- und Bürgerrechte begründet werden. Stellen Sie in diesem Zusammenhang auch Bezüge zu Ideen der Aufklärung her.

6 Interpretieren Sie in Kleingruppen die vier Teile des Holzschnitts Q 6. Ordnen Sie den vier Bildern konkrete Ereignisse und Aspekte der französischen Revolution zu.

7 Entwerfen Sie aufbauend auf Aufgabe 6 ein weiteres Motiv und begründen Sie Ihre Wahl.

8 Erläutern Sie die Haltung Königs Ludwig XVI. im Revolutionsjahr 1789. Nutzen Sie Q 7 und den Verfassertext.

Q 2

Was ist der dritte Stand?

Die Schrift des Geistlichen (Abbé) Emmanuel Joseph Sieyès (1748–1836) erschien im Januar 1789. Sie verbreitete sich rasch und hatte mehrere Auflagen. Sieyès wurde Abgeordneter des dritten Standes in den Generalständen, obwohl er selbst als hoher kirchlicher Würdenträger dem ersten Stand angehörte:

Der Plan dieser Schrift ist ganz einfach. Wir haben uns drei Fragen vorzulegen.

1. Was ist der dritte Stand? Alles.
2. Was ist er bis jetzt in der staatlichen Ordnung gewesen? Nichts.
3. Was verlangt er? Etwas darin zu werden. […]

Es genügt nicht, gezeigt zu haben, daß die Privilegierten weit davon entfernt sind, der Nation zu nützen, sondern sie nur schwächen und schädigen. Es muß noch bewiesen werden, daß der Adelsstand sich nicht in den gesellschaftlichen Organismus einfügt, daß er zwar eine Last für die Nation, aber kein Teil von ihr sein kann. […]

Am schlechtesten wäre der Staat geordnet, in dem nicht nur einzelne Privatpersonen, sondern eine ganze Klasse von Bürgern sich eine Ehre daraus machen würden, inmitten der allgemeinen Tätigkeit untätig zu bleiben, und wenn sie den größten Teil der Erzeugnisse verbrauchen dürften, ohne das geringste zu ihrer Erzeugung beigetragen zu haben. Eine solche Klasse gehört wegen ihrer Faulheit wahrlich nicht zur Nation. […]

Ebenso wenig gehört der Adelsstand wegen seiner bürgerlichen und politischen Privilegien in unsere Mitte.

Was ist eine Nation? Ein Körper, dessen Mitglieder unter einem gemeinsamen Gesetz leben und durch eine und dieselbe gesetzgebende Versammlung vertreten sind.

Ist es nicht gewiß, daß der Adelsstand Privilegien, Befreiungen und sogar Rechte besitzt, die von den Rechten der Masse der Bürger losgelöst sind? Dadurch tritt er aus der allgemeinen Ordnung, aus dem allgemeinen Gesetz heraus. Folglich machen ihn schon seine bürgerlichen Rechte zu einem Volk für sich inmitten der Nation. […]

Auch seine politischen Rechte übt er für sich aus. Er hat seine eigenen Vertreter, die keinerlei Vollmacht des Volkes besitzen. Die Körperschaft seiner Abgeordneten hält ihre Sitzung unter sich ab, und wenn sie sich einmal im gleichen Saal mit den Abgeordneten der einfachen Bürgerversammlung versammeln sollte, dann wäre ebenso sicher seine Vertretung dem Wesen nach von ihnen geschieden und getrennt. Sie ist der Nation fremd durch ihr Prinzip, weil ihr Auftrag nicht vom Volk ausgeht, und durch ihren Zweck, weil er nicht in der Verteilung des Gemeininteresses, sondern des Sonderinteresses besteht.

Der dritte Stand umfaßt also alles, was zur Nation gehört. Und alles, was nicht dritter Stand ist, kann sich nicht als Bestandteil der Nationen betrachten. Was also ist der dritte Stand? Alles. […] Daher steht fest, daß der dritte Stand nur dann in den Generalständen vertreten sein und seine Stimme abgeben kann, wenn er wenigsten den gleichen Einfluß wie die Privilegierten bekommt. Er verlangt daher ebenso viele Vertreter wie die beiden anderen Stände zusammen. Die Zahlengleichheit der Vertreter wäre aber vollkommen illusorisch, wenn jede Kammer nur eine Stimme hätte. Der dritte Stand verlangt daher, daß nach Köpfen und nicht nach Ständen abgestimmt wird.

Zit. nach: Rolf Hellmut Foerster, Emmanuel Abbé Sieyès: Abhandlung über die Privilegien. Was ist der dritte Stand? Insel. Frankfurt am Main 1968, S. 55 f., 67 f.

Q 3

„Der Ballhausschwur"

Stichskizze des Malers Jacques Louis David (1748–1825) von 1791, der aus dieser Skizze ein großformatiges Gemälde schaffen wollte. David erhielt im Oktober 1790 dazu einen Auftrag für den Sitzungssaal der Nationalversammlung. Auftraggeber war der Jakobinerclub, der von David wünschte, dass „sein Pinsel seine Vaterlandsliebe erwidern möge". Die weitere politische Entwicklung verhinderte jedoch die Vollendung durch den Maler: Die meisten Akteure auf dem Gemälde galten bald als Verräter der Revolution.

Q 4

Die Abschaffung der Privilegien

Dekret verabschiedet von der Nationalversammlung am 4. August 1789:

Art. 1. Die Nationalversammlung vernichtet das Feudalwesen völlig. Sie dekretiert, daß von den Feudal- wie Grundzinsrechten und -pflichten sowohl jene, die sich aus unveräußerlichem Besitz an Sachen und Menschen und aus persönlicher Leibeigenschaft herleiten, als auch jene, die an ihre Stelle getreten sind, entschädigungslos aufgehoben werden; alle übrigen Lasten werden für ablösbar erklärt, die Summe sowie die Art und Weise der Ablösung wird die Nationalversammlung festlegen. [...]

Art. 2. Das Sonderrecht, Taubenschläge und Taubenhäuser zu halten, wird abgeschafft. Die Tauben werden zu von den Gemeinderäten festgesetzten Zeiten eingesperrt; während dieses Zeitraumes gelten sie als jagdbares Wild, und jeder hat das Recht sie auf seinem Grund und Boden zu töten.

Art. 3. Ebenso wird das Sonderrecht der Jagd und offenen Wildgehege abgeschafft. Jeder Eigentümer hat, jedoch nur auf seinem Grund und Boden, das Recht, jede Art von Wild zu töten oder töten zu lassen [...]. Ebenso werden alle Jägermeistereien, auch die königlichen, und alle Jagdreservate, gleichgültig, unter welchem Titel sie bestehen, aufgelöst. Soweit es sich mit der schuldigen Achtung vor Eigentum und Freiheit vereinbaren läßt, wird für die Erhaltung der privaten Vergnügungen des Königs gesorgt werden. [...]

Art. 4. Jede grundherrliche Rechtsprechung wird entschädigungslos abgeschafft. [...]

Art. 5. Alle – gleichgültig, unter welchem Rechtstitel festgesetzten und erhobenen, auch durch Vorauszahlung abgegoltenen – Zehnten oder dafür eintretenden Grundzinsabgaben, in deren Genuß weltliche oder geistliche Körperschaften, Pfründeninhaber, Kirchenvorstände [...] werden abgeschafft, mit dem Vorbehalt, daß für die Mittel zur Bestreitung der Kosten für Gottesdienst, Unterhalt der Priester, Armenpflege, Reparatur und Wiederaufbau von Kirchen und Pfarrhäusern sowie für alle Einrichtungen, Seminare, Schulen, Kollegiengebäude, Spitäler, Klöster und andere Gebäude zu deren Unterhaltung diese Mittel gegenwärtig bestimmt sind, anderweitig gesorgt wird. [...]

Art. 9. [...] Der Besteuerung sollen alle Bürger und alle Vermögen, nach den gleichen Grundsätzen und in der gleichen Weise, unterliegen. [...]

Art. 17. Die Nationalversammlung erklärt König Ludwig XVI. feierlich zum Wiederhersteller der französischen Freiheit.

Zit. nach: Wolf D. Behschnitt: Die Französische Revolution. Quellen und Darstellungen. In: Politische Bildung, Materialien für den Unterricht. Klett, Stuttgart 1978, S. 53 ff.

Q 5

Die Menschenrechtserklärung

Erklärung der Menschen- und Bürgerrechte durch die Nationalversammlung vom 26. August 1789.

In der Überzeugung, daß die Unkenntnis, das Vergessen oder die Verachtung der Menschenrechte die alleinigen Ursachen der öffentlichen Mißstände und der Verderbtheit der Regierungen sind, haben die in der Nationalversammlung vereinigten Vertreter des französischen Volkes beschlossen, in einer feierlichen Erklärung die natürlichen, unveräußerlichen und geheiligten Menschenrechte darzulegen, damit diese allen Mitgliedern des gesellschaftlichen Verbandes beständig vor Augen stehende Erklärung sie ohne Unterlaß an ihre Rechte und Pflichten erinnert; damit die Handlungen der gesetzgebenden und der ausführenden Gewalt, da sie jeden Augenblick mit dem Zweck jeglicher politischer Einrichtung verglichen werden können, um so mehr geachtet werden; damit sich die Ansprüche der Bürger, die von nun an auf einfache und unbestreitbare Grundsätze gegründet sind, immer auf die Erhaltung der Verfassung und das Glück aller richten. Folglich anerkennt und verkündet die Nationalversammlung in Gegenwart und unter dem Schutze des Allerhöchsten Wesens die folgenden Menschen- und Bürgerrechte:

Art. 1. Die Menschen werden frei und gleich an Rechten geboren und bleiben es. Soziale Unterschiede dürfen nur im gemeinen Nutzen begründet sein.

Art. 2. Der Zweck jeder staatlichen Vereinigung ist die Erhaltung der natürlichen und unveräußerlichen Menschenrechte. Diese Rechte sind Freiheit, Eigentum, Sicherheit und Widerstand gegen Unterdrückung.

Art. 3. Der Ursprung jeder Souveränität ruht letztlich in der Nation. Keine Körperschaften, kein Individuum können eine Gewalt ausüben, die nicht ausdrücklich von ihr ausgeht.

Art. 4. Die Freiheit besteht darin, alles tun zu können, was einem anderen nicht schadet. So hat die Ausübung der natürlichen Rechte eines jeden Menschen nur die Grenzen, die den anderen Gliedern der Gesellschaft den Genuß der gleichen Rechte sichern. Diese Grenzen können allein durch Gesetz festgelegt werden. [...]

Art. 6. Das Gesetz ist der Ausdruck des allgemeinen Willens. Alle Bürger haben das Recht, persönlich oder durch ihre Vertreter an seiner Formung mitzuwirken. Es soll für alle gleich sein, mag es beschützen, mag es bestrafen. Da alle Bürger in seinen Augen gleich sind, sind sie gleicherweise zu allen Würden, Stellungen und Beamtungen nach ihrer Fähigkeit zugelassen ohne einen anderen Unterschied als den ihrer Tugenden und ihrer Talente.

Art. 7. Jeder Mensch kann nur in den durch das Gesetz bestimmten Fällen und in den Formen, die es vorschreibt, angeklagt, verhaftet und gefangen gehalten werden. [...]

Art. 8. Das Gesetz soll nur solche Strafen festsetzen, die offenbar unbedingt notwendig sind. Und niemand kann auf Grund eines Gesetzes bestraft werden, das nicht vor Begehung der Tat erlassen, verkündet und gesetzlich angewandt worden ist.

Art. 9. Da jeder Mensch so lange für unschuldig gehalten wird, bis er für schuldig erklärt worden ist, wenn seine Verhaftung für unumgänglich erachtet wird, muss jede Härte, die nicht notwendig ist, um sich seiner Person zu versichern, durch Gesetz streng vermieden sein.

Art. 10. Niemand soll wegen seiner Meinungen, selbst religiöser Art, beunruhigt werden, solange ihre Äußerungen nicht die durch das Gesetz festgelegte öffentliche Ordnung stört.

Art. 11. Die freie Mitteilung der Gedanken und Meinungen ist eines der kostbarsten Menschenrechte. Jeder Bürger kann also frei schreiben, reden, drucken unter Vorbehalt der Verantwortlichkeit für den Mißbrauch dieser Freiheit in den durch Gesetz bestimmten Fällen. [...]

Art. 16. Eine Gesellschaft, in der die Verbürgung der Rechte nicht gesichert und die Gewaltenteilung nicht festgelegt ist, hat keine Verfassung.

Art. 17. Da das Eigentum ein unverletzliches und heiliges Recht ist, kann es niemandem genommen werden, wenn es nicht die gesetzlich festgelegte, öffentliche Notwendigkeit augenscheinlich erfordert und unter der Bedingung einer gerechten und vorherigen Entschädigung.

Zit. nach: Wolf D. Behschnitt: Die Französische Revolution., Quellen und Darstellungen. In: Politische Bildung, Materialien für den Unterricht. Klett, Stuttgart 1978, S. 31 f.

Info: Hintergrundinformation zu Q 6
xt6b5b

Q 6

„Bilder von Denkwürdigkeiten"
Kolorierter Holzschnitt, verlegt von Jean-Baptiste Letourmi 1790 in Orleans.

Auf dem Schriftband steht in großen Lettern: „Bilder von Denkwürdigkeiten, die sich in der Revolution zugetragen haben, welche Frankreich in den Jahren 89, 90 und 91 erlebt hat."
Solche volkstümlichen Bilderbögen sollten auch für die leseunkundige Bevölkerung anschaulich sein.

Q 7

Die Haltung des Königs

Ludwig XVI. schreibt nach dem 5. August 1789 an den Erzbischof von Arles und kommentiert die neuesten Beschlüsse der Nationalversammlung:

Ich bin mit diesem edlen und großmütigen Schritt der beiden ersten Klassen des Staates zufrieden. Sie haben der allgemeinen Verständigung, ihrem Vaterlande, dem König bedeutende Opfer gebracht. […] Das Opfer ist schön, aber ich kann es nur bewundern; ich werde nie darein willigen, meine Geistlichkeit, meinen Adel um ihr Vermögen zu bringen. Ich werde meine Zustimmung Dekreten verweigern, welche sie berauben würden; sonst würde mich einst das französische Volk der Ungerechtigkeit und der Schwäche bezichtigen. Herr Erzbischof, Sie unterwerfen sich den Dekreten der Vorsehung; ich glaube, mich denselben dadurch zu unterwerfen, daß ich mich diesem Enthusiasmus, der alle Klassen der Gesellschaft ergriffen hat, der aber nur an meiner Seele vorbeistreift, nicht überlasse. Ich werde alles, was nur in meinen Kräften steht, aufbieten, um meinen Klerus, meinen Adel aufrechtzuerhalten. […] Wenn mich Gewalt nötigte, meine Zustimmung zu geben, dann würde ich nachgeben, aber dann würde es auch in Frankreich weder eine Monarchie noch einen Monarchen mehr geben. […] Die Zeiten sind Ernst, ich weiß es, Hochwürden, und vom Himmel bedürfen wir der Erleuchtung. Geruhen Sie, diese zu erflehen, wir werden erhört werden.

Zit. nach: Irmgard Hartig, Paul Hartig (auch Übers.): Die Französische Revolution. Klett, Stuttgart 1984, S. 51.

Wie soll die nachrevolutionäre Ordnung aussehen?

Von 1789 bis 1792 versuchten die Franzosen eine stabile konstitutionelle Monarchie und eine auf dem Gleichheitsgedanken beruhende Gesellschaft zu errichten. Das (vorläufige) Resultat war: 1792 setzte man den König ab, gründete eine Republik, führte Krieg mit dem Ausland – und im Inneren verschärften sich die Konflikte zwischen verschiedenen gesellschaftlichen Gruppen.

Warum führte die Entwicklung nach 1789 nicht zu einer stabilen politischen Ordnung? Antworten auf diese Frage gibt der Verfassertext mit folgenden Schwerpunkten: das Werk der verfassungsgebenden Versammlung; die Spaltung zwischen Nation und König und innerhalb der Gesellschaft; das Wirken der Opposition und des Auslands.

1 Analysieren Sie das Verfassungsschaubild D 1 und beurteilen Sie die Machtverteilung. Erläutern Sie die Umsetzung der Ideen der Aufklärung an diesem Beispiel. Bewerten Sie aus heutiger Sicht diese politische Ordnung und legen Sie Ihre Wertmaßstäbe dar.

2 Erläutern Sie den Wandel der Stellung Ludwigs XVI. von 1789–1792.

Eine neue Ordnung entsteht

1789 nahm die Nationalversammlung die Arbeit auf, um eine Verfassung zu erarbeiten. Am 14. September 1791 leistete der König einen Eid auf diese Verfassung. Frankreich war nun eine konstitutionelle Monarchie mit Gewaltenteilung. Der König war zukünftig an Gesetze gebunden, und Verfassung und Gerichte schränkten seine Macht ein.

Bei der Ausarbeitung der Verfassung entstanden in der Nationalversammlung unterschiedliche Auffassungen. Vor allem zwei Aspekte waren kontrovers.

Sollte das Oberhaupt der Exekutive ein Einspruchsrecht gegen die Beschlüsse der gesetzgebenden Versammlung bekommen? Man einigte sich darauf, dass ein solches Veto nur aufschiebende Wirkung haben sollte.

Die zweite umstrittene Frage betraf das Wahlrecht. Die Mehrheit der Abgeordneten war der Auffassung, dass Wähler die Fähigkeit zu einem politischen Urteil nur dann hätten, wenn sie über ein gewisses Einkommens- und Bildungsniveau verfügten. Daher beschränkten sie das aktive Wahlrecht deutlich, indem sie es an die Zahlung von Steuern knüpften (Zensuswahlrecht). Die Folge war, dass gemäß der Verfassung die politische Macht in den Händen des Besitzbürgertums lag. Auf dieser Grundlage wurde 1791 eine Gesetzgebende Nationalversammlung gewählt.

Auch im wirtschaftlichen Bereich fanden die Interessen wohlhabenderer Bürger stärkere Berücksichtigung als die anderer Angehöriger des Dritten Standes: Zünfte wurden aufgelöst, Beschränkungen für Gewerbetreibende abgeschafft. Während man in dieser Weise die Wirtschaft liberalisierte, hob man verschiedene Beschränkungen für Gesellen und Arbeiter nicht auf, und auch gewerkschaftliche Zusammenschlüsse blieben verboten.

Andere Forderungen der Revolution setzte man uneingeschränkt um. So übten nun Richter und Bürger als Geschworene die Rechtsprechung aus. Die Rechtsprechung war kostenlos.

Eine neue Öffentlichkeit

Nicht nur die Nationalversammlung beeinflusste die politische Diskussion. Zahllose Menschen trafen sich in Salons und Clubs und bildeten bald festere Gruppen – Vorläufer unserer heutigen Parteien. Das politische Spektrum reichte von adligen Anhängern der Monarchie über Konstitutionalisten bis hin zu verschiedenen Ausprägungen von Demokraten. In Paris trafen sich diese Clubs an bestimmten Orten, die ihnen oft den Namen gaben. Demokraten organisierten sich etwa im „Club des Cordeliers", der „Gesellschaft der Freunde der Menschenrechte" oder im Jakobinerclub. Sie alle trugen dazu bei, dass sich eine neue politisierte Öffentlichkeit bildete, die landesweit korrespondierte und eine Fülle von Zeitungen entstehen ließ. Jean-Paul Marat (1743–1793) setzte sich z.B. mit der Zeitschrift „L'Ami du

D 1

Die französische Verfassung von 1791

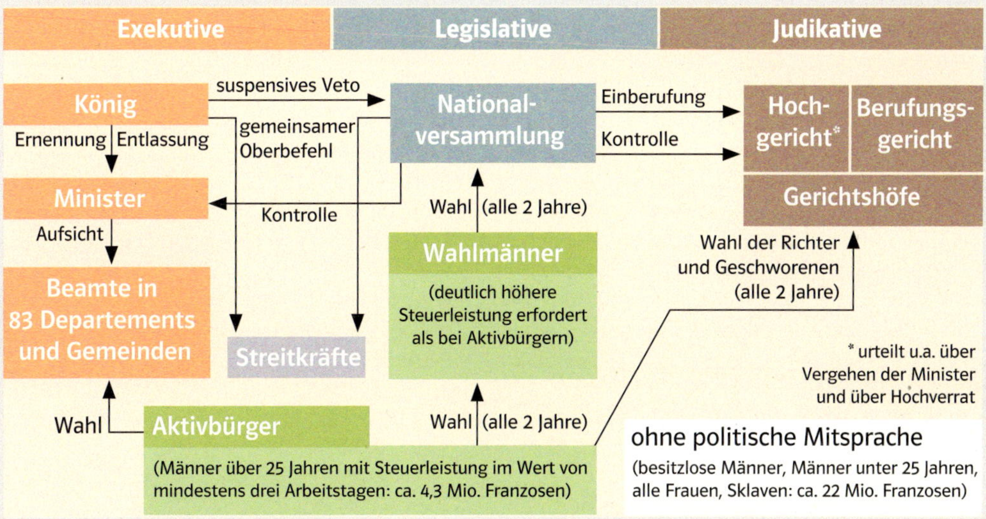

Peuple" („Der Volksfreund") für die städtischen Volksmassen ein. Marat zählte wie auch G. J. Danton (1759–1794) zum Club des Cordeliers – Revolutionäre, denen die bisherige Revolution nicht weit genug ging. Ihre Forderungen nach einer weitergehenden sozialen Revolution verschreckten das Besitzbürgertum.

Die neue, bürgerliche Öffentlichkeit fand sich auch bei Revolutionsfeiern ein. Ein Höhepunkt war das Föderationsfest am 14. Juli 1790 in Paris. 50 000 Angehörige der Bürgerwehr zogen an 300 000 Besuchern und am „Altar des Vaterlandes" vorbei. So zelebrierte man die „wiedergeborene Einheit" der Nation mit ihrem in seiner Macht beschränkten König. Es sollte sich bald zeigen, dass diese neue Harmonie nur oberflächlich und kurzlebig sein würde.

Der Weg in den Krieg

Viele ausländische Fürsten waren durch die Revolution aufgeschreckt worden. Leopold II. (Kaiser des Heiligen Römischen Reiches und Erzherzog von Österreich sowie Bruder der französischen Königin) sprach im Herbst 1791 eine Kriegsdrohung für den Fall aus, dass die alte Ordnung nicht wiederhergestellt werden sollte. Das löste in Frankreich eine Diskussion aus, ob das Land Österreich den Krieg erklären solle. Ludwig XVI. war dem gegenüber positiv eingestellt, denn er erhoffte sich davon, dass eine ausländische Intervention erfolgreich verlaufe und er so die absolute Monarchie wiederherstellen könne. Viele Revolutionäre sprachen sich ebenfalls für den Krieg aus, da man im Falle eines Sieges die Ideale der Revolution verbreiten könne. Nur wenige wie der jakobinische Anwalt Maximilien de Robespierre (1758–1794), ein Anhänger Rousseaus, argumentierten gegen einen Krieg. Am 20.4.1792 erklärte Frankreich schließlich Kaiser Leopold den Krieg. Er sollte ohne große Unterbrechung 23 Jahre dauern.

Das Ende der Monarchie

Der Krieg begann für die französischen Truppen katastrophal. Die französischen Soldaten mit ihren meist unerfahrenen Offizieren unterlagen den österreichischen und den mit ihnen verbündeten preußischen Truppen. Die Niederlagen stachelten jedoch auch einen neuartigen Patriotismus im Land an.

Die drohende Niederlage an der Front und die immer schlechtere Versorgungslage in Paris führten dort zu einer Radikalisierung. Nun kam es zum offenen Aufstand der (ärmeren) städtischen Volksmassen, der Sansculotten. Sie stürmten das königliche Stadtschloss, die Tuilerien, und nahmen den König gefangen. Die Sansculotten übernahmen in der Hauptstadt die Macht. Bis zu 1500 Gefangene wurden innerhalb weniger Tage getötet. Die Sansculotten erzwangen auch die Wahl eines neuen Parlaments, des Nationalkonvents. Es wurde beschlossen, dass nun alle Männer ab 21 Jahren das Wahlrecht. besitzen sollten. Die Wahl fand Anfang September 1792 statt; es beteiligten sich nach heutigen Schätzungen über 11 Prozent der Wahlberechtigten. Das war ein sogar etwas höherer Wert als bei der Wahl 1791, obwohl die Zahl der Wahlberechtigten stark angewachsen war. Am 21./22. September beschloss der neu gewählte Nationalkonvent eine neue Verfassung auszuarbeiten und Frankreich in eine „echte" Republik umzuwandeln.

Die Materialien Q 1–Q 4 ermöglichen es Ihnen, die Entstehung des Krieges und die Ziele der Gegner aus verschiedenen Perspektiven zu rekonstruieren. Auf Grundlage eines zweiten Schwerpunkts im Materialteil können Sie Veränderungen in Frankreich in Bezug auf den Alltag, die Entstehung einer neuartigen Öffentlichkeit und die politische Kultur erarbeiten (D 2, 3, Q 5).

1. Analysieren Sie arbeitsteilig die Argumentation von Q 1 und 2 zum Kriegsausbruch. Stellen Sie sich die Ergebnisse gegenseitig vor und arbeiten Sie Unterschiede in der Argumentation heraus.
2. Analysieren Sie die Abbildung Q 3.
3. Erläutern Sie Inhalt und den historischen Kontext von Q 4 (siehe S. 97) und beurteilen Sie, inwiefern der Text ein Beispiel für eine sachliche und psychologische Fehleinschätzung der Adressaten ist. Berücksichtigen Sie Ihre Ergebnisse zu Aufgabe 2.
4. Bewerten Sie die Intention, politische Ideale mit militärischen Mitteln zu „exportieren" (Q 1, Q 2, Q 4).
5. Historiker wie Rolf Reichardt und Hans-Ulrich Thamer sind der Auffassung, eine der weitreichendsten Neuerungen nach 1789 sei eine neue demokratisch-republikanische Kultur gewesen. Erläutern Sie mithilfe von D 2 und D 3 diese Deutung.
6. Analysieren Sie die Bildquelle Q 5. Benennen Sie Symbole und identifizieren Sie die Personengruppen. Recherchieren Sie deren Bedeutung. Erläutern Sie die Bedeutung derartiger Feste und beschreiben Sie die Motive der Teilnehmer.
7. Lieder spielten in der Revolution eine wichtige Rolle. Recherchieren Sie arbeitsteilig folgende Lieder aus der Revolution: „Ah! Ça ira", „Marseillaise", „Carmagnole". Stellen Sie den Text und die Musik vor. Ordnen Sie die Lieder historischen Ereignissen bzw. Vorgängen zu und interpretieren Sie den jeweiligen Text.

Q 1

Warum der Krieg nötig ist

Rede Jacques Brissots im Jakobinerclub, 16.12.1791:

Die Frage, die einer Prüfung unterzogen werden muß, ist die, ob wir die deutschen Fürsten, die den [französischen] Emigranten Hilfe leisten, angreifen sollen oder ob wir ihre Invasion abwarten müssen. […] Die Kraft der Überlegung und der Tatsachen hat mich davon überzeugt, daß ein Volk, das nach zehn Jahrhunderten der Sklaverei die Freiheit errungen hat, Krieg führen muß. Es muß Krieg führen, um die Freiheit auf unerschütterliche Grundlagen zu stellen; es muß Krieg führen, um die Freiheit von den Lasten des Despotismus reinzuwaschen; und es muß schließlich Krieg führen, um auf seinem Schoß jene Männer zu entfernen, die die Freiheit verderben könnten. […]

In den letzten zwei Jahren hat Frankreich alle gütlichen Mittel ausgeschöpft, um die Rebellen in seinen Schoß zurückzuführen. Alle Versuche, alle Aufforderungen sind fruchtlos gewesen; sie setzen ihren Aufruhr fort. Die fremden Fürsten halten beharrlich daran fest, sie zu unterstützen. Dürfen wir noch zögern, sie anzugreifen? Unsere Ehre, unser öffentliches Ansehen, die Notwendigkeit, unsere Revolution auf unerschütterliche Grundlagen zu stellen und sie mit besseren Sitten zu versehen, alles das schreibt uns das Gesetz vor. Wäre Frankreich nicht entehrt, wenn es nach Vollendung seiner Verfassung eine Handvoll Verschwörer duldete, die seiner Regierung Hohn sprechen? […]

Welches Ergebnis wird dieser Krieg haben? Er […] muß uns rächen, indem wir diese Räuberbande austilgen, oder wir werden es uns gefallen lassen müssen, die Spaltungen, Verschwörungen und Verwüstungen fortdauern und die Unverschämtheit unserer Aristokraten mehr denn je ausufern zu sehen. Sie bauen auf die Armee in Koblenz, und [… wenn] ihr mit einem einzigen Streich die Aristokratie, die eidverweigernden Priester und die Missvergnügten austilgen wollt, dann müßt ihr Koblenz in Schutt und Asche legen. Das Oberhaupt der Nation wird dann genötigt sein, gemäß der Verfassung zu regieren, sein Heil nur in seiner Verfassungstreue zu erblicken und sein Verhalten einzig und allein nach ihr auszurichten.

Jacques Brissot, zit. nach: Walter Markov (Hrsg.): Revolution im Zeugenstand. Frankreich 1789–1799. Bd. 2. übers. v. Bernd Jeschonnek, Reclam, Leipzig 1982. S. 129–131.

Q 2

Die Risiken eines Krieges

Rede Maximilien de Robespierres (1758–1794) im Jakobinerclub, 2.1.1792:

Sie haben selbst zugegeben, daß der Krieg den Emigranten gefiele, daß er dem Ministerium gefiele, den Ränkeschmieden des Hofes, jener starken Fraktion, deren allzu bekannte Führer seit langem alle Schritte der Regierung lenken. […] Trotzdem, Sie nehmen zunächst die Last einer Eroberung Deutschlands auf sich; Sie führen (so hoffen Sie) unser siegreiches Herr zu allen benachbarten Völkern; Sie richten überall Gemeindeverwaltungen ein, Direktorien, Nationalversammlungen, und Sie rufen selber aus, daß dies ein stolzer Gedanke sei – als wenn das Schicksal der Reiche von unseren Redewendungen geregelt würde. Unsere von Ihnen geleiteten Generäle sind nur die Sendboten der Verfassung, (sagen Sie), unser Heerlager nur eine Schule des Staatsrechts; die Satelliten der fremden Monarchien, weit entfernt davon, die Durchführung dieses Plans zu behindern, fliegen auf uns zu, aber nicht um uns zurückzutreiben, sondern um uns willig anzuhören. Leider werden diese herrlichen Weissagungen von der Wahrheit und dem gesunden Menschenverstand widerlegt; in der Natur der Dinge liegt es, daß die Vernunft auf ihrem Vormarsch nur langsam Boden gewinnt. Die lasterhafte Regierung findet im Vorurteil, in der Gewohnheit, in der Erziehung der Völker eine gewaltige Stütze. Der Despotismus gar verdirbt die Gesinnung der Menschen, bis es ihm gelingt, ihre Verehrung zu erlangen und die Freiheit beim ersten Anlass verdächtig und schreckensvoll zu machen. Niemand liebt Sendboten in Waffen; und das Erste, was Natur und Klugheit gebieten, ist, sie als Feinde zurückzutreiben. Eine solche Invasion, wie ich sagte, könnte viel eher die Erinnerung an die Verwüstung der Pfalz [durch Ludwig XIV. 1688] und die der letzten Kriege wachrufen, als daß sie konstitutionelle Ideen zum Keimen brächte; denn die Masse des Volkes in diesen Landstrichen kennt jene Ereignisse besser als unsere Verfassung. Die Berichte aufgeklärter gut informierter Menschen widerlegen alles, was man uns von der Glut erzählt, mit der sie (angeblich) nach unserer Verfassung und unserer Armee schmachten. [...]

Maximilien de Robespierre. zit. nach: Walter Markov (Hrsg.): Revolution im Zeugenstand. Frankreich 1789–1799, Bd. 2. übers. v. Bernd Jeschonnek, Reclam, Leipzig 1982. S. 200–202.

Q 3

Demütigung des Königs

Am 20.6.1792 drangen tausend Pariser Vorstadtbewohner ins Tuilerienschloss ein. Sie hielten Ludwig XVI. stundenlang gefangen und zwangen ihn, die Jakobinermütze aufzusetzen und auf ihr Wohl zu trinken. Die Revolutionäre gehörten zu den Sansculotten. Sie forderten vom König die Rücknahme seines Vetos zugunsten der adligen Emigranten und derjenigen Priester, die den Eid auf die Verfassung verweigerten. Anonyme Radierung 1792/93.

Q 4

Aufruf der antirevolutionären Koalition

Manifest des Herzogs von Braunschweig (1780–1806), Oberbefehlshaber der österreich-preußischen Koalitionstruppen.
Vom 19. bis 21. Juli 1792 wurde in Mainz ein Fürstentag abgehalten, an dem neben Kaiser Franz II. und König Friedrich Wilhelm II. von Preußen zahlreiche weitere deutsche Fürsten und Diplomaten teilnahmen. Der im Gefolge des preußischen Königs anwesende Herzog von Braunschweig stellte den Herrschern dort das Manifest vor, das dann gemeinsam beschlossen wurde. Es wurde schnell in weiten Teilen Frankreichs bekannt und trug zu einer Radikalisierung der französischen Bevölkerung bei.

Überzeugt, daß der gesunde Teil der französischen Nation die Ausschweifungen der herrschenden Partei verabscheut, und daß der größere Teil der Bewohner mit Ungeduld den Augenblick der Hilfe erwartet, um sich offen gegen die verhaßten Unternehmungen seiner Unterdrücker zu erklären, ermahnen Ihre Majestäten dieselben, ohne Verzug auf den Weg der Vernunft, der Gerechtigkeit, der Ordnung und des Frieden zurückzukehren. Im Hinblick darauf erklärt der Unterzeichnete, Oberbefehlshaber der verbündeten Heere, Folgendes:

1. daß die beiden verbündeten Höfe durch zwingende Gründe zu dem gegenwärtigen Kriege bewogen wurden, mit ihm jedoch nur das Heil Frankreichs beabsichtigen und sich keineswegs durch Eroberungen bereichern wollen;

2. daß sie nicht die Absicht hegen, sich in die innere Regierung Frankreichs zu mischen; sondern lediglich den König, die Königin und die königliche Familie aus der Gefangenschaft befreien und Seiner Allerchristlichsten Majestät die Mittel verschaffen wollen, ohne Gefahr und Hindernis die Einberufungen vorzunehmen, die sie für notwendig erachten sollte, um für das Wohl ihres Volkes [...] zu arbeiten; [...]

8. Die Stadt Paris und alle ihre Bewohner ohne Unterschied haben die Pflicht und Schuldigkeit, sich sogleich ihrem König zu unterwerfen, ihn in volle Freiheit zu setzen und ihm mit allen Mitgliedern seiner Familie die Unverletzlichkeit und die Achtung zu versichern, auf die nach dem Vernunft- und Völkerrechte die Fürsten gegenüber von ihren Untertanen Anspruch zu machen haben. [...] Ihre Majestä-

ten erklären ferner auf Ihr kaiserliches und königliches Ehrenwort, daß, wenn das Schloss der Tuilerien gestürmt oder sonst verletzt, wenn die mindeste Beleidigung dem König, der Königin und der ganzen königlichen Familie zugefügt, wenn nicht unmittelbar für ihre Sicherheit, ihr Leben und ihre Freiheit gesorgt wird, sie eine beispiellose und für alle Zeiten denkwürdige Rache nehmen und die Stadt Paris einer militärischen Exekution und einem gänzlichen Ruine preisgeben, die Verbrecher selbst aber dem verdienten Tode überliefern werden. […]

Manifest des Herzogs von Braunschweig, zit. nach: Walter Markov (Hrsg.): Revolution im Zeugenstand. Frankreich 1789–1799. Bd. 2. übers. v. Bernd Jeschonnek, Reclam, Leipzig 1982. S. 155–156.

D 2

Eine neue demokratische Kultur

Der Historiker Rolf Reichardt schreibt 1988:

Je länger und nachdenklicher man die Quellen befragt, welche Kraft die Französische Revolution denn eigentlich vorantrieb, worin deren frappierende Selbstläufigkeit und Prozeßhaftigkeit bestand, umso deutlicher erkennt man, daß selbst Schlüsselereignisse wie die Einnahme der Bastille, der Tuileriensturm, das Abschlachten der Gegenrevolutionäre in der Vendée […] letztlich Oberflächenerscheinungen waren. Was […] sie auffordernd, kommentierend, rechtfertigend wie selbstverständlich begleitete, […] das waren zum einen politische Grundsatzerklärung, Parolen, Leitbegriffe und Symbole, […] zum anderen sie tragende oder bekämpfende politische Gruppierungen. […]

Läßt man sich erst einmal auf diese Perspektive ein, wird eine damals neuartige, originäre politische Kultur in der Phase ihrer ersten praktischen Erprobung und Entwicklung sichtbar. Wie einige Revolutionäre selbst erkannten, handelt es sich um nicht weniger als um das erste, modellhafte Experiment der „Demokratie" im modernen Sinne. […]

Was diese demokratische Kultur kennzeichnet, ist hauptsächlich zweierlei: Zum einen eine permanente, sehr grundsätzliche […] öffentliche Debatte um die aktuelle Politik, ihre Recht- und Zweckmäßigkeit: im damaligen Verständnis eine freie Diskussion aufgeklärter Privatleute, aus deren Meinungswettstreit die „Wahrheit" von

Q 5

Revolutionäres Fest
Gemälde von P. E. Lesueur, um 1790, 92 x 64 cm

Text im Bild: „In der Begeisterung über diese Freiheit, welche man erhalten zu haben glaubte, fasste man den Plan, Bäume zu pflanzen, um das Gedächtnis zu bewahren. Man verwirklichte das in jeder Sektion mit großem Aufwand. Die Nationalgarden begleiteten den Bürgermeister und eine Blasmusik umrahmte dieses bemerkenswerte Fest."

selbst als Siegerin hervorgehen würde. Um sich gegen die historisch und juristisch argumentierenden Reform- und Revolutionsgegner durchzusetzen, ging der revolutionäre Diskurs von naturrechtlichen [...] Grundsätzen aus. [...], es konnte nur eine wahre Meinung, nur eine wahre Politik zum Wohle des Volkes geben, alles Konkurrierende, Widersprechende war notwendig entweder in Vorurteilen befangen oder „konterrevolutionär". [...]

Zum anderen bestand die demokratische Kultur der französischen Revolution in einer neuartigen Öffentlichkeit und ihren Kommunikationssystem: einem Netzwerk von Versammlungen Clubs, von Zeitungen, Flugschriften, Bildflugblättern, Liedern und anderen Medien der Informationsvermittlung und Meinungsbildung, das es in dieser Dichte, Intensität und Aktualität zuvor nicht gegeben hatte. Es bildete den Resonanzboden jener permanenten politischen Diskussion und vermittelte diese an breite, traditionell eher unpolitische soziale Gruppen. Indem es in Hauptstadt und Provinz Teile der klein- und unterbürgerlichen Schichten politisierte und mobilisierte, verschaffte es der Revolution erst ihre Massenbasis bis hin zu Gruppen, die noch ganz oder halbe Analphabeten waren.

Rolf Reichardt: Die städtische Revolution als kultureller Prozess. In: Rolf Reichardt (Hrsg.): Die Französische Revolution. Ploetz, Freiburg 1988, S. 28 f.

D 3

Eine Kulturrevolution?

Der Historiker Hans-Ulrich Thamer zur Revolution als Kulturrevolution, 2004:

Die tiefgreifendste Veränderung des Alltagslebens brachte die Revolution zweifelsohne im Bereich der Bestimmung von Zeit, Maß und Gewicht. Mit dem Revolutionskalender wurde der Anspruch der Revolution, eine neue Zeit zu begründen und alle Lebensformen der christlichen Tradition abzustreifen, sichtbar und alltäglich erfahrbar gemacht. Im September 1792 sollte ein neuer Anfang gemacht werden. Man befand sich ab sofort im Jahr I der französischen Republik. Das Jahr begann mit dem 22. September, es zerfiel in 12 Monate zu je 30 Tagen. [...] Jeder Monat hatte drei Wochen zu 10 Tagen, der letzte Tag der Dekade war Ruhetag. Es gab also weniger Sonntage. Die Monatsnamen wurden entmythologisiert und erhielten natürliche, meistens naturmetaphorische Bezeichnungen wie Vendémiaire (Weinlesemonat = 1. Monat). [...]

Besonders die Verschiebung der Sonn- und Feiertage griff tief in das Brauchtum ein. [...] Es war darum schwer, den neuen Kalender durchzusetzen, und völlig aussichtslos war dies auf dem Lande. Viele datierten Briefe und Schriftstücke doppelt, und die Erleichterung war groß, als 1802 die Dekaden und danach (1805) unter Napoleon der gesamte Revolutionskalender aufgegeben wurden. [...]

Zu den wichtigsten Veränderungen im öffentlichen Leben zählten politische Versammlungen und Partizipationsmöglichkeiten. Dazu gehörten die Versammlung im Distrikt bei der Wahl zu den Generalständen [... 1789]. Das neue Wahlrecht, das von der Konstituante (der verfassungsgebenden Versammlung) eingeführt wurde, verlängerte diese Praxis und machte sie zum Regelfall. [...]

Die Französische Revolution war zudem eine Medienrevolution. Die Vielfalt und die soziale Breitenwirkung der Presse, aber auch ihre größte Aktualität und Aggressivität waren eine neue Erscheinung im öffentlichen Leben; im Unterschied zum Ancien Régime erschienen die Zeitungen häufiger, also in der Regel wöchentlich und nicht mehr monatlich. Sie waren darum aktueller und steigerten ihre Auflage während der Revolutionszeit. [...] Die Presse war *das* Medium der Revolution mit herausragender Bedeutung für Information und Kommunikation. Vor allem waren die neuen Blätter viel politischer als ihre vorrevolutionären Vorläufer. Sie waren von großer Bedeutung für die Politisierung der Öffentlichkeit und spiegelten das politische Meinungsspektrum. [...]

Ein multimediales Ereignis von politisch und propagandistisch herausgehobener Bedeutung waren die Revolutionsfeste, die in Erinnerung an Empfehlungen von Rousseau gleichsam den emotionalen Kitt für den Zusammenhalt der neuen Ordnung und für die Begründung der neuen Gesellschaft liefern sollten. [...] Im August 1789 wurden die Sieger der Bastille gefeiert – ein Fest verbunden mit einer Fahnenweihe. Ein Jahr später erlebten Paris und Europa das erste große Revolutionsfest zur Erinnerung an den 14. Juli 1789, das zum Fest der nationalen Einheit und durch die Teilnahme von Delegationen aus den Departements[1] zum Gründungsfest der föderierten Nationen werden sollte. [...] Vertreter aller Stände waren beteiligt, kirchliche und monarchische Elemente wurden mit neuen politischen Inhalten versehen: der Altar des Vaterlandes, die Eidleistung auf die Nation, die festliche Kleidung, geschmückt mit den unvermeidlichen Kokarden der Bürgergesellschaft. Dazu die Nationalgarde als Garant der bürgerlichen Ordnung und die Bürger bewaffnet mit Piken, die zu einem Attribut der Sansculotten werden sollten. Bald kam die Trikolore als nationales Symbol hinzu, ebenso die Freiheitsgöttin mit phrygischer Mütze, die man auf den ersten Zeichnungen in Pariser Salons Ende 1789 entdecken konnte. [...] Die Absicht war eindeutig: Die Feste dienten der Selbstdarstellung der Revolutionen, ihres neuen Wertesystems, bestimmt von den abstrakten Prinzipien der Freiheit, der Nation und der Verfassung, die sinnlich erfahrbar und kommunizierbar gemacht werden mussten.

Hans-Ulrich Thamer: Die Französische Revolution. 2. Aufl. Beck, München 2006, S. 93–103.

1 1789/90 ordnete die Nationalversammlung die Verwaltung revolutionär neu: Frankreich wurde statt in die hergebrachten adligen Herrschaften in 81 ähnlich große Verwaltungseinheiten aufgeteilt.

Revolutionäre Prozesse in der Republik 1792–1799

Nach 1792 setzte in Frankreich eine Radikalisierung ein. Es begann ein Krieg gegen die führenden Mächte Europas, der viele Jahre dauern sollte, und im Inneren des Landes prägten ein Bürgerkrieg und die sogenannte Schreckensherrschaft von 1793–1794 die Entwicklung.

Der Verfassertext stellt drei Leitfragen in den Mittelpunkt: Wie radikalisierte sich die Revolution? Warum eskalierte die Situation in eine Gewaltherrschaft? Was führte zur Konsolidierung der Republik von 1794–1799?

1 Erläutern Sie die Ursachen für die Radikalisierung der Revolution.
2 Beschreiben Sie mithilfe des Textes und anhand von D 1 die politisch-militärische Lage im Sommer 1793.
3 Stellen Sie in einem Schaubild die Phasen der Revolution von 1789–1799 dar.

Spaltung der Revolutionäre im Nationalkonvent

Der neu zusammengesetzte Nationalkonvent beschloss in seiner ersten Sitzung im September 1792 die Ausarbeitung einer republikanischen Verfassung. Befürworter der Monarchie gab es dort nicht mehr; die Verfassung von 1791 war überholt. Auf dieser Grundlage entwickelten sich weitreichende politische Konflikte zwischen neu entstehenden „Parteien" im Konvent.

Ein gemäßigter Teil aus dem Jakobinerclub wurde *Girondisten* (nach einer Landschaft in Südwestfrankreich) genannt. Sie vertraten Kaufleute und Unternehmer, traten für den Schutz des Eigentums ein und widersetzten sich der politischen Einbeziehung der besitzlosen Volksmassen. Ihnen standen radikale Jakobiner um Maximilien Robespierre, Georges Danton und Louis Antoine de Saint-Just entgegen. Diese organisierten sich in der *Bergpartei (Montagnards)* und vertraten die Interessen des mittleren Bürgertums, vor allem von Handwerkern und kleinen Geschäftsleuten. Zwischen beiden Lagern im Konvent befand sich eine vorerst unentschlossene Mehrheit.

Die unterschiedlichen Positionen machte der Prozess gegen König Ludwig XVI. offensichtlich. Sowohl Girondisten als auch die Bergpartei unterstützten eine Anklage wegen Hochverrats, nachdem Briefe öffentlich geworden waren, die Ludwigs Korrespondenz mit feindlichen Mächten belegten. Allerdings strebten die Girondisten nicht die Hinrichtung des Königs an. Die Abstimmung im Konvent gewannen die Montagnards mit einer Stimme Mehrheit: Zwei Tage später, am 21.1.1793, wurde König Ludwig XVI., nun Bürger Louis Capet genannt, öffentlich hingerichtet. Seine Frau Marie Antoinette folgte ihm am 16.10.1793 auf die Guillotine. Bald sollten etwa 50 000 Menschen der Guillotine zum Opfer fallen.

Krieg und Bürgerkrieg

Nach der Hinrichtung des Königs traten Großbritannien, Spanien und die Niederlande im Februar 1793 in den Krieg gegen das revolutionäre Frankreich ein. Der französischen Armee gelang dennoch die Eroberung Belgiens und des Rheinlands. Den dortigen Einwohnern versprach der Konvent Hilfe gegen die alten Herrscher. Die Errungenschaften der Revolution sollten allen bis dahin unterdrückten Menschen zugutekommen – so die Befreiungsrhetorik. Bedeutete das aber, dass die „befreiten" Gebiete dem neuen französischen Nationalstaat einverleibt werden sollten?

Nach und nach kam der französische Vormarsch zum Erliegen. Im März 1793 wurden daher weitere 300 000 Männer zur Armee einberufen. Die allgemeine Volksbewaffnung, eine Art von Wehrdienst, nannte man „levée en masse". Diese Aushebungen und die Hinrichtung des Königs führten zu Aufständen gegen die Revolutionsregierung im Inneren Frankreichs. Der Bürgerkrieg sollte etwa 200 000 Tote auf beiden Seiten fordern.

Machtkampf – Girondisten, Sansculotten, Montagnards

Der Krieg und der Bürgerkrieg führten zu einem rasanten Anstieg der Lebensmittelpreise. Radikale Gruppen von Sansculotten in Paris forderten daher die Regulierung von Preisen. Sie verstanden unter Égalité (Gleichheit) spürbare soziale Fortschritte, nicht nur ein abstraktes Bürgerrecht. Ihre tiefgreifenden sozial-ökonomischen Forderungen stellten die Eigentumsordnung in Frage. Die Girondisten lehnten solche Forderungen ab. Sie befürworteten eine weitgehend ungeregelte Wirtschaft.

Diese Konflikte trieben den Machtkampf zwischen Girondisten und der Bergpartei ihrem Höhepunkt zu. Unter der Führung Robespierres stützten sich die Montagnards zunehmend auf die städtischen Unterschichten in Paris, die Sansculotten. Robespierre gelang es im Juli 1793, die Girondisten mithilfe der Sansculotten zu stürzen. 29 girondistische Abgeordnete des Konvents wurden verhaftet und ihre Führung im Herbst hingerichtet. Sansculotten und Montagnards hatten gesiegt.

„La Terreur" – Herrschaft des Wohlfahrtsausschusses

Bereits am 6.4.1793 hatte der Konvent einen „Wohlfahrtsausschuss" eingerichtet. Der Ausschuss nannte sich selbst „Revolutionsregierung". Der Wohlfahrtsausschuss bestand aus neun Mitgliedern, die der Konvent monatlich wählte und die diktatorische Vollmachten erhielten. Daraus entwickelte sich eine Gewaltherrschaft unter Einfluss Robespierres. Die Sansculotten konnten nun einige ihrer Vorstellungen von *Égalité* durchsetzen: Der Konvent setzte Höchstpreise fest, um das Ansteigen der Brotpreise zu verhindern. Für „Wucherer" führte er die Todesstrafe ein. Im Alltag herrschte angewandter staatlicher Terror.

Ab September 1793 ermöglichte ein „Gesetz gegen die Verdächtigen" Hinrichtungen ohne Strafverfahren. Angebliche „Feinde des Volkes" wurden nun in Schnellverfahren vor Revolutionstribunalen abgeurteilt. Anhörungen eines Verteidigers oder selbst von Zeugen wurden abgeschafft. Schätzungen gehen von etwa 40 000 Opfern aus, die oft aufgrund von Denunziation vor Gericht gekommen waren. Davon entstammten 84 Prozent dem ehemaligen dritten Stand (ehem. Adel 8,25 %; Geistliche 6,5 %; Bauern 28 %; Bürger 24,5 %, Sansculotten 31,25 %). Schließlich gerieten auch die Mitglieder des Konvents selbst in Gefahr. Sogar führende Jakobiner und enge Weggefährten Robespierres wie Danton wurden verurteilt und guillotiniert. Robespierre legitimierte den Terror: Dieser werde die Revolution gegen ihre Feinde verteidigen und eine bessere, tugendhafte Gesellschaft ermöglichen.

Historiker bewerten diese Phase der Revolution sehr unterschiedlich (vgl. D 2 und D 3, S. 106 f.). Einige sehen darin zumindest auch den Versuch, die konterrevolutionären Gefahren zu bekämpfen und die Revolution so zu retten. Andere bewerten sie in erster Linie als Entgleisung der Revolution und eine Abkehr von ihren wahren Zielen.

Das Direktorium 1794–1799

Schließlich wandten sich die Konventsmitglieder gegen Robespierre und ließen ihn und seine Anhänger am 9. Thermidor des Jahres II (27.7.1794) verhaften. Tags darauf wurde er bereits hingerichtet. Die Zeit des Terrors war vorbei.

Ein fünfköpfiges Gremium aus dem Großbürgertum, das Direktorium, bildete die neue Regierung. Im August 1795 verabschiedete der Konvent eine neue Verfassung ganz im Sinne des wohlhabenden Bürgertums: ein Zensuswahlrecht schloss die unteren Schichten wieder von der demokratischen Einflussnahme aus. Im Dezember 1794 wurden die Preise freigegeben und stiegen rasant. Einen großen Aufstand der notleidenden Arbeiter von Paris schlug die Armee im Mai 1795 nieder. Doch auch die Anhänger der Monarchie leisteten Widerstand. Ihren Putschversuch schlug 1795 ein bis dahin unbekannter Offizier nieder: Napoleon Bonaparte. Er rettete so das Direktorium – und begründete seinen nun stetig wachsenden militärischen Ruhm. Ein Staatsstreich dieses talentierten Generals sollte die Zeit des Direktoriums am 9.9.1799 beenden. Am 15.12.1799 verkündete der neue starke Mann: „Bürger, die Revolution ist auf die Grundsätze gebracht, von denen sie ausgegangen ist, sie ist beendet."

D 1

Krieg und Bürgerkrieg (1792 – 1795)

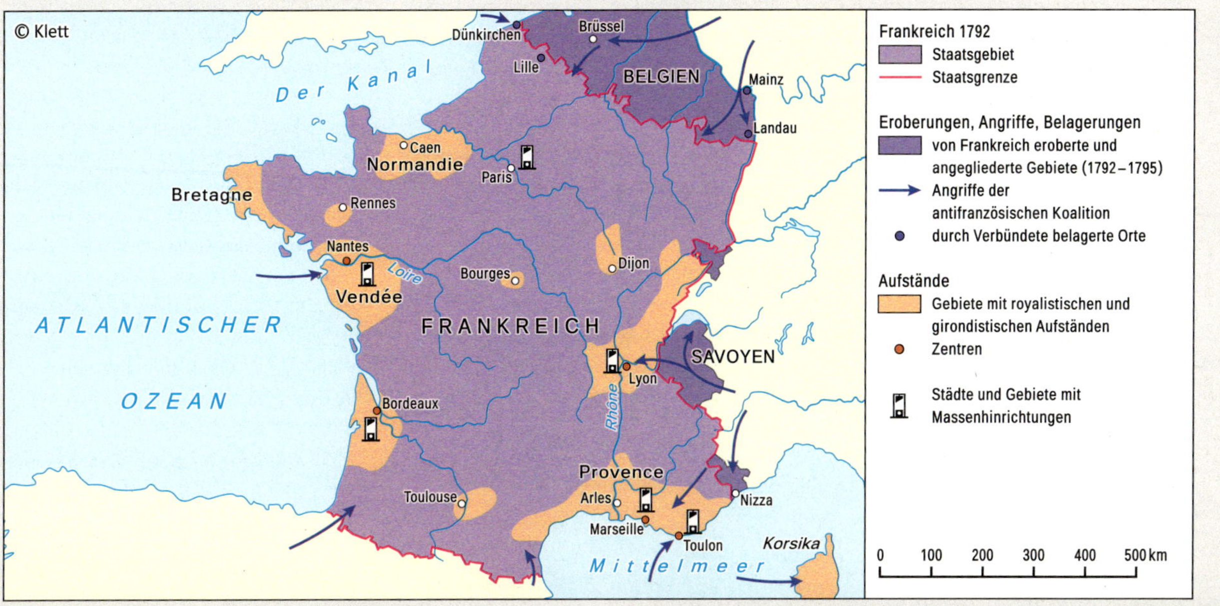

Die Materialien gruppieren sich zu drei inhaltlichen Schwerpunkten: a) dem Prozess gegen den König (Q 1, Q 2); b) Positionen und Forderungen der radikalen Revolutionäre sowie zeitgenössische Einschätzungen der Terreur (Q 3–Q 6); c) wissenschaftlichen Deutungen zur Herrschaft der Jakobiner 1793 und 1794 (D 1–3).

1 Vergleichen Sie die Argumentationen von Q 1 und Q 2 und untersuchen Sie, welche Bedeutung die Menschenrechte bei beiden Autoren haben.

2 Das Todesurteil für den König (Q 1 und Q 2): notwendig – vertretbar – verwerflich? Formulieren Sie Ihr Urteil.

3 Erläutern Sie das Verständnis von liberté, égalité und fraternité in Q 4. Stellen Sie Bezüge zwischen den Forderungen der Enragés Q 4 und der Bildaussage Q 3 her.

4 Analysieren Sie die Rede Robespierres Q 5 und erläutern Sie, wie er den Einsatz von Gewalt zur Durchsetzung seiner revolutionären Ziele begründet.

5 Robespierre (Q 5) behauptet, die Schreckensherrschaft 1793/94 sei der „Despotismus der Freiheit gegen die Tyrannei". Bewerten Sie grundsätzlich die Legitimität und Zweckmäßigkeit von Gewalt zur Sicherung von Freiheit.

6 Interpretieren Sie Q 6.

7 Vergleichen Sie die wissenschaftlichen Deutungen der revolutionären Phase 1793/94 (D 2, D 3). Untersuchen Sie die ideologischen Prämissen der Autoren.

8 Erörtern Sie die Position Thamers in D 4.

Q 1

Robespierre klagt den König an

Der Konvent erklärte sich im Prozess gegen Ludwig XVI., „den Bürger Louis Capet", zum Gerichtshof. Rede Robespierres im Konvent, 3.12.1792:

Hier ist kein Prozeß zu führen. Ludwig ist kein Angeklagter, ihr seid keine Richter. Ihr seid nur Staatsmänner und Vertreter der Nation und könnt nichts anderes sein. Ihr habt kein Gerichtsurteil für oder gegen einen Menschen zu fällen, sondern eine Maßnahme der öffentlichen Wohlfahrt zu treffen, einen Akt nationaler Vorsehung zu vollziehen. Was schreibt eine gesunde Politik vor, um die werdende Republik zu stärken? Den Herzen einen tiefen Abscheu vor dem Königtum einzuflößen und alle Anhänger des Königs in Betäubung zu versetzen! […]

Die berühmte Frage, die euch beschäftigt, ist entschieden durch die beiden Worte: Ludwig wurde entthront durch seine Verbrechen; Ludwig klagte das französische Volk als Rebellen an; um es zu züchtigen, hat er die Waffen der Tyrannen, seiner Mitbrüder, herbeigerufen. Der Sieg und das Volk haben entschieden, daß er der Rebell war. Der König kann also nicht gerichtet werden, denn er ist schon verurteilt. […] Wenn Ludwig tatsächlich noch Gegenstand eines Prozesses sein kann, so kann er auch freigesprochen werden, er kann unschuldig sein; was sage ich? Er wird als unschuldig angenommen, bis er gerichtet ist. Wenn aber Ludwig als unschuldig angenommen werden kann, was wird dann aus der Revolution? […] Was mich angeht, so verabscheue ich die Todesstrafe, und für Ludwig habe ich weder Hass noch Liebe; nur seine Missetaten hasse ich. […] Aber ein entthronter König im Schoße einer Revolution, die noch weit davon entfernt ist, durch gerechte Gesetze verankert zu sein, ein König, dessen Name allein schon die Geißel des Krieges auf die erregte Nation herabbeschwört: dessen Dasein kann weder durch Haft noch Verbannung für das öffentliche Wohl gleichgültig werden. Mit Schmerz spreche ich die verhängnisvolle Wahrheit aus: es ist besser, dass Ludwig stirbt, als dass 100 000 tugendhafte Bürger umkommen: Ludwig muss sterben, weil das Vaterland leben muss.

Maximilien Robespierre, zit. nach: Irmgard Hartig, Paul Hartig: Die Französische Revolution. Klett, Stuttgart 1988, S. 81 f.

Q 2

Plädoyer des Verteidigers des Königs

Rede des Juristen Raymond de Sèze (1748–1828) als einer der drei Verteidiger des Königs vor dem Konvent, 26.12.1792:

[…] Nehmt euch in acht; nehmt ihr Ludwig die Unverletzlichkeit des Königs, so seid ihr ihm wenigstens die Rechte des Bürgers schuldig; denn ihr könnt nicht bewirken, daß Ludwig aufhört, König zu sein, wenn ihr erklärt, ihn richten zu wollen, und daß er wieder König wird in dem Augenblick, da ihr das Urteil sprecht. Wollt ihr nun aber Ludwig als König richten, dann frage ich euch: Wo sind die schützenden Formen, die jeder Bürger kraft unveräußerlichen Rechtes verlangen kann? Ich frage euch: Wo ist jene Teilung der Gewalten, ohne die weder Verfassung noch Freiheit möglich ist? Ich frage euch: Wo sind die Geschworenen für Anklage und Urteil, die den Bürgern durch das Gesetz als Geiseln zum Schutz ihrer Sicherheit und Unschuld gegeben sind? […]

Mit einem Wort, ich frage euch: Wo sind alle jene strengen Vorkehrungen, die das Gesetz bestimmt hat, damit der Bürger, selbst wenn er schuldig ist, nur durch das Gesetz getroffen wird? Bürger, ich spreche mit der Offenheit eines freien Mannes: ich spähe unter euch nach Richtern und bekomme nur Ankläger zu Gesicht. Ihr wollt richten über Ludwig und seid selbst seine Ankläger! Ihr wollt richten über Ludwig und habt euer Urteil schon ausgesprochen! […]

Raymond de Sèze, zit. nach: Wolf D. Behschnitt: Die Französische Revolution. Quellen und Darstellungen. In: Politische Bildung, Materialien für den Unterricht. Klett, Stuttgart 1978, S. 75 f.

Q 3

„Le Niveau national"
Nationalgardisten „vermessen" die französische Gesellschaft neu. Zeitgenössische Karikatur

Q 4

Manifest der „Enragés"

Denkschrift von Jacques Roux (1752–1794), der dem Demokratischen Club (Cordeliers) angehörte. Sie wurde dem Nationalkonvent im Namen von zwei Pariser Sektionen und dem Cordeliers-Club vorgelegt, 25.6.1793:

Abgeordnete des französischen Volkes!

Hundertmal hat dieser geheiligte Saal von den Verbrechen der Egoisten und Schurken widergehallt; immer wieder habt ihr uns versprochen, die Blutsauger des Volkes zu vernichten. […]

Habt Ihr […] die Börsenspekulation geächtet? Nein! Habt ihr die Todesstrafe gegen die Hamsterer ausgesprochen? Nein! Habt ihr festgelegt, worin die Handelsfreiheit besteht? Nein! Habt ihr den Verkauf von Münzgeld verboten? Nein! Nun denn, so erklären wir euch, dass ihr nicht alles für das Glück des Volkes getan habt.

Die Freiheit ist nur ein leerer Wahn, solange eine Klasse die andere ungestraft verhungern lassen kann. Die Gleichheit ist nur ein leerer Wahn, solange der Reiche kraft seines Monopols über Leben und Tod seiner Mitmenschen entscheidet. Die Republik ist nur ein leerer Wahn, solange die Gegenrevolution tagtäglich am Werk ist, indem sie alle Lebensmittelpreise hinaufschraubt, die von Dreivierteln der Bürger nur unter Tränen aufgebracht werden können.

Und doch, nur wenn man die Erpressermethoden der Geschäftemacherei ausschaltet, hat Handel Anspruch auf Achtung; nur wenn ihr die Lebensmittel für die Sansculotten erschwinglich macht, werdet ihr diese an die Sache der Revolution binden, sie um die Verfassungsgesetze scharen. […]

Seit vier Jahren haben allein die Reichen von den Vorteilen der Revolution profitiert. Die Händleraristokratie, schrecklicher als die Adels- und Priesteraristokratie, hat sich ein grausames Spiel daraus gemacht, die Privatvermögen und die Finanzen der Republik an sich zu reißen; noch wissen wir nicht, bis zu welchem Punkt ihre Erpressung gehen wird, denn die Warenpreise steigen täglich, vom Morgen bis zum Abend, auf beängstigende Weise. Bürger Repräsentanten, es ist Zeit, dass der Kampf auf Leben und Tod, den die Egoisten gegen die am meisten arbeitende Klasse der Gesellschaft führen, ein Ende hat. Sagt den Börsenspekulanten und Hamsterern deutlich: entweder sie gehorchen euren Dekreten in Zukunft, oder sie gehorchen ihnen nicht. Im ersten Falle werdet ihr das Vaterland gerettet haben; aber auch wenn der andere Fall eintritt, werdet ihr es gerettet haben, denn wir werden Manns genug sein, die Blutsauger des Volkes herauszufinden und zu vernichten. […]

Wir wissen sehr wohl, dass es Übel gibt, die mit einer großen Revolution untrennbar verbunden sind, daß man für den Sieg der Freiheit jedes Opfer bringen muß und daß für das Glück, ein Republikaner zu sein, kein Preis zu hoch ist. Aber wir wissen auch, daß man das Volk durch zwei Legislaturperioden hindurch verraten hat, daß die Fehler der Verfassung von 1791 die Ursache des öffentlichen Elends sind […].

Jacques Roux, zit. nach: Walter Grab (Hrsg.): Die Französische Revolution. Eine Dokumentation. Nymphenburger Verlagshandlung, München 1973, S. 163 f., 170.

Info: Hintergrundinformation zu Q 6
xt6b5b

Q 5

Revolutionäre Moral

Auszug aus einer Rede Robespierres vor dem Konvent, 5.2.1994:

Die Demokratie ist ein Staat, in dem das souveräne Volk, von den Gesetzen geleitet, die sein Werk sind, selbst alles dasjenige tut, was es gehörig tun kann, und durch Abgeordnete alles dasjenige tun läßt, was es nicht selbst zu verrichten imstande ist. […]

Das Fundamental-Prinzip der demokratischen oder populären Verfassung, das heißt die wesentliche Triebfeder, welche sie erhält und in Bewegung setzt, ist die Tugend; ich meine hier die öffentliche Tugend, welche in Griechenland und Rom so viele Wunder erzeugte und im republikanischen Frankreich noch weit erstaunlichere hervorbringen muß; nämlich die Tugend, welche nichts anderes als die Liebe zum Vaterland und zu den Gesetzen desselben ist. Da nun aber die Gleichheit das Wesen der Republik oder der Demokratie ist, so folgt daraus, daß die Liebe zum Vaterland auch notwendig die Liebe zur Gleichheit in sich begreife. […]

So wie im Frieden die Triebfeder der Volksregierung die Tugend ist, so ist es in einer Revolution die Tugend und der Schrecken, ohne den die Tugend ohnmächtig ist. Der Schrecken ist nichts anderes als eine schleunige, strenge und unbiegsame Gerechtigkeit; er fließt also aus der Tugend; er ist also nicht ein besonderes Prinzip, sondern eine Folge aus dem Hauptprinzip der Demokratie, auf die dringendsten Bedürfnisse des Vaterlandes angewendet […]. Die Regierungsform, welche sich für eine Revolution schickt, ist der Despotismus der Freiheit gegen die Tyrannei. […] Doch laßt uns ruhig sein; hier [im Konvent] ist das Heiligtum der Wahrheit: hier sitzen die Stifter der Republik, die Rächer der Menschheit, die Zertrümmerer der Tyrannen.

Maximilien Robespierre, zit. nach: Peter Fischer (Hrsg.): Reden der Französischen Revolution. dtv, München 1974, S. 344–346.

Q 6

The Zenith of French Glory
Karikatur des englischen Zeichners James Gillray, 1792/93.

Bildunterschrift übersetzt: Der Höhepunkt der französischen Herrlichkeit: Der Gipfel der Freiheit. Religion, Justiz, Loyalität, all der Popanz unaufgeklärten Geistes – lebe wohl!

D 2

Terreur – Verteidigung der Nation?

Der französische Historiker Albert Soboul (1914–1982) schreibt 1973:

Der Große Schrecken fand seinen Ausdruck im Gesetz vom 22. Prairial des Jahres II[1]. Er erklärt sich aus bestimmten Ereignissen, die ihm vorausgingen: Am 1. Prairial hatte ein gewisser Admirat Schüsse auf Collot d'Herbois abgegeben; am 4. wurde Cécile Renault, die aus ihrer konterrevolutionären Gesinnung keinen Hehl gemacht hat, verhaftet; sie hatte anscheinend einen Anschlag auf Robespierre vor. So geisterte noch immer das aristokratische Komplott durchs Land und bestärkte die anhaltende Drohung einer Konter-

1 10.6.1794; das Gesetz sah die Errichtung eines Revolutionstribunals vor und markiert eine Verschärfung der Verfolgung.

revolution, und das am Vorabend des Kriegsbeginns. Eine Terrorwelle erfaßte die Pariser Sektionen und entfesselte ein leidenschaftliches Straf- und Rachebedürfnis; doch nun war die Zeit spontaner Reaktionen vorbei. Der Terror wurde nun grober und schärfer gehandhabt. „Es geht nicht darum, einige Exempel zu statuieren, sondern darum, die unerbittlichen Parteigänger der Tyrannei zu vernichten", erklärte Couthon als Berichterstatter des Gesetzes vom 22. Prairial. [...]

Die Schreckensherrschaft war damit in ihrem Kern ein Instrument zur Verteidigung der Nation und der Revolution gegen die Rebellen und Verräter. Wie der Bürgerkrieg überhaupt schloß der Terror als eine seiner Ausprägungen die aristokratischen Elemente und diejenigen aus der Nation aus, die sich der Aristokratie auf Gedeih und Verderb angeschlossen hatten und daher nicht in die neue Gesellschaft integriert werden konnten. Er übertrug den Regierungsausschüssen die Zwangsgewalt, die es ihnen ermöglichte, die Autorität des Staates wiederherzustellen und allen das oberste Gebot des Staatswohls aufzuzwingen. Der Terror trug zur Entwicklung des Bewußtseins nationaler Solidarität bei und brachte die Klassenegoismen vorübergehend zum Schweigen. Insbesondere bahnte er den wirtschaftlichen Zwangsmaßnahmen den Weg, die für die Kriegsanstrengungen und die Rettung der Nation unerläßlich waren. In diesem Sinne trug die Schreckensherrschaft zum Sieg bei.

Albert Soboul: Die große französische Revolution. Bd. 2, übers. von Joachim Heilmann und Dietfried Krause-Vilmar. EVA. Frankfurt am Main 1973, S. 351–353.

D 3

Konterrevolution – eine Gefahr?

Der französische Historiker François Furet (1927–1997) schreibt 1978:

Die bürgerliche Revolution wird schon 1789–1791 ohne irgendeinen Kompromiß mit der alten Gesellschaft gemacht und vollendet. Alles wesentlichen Elemente der neuen bürgerlichen Ordnung, die unsere heutige Welt begründen, werden schon 1790 ohne Möglichkeit der Umkehr errungen: die Abschaffung der Stände und des „Feudalismus", freie Bahn für das Talent, die Einsetzung des Vertrags an Stelle der Monarchie von Gottes Gnaden, die Geburt des *homo democraticus* und der Herrschaft gewählter Vertreter, die Freisetzung der Arbeit und das freie Unternehmertum. [...]

Soll man nun die Ideologie der Zeit und die Gründe, die die Jakobiner von 1793–1794 für sich selbst anführten, für bare Münze halten und behaupten, der Prozeß der Radikalisierung der bürgerlichen Revolution habe seinen Ursprung im konterrevolutionären Widerstand? Man müßte erklären, warum es schon im Sommer 1789, nach dem 14. Juli, als die Konterrevolution objektiv sehr schwach ist, zur Radikalisierung kommt [...]. In Wirklichkeit entsteht die echte Gefahr einer Gegenrevolution durch den Krieg und die Invasion, am Ende des Sommers 1792 und im Sommer 1793. Aber diesen Krieg hat die Revolution gewollt, eben weil sie „die großen Verrätereien braucht" [Zitat von Brissot]. [...] Man weiß überdies, daß [...] der „große Terror" nicht mit der großen Bedrängnis dieser schrecklichen Jahre zusammenfällt. Er tritt ganz im Gegenteil dann auf, als die militärische Lage sich gerade bessert, im Frühjahr 1794, und zwar als Verwaltungsmaschinerie einer egalitären und moralisierenden Metaphysik [philsophische Lehren, die das sinnlich nicht Wahrnehmbare zum Gegenstand haben]. Er ist das Phantasiegebilde, das eine Kompensation für die politische Ausweglosigkeit bietet, ein Produkt nicht der realen Kämpfe, sondern der manichäischen Ideologie, die Gute und Böse trennt, und einer allgemeinen Panik.

Francois Furet: 1789 – Vom Ereignis zum Gegenstand der Geschichtswissenschaft. Übers. von Tamara Schoenbaum-Holtermann, Ullstein, Frankfurt am Main 1980, S. 144 f.

D 4

Eine neue politische Kultur?

Der Historiker Hans-Ulrich Thamer zu neueren Ansätzen der Forschung, 2006:

Hatte eine neojakobinische und marxistische Geschichtsschreibung im 20. Jahrhundert, vor allem in den 1950er bis 1970er Jahren, die zweite Phase der Revolution von 1792 bis 1794 als „Revolution der Gleichheit" (Soboul) als höchste Stufe und aus gesellschaftlicher wie politischer Perspektive fortgeschrittenstes Stadium der Revolution besonders positiv bewertet, so hat die liberale Gegenposition von Furet und anderen den Dirigismus und die Politik der Terreur in der Jakobinerzeit als Beleg für ihre These vom Abgleiten der Revolution von ihrem historischen Weg angesehen und dieser Phase im Unterschied zu den Jahren 1789 bis 1791, den eigentlichen Jahren der Neugründung eines nationalen Verfassungsstaates, eine geringe Innovationsleistung zugesprochen. Dieses Urteil hat sich mit der Wende der Geschichtsforschung hin zu einer mentalitäts- und kulturgeschichtlichen Perspektive seit mehr als zwanzig Jahren relativiert und damit die Kontroverse entschärft. Denn es gilt als unumstritten, daß die politische Radikalisierung im Jahr 1792 bis 1794 zu einer tiefen Zäsur im soziokulturellen Leben der Franzosen, zu einem besonders scharfen Bruch in ihren mentalen Befindlichkeiten wie in ihrem politischen Denken geführt, auf diese Weise die Ansätze einer demokratischen politischen Kultur erst verstärkt und dadurch das Verhalten und Bewußtsein der Menschen tief geprägt hat. Der Gegensatz zwischen den beiden Phasen nimmt sich darum aus dieser Perspektive [...] nicht mehr so dramatisch aus.

Hans-Ulrich Thamer: Die Französische Revolution. 2. Aufl. Beck, München 2006. S. 89 f.

Theorie und Praxis: Liberté und Égalité für alle?

Die Revolution bewirkte, dass bisher unterdrückte Bevölkerungsgruppen auf Grundlage der propagierten Revolutionsziele politische Rechte forderten. Religiöse Minderheiten, Frauen und Sklaven strebten nach Emanzipation.

Der Verfassertext schildert die Situation unterschiedlicher gesellschaftlicher Gruppen. Dabei wird danach gefragt, ob der theoretische Anspruch der Revolution in der Realität eingelöst wurde.

1 Analysieren und deuten Sie die Bildelemente Q 1. Beurteilen Sie dann die politische Position des Zeichners hinsichtlich der Sklaverei.

2 Fassen Sie die Auswirkungen der Revolution für religiöse Minderheiten, Frauen und Sklaven zusammen und erläutern Sie, inwiefern es zwischen Anspruch und Wirklichkeit Widersprüche gab.

Frauenbilder und Formen des Engagements

Frauen nahmen an vielen revolutionären Aktionen teil: Die Marktfrauen von Paris marschierten 1789 nach Versailles und zwangen den König, nach Paris umzusiedeln; gebildete Frauen aus dem Bürgertum engagierten sich in Frauenclubs und debattierten tagespolitische Fragen; andere kämpften als Freiwillige in den Revolutionstruppen, bis Frauen 1793 generell vom Wehrdienst ausgeschlossen wurden.

Einzelne Frauen konnten nach den Vorstellungen der meisten männlichen Aufklärer gebildet und intellektuell sein. Dominierend blieb aber das Bild von einem „natürlichen Geschlechtscharakter" der Frau, die im Idealfall sittsam, bescheiden und fleißig sei, also durch Eigenschaften gekennzeichnet, wie sie der Rolle einer Ehefrau und Mutter entsprachen. Völlige Autonomie des Willens gehörte nicht zu diesem Frauenbild. Nur wenige Aufklärer wie der Marquis de Condorcet widersprachen dieser Vorstellung und forderten umfassende Gleichberechtigung.

Im Alltag vor allem der Unterschichten leisteten Frauen harte Arbeit, die der der Männer in nichts nachstand. Sie versorgten Kinder oder leisteten Feldarbeit auf dem Land. Auch in den Städten war die Mitarbeit von Frauen notwendig. Frauen unterstützten ihre Männer in Handwerksbetrieben oder versuchten als Marktfrauen, Wäscherinnen und Haushaltshilfen zu überleben. Wenige Frauen waren gebildet, konnten lesen und schreiben. Nur die finanziell gut abgesicherten Frauen aus dem Bürgertum diskutierten aufgeklärte Ideen oder verkehrten in Salons.

Menschen- und Bürgerrechte auch für Frauen?

Die meisten politischen Clubs waren Männerclubs. Zu Beginn der Revolution verfolgten dort gebildete Frauen als Zuhörer die Debatten; dort das Wort zu ergreifen war ihnen nicht explizit verboten, widersprach aber der Konvention. Einige Frauen gründeten in Paris eigene Frauenclubs. Der bekannteste war die „Pariser Gesellschaft der revolutionären Republikanerinnen", die im Jahr 1793 200 bis 300 Frauen zählte und den Kriegsdienst für Frauen forderte. Hier versammelten sich Frauen aus dem Kleinbürgertum und unterstützten die Sansculotten. Selbst in den Pariser Sektionsversammlungen der Sansculotten besaßen Frauen jedoch kein Stimmrecht. 1793 ließ die Nationalversammlung die Frauenclubs verbieten. Im Verbot hieß es, dass Frauen zu „ernsthaftem Nachdenken" nicht fähig seien.

Einzelne Feministinnen wurden Opfer der Gewaltherrschaft. So auch Olympe de Gouges, die den Girondisten nahestand: Sie hatte 1791 die heute berühmte „Erklärung der Rechte der Frau und Bürgerin" verfasst. Es ist wenig darüber bekannt, wie groß die zeitgenössische Resonanz ihres aus heutiger Perspektive modernen Textes war, der die Gleichberechtigung der Geschlechter forderte. De Gouges wurde während der Schreckensherrschaft verhaftet und hingerichtet.

Fortschritte und Rückschritte

Die Revolution brachte trotzdem einige Fortschritte für Frauen: Im Bildungsbereich beschloss man 1793 das „Gesetz über den öffentlichen Unterricht". Darin sah man für Mädchen den obligatorischen Besuch von Grundschulen vor. Auch das Eherecht wurde reformiert: Die Nationalversammlung beschloss die Einführung der Zivilehe (die Ehe wurde so ein privater Vertrag zwischen Mann und Frau), das Recht auf Scheidung und die Heraufsetzung des Heiratsalters auf 21 Jahre für beide Geschlechter. Wichtig war auch die Garantie, dass Frauen über das Familieneigentum verfügen durften.

Toleranz gegenüber Minderheiten

Die Gesellschaft vor 1789 räumte auch Juden und Protestanten nicht die gleichen Rechte ein wie Katholiken. Für diese religiösen Minderheiten forderten zahlreiche Revolutionäre Kultfreiheit, Gewerbefreiheit, Niederlassungsrecht und die Befreiung von besonderen Abgaben. Im Dezember 1791 diskutierte die Nationalversammlung, ob evangelische Gläubige zu öffentlichen Ämter zugelassen werden sollten. Die Rechte von Juden, deren Geschichte in Frankreich bis in die Antike zurückreichte, sollten ebenfalls erweitert werden. Die diesbezüglichen Diskussionen zogen sich jedoch hin. Schrittweise wurden Teilen der jüdischgläubigen Bevölkerung mehr Rechte zugestanden; erst mit der Herrschaft Napoleons nach 1799 wurden alle Angehörigen der Minderheiten zu gleichberechtigten Bürgern.

Abschaffung der Sklaverei

In den französischen Kolonien lebte etwa eine Million afrikanischstämmiger Menschen, zum weit überwiegenden Teil als Sklaven. Rechtsgrundlage für die Sklaverei war der „Code noir" von 1763. Er bestimmte Sklaven zu Sachwerten und sicherte ihre Unterwerfung mit einem harten Strafsystem. Schon einige Aufklärer hatten die Sklaverei verurteilt. Mit der Erklärung der Menschen- und Bürgerrechte stellte sich die Frage, ob sie auch für Menschen gelten sollte, die als „Farbige" oder „Schwarze" definiert wurden.

Anfangs kamen die Revolutionäre den wirtschaftlichen Interessen der „weißen" Sklaven- und Plantagenbesitzer in den Kolonien nach. Im Kolonialausschuss der Nationalversammlung dominierten die Vertreter des Kolonialhandels und der weißen Siedler. Sie argumentierten, dass die Sklaverei mit dem neuen Zensuswahlrecht in Frankreich in Übereinstimmung stehe. Die Sklaverei blieb bestehen. Am 15.5.1791 erkannte man lediglich denjenigen „Farbigen" die Bürgerrechte zu, deren Eltern bereits Freie waren. Die Nationalversammlung machte den Beschluss im September 1791 wieder rückgängig, um erneut zu beraten. Bevor es zu einem Ergebnis kam, lösten die ernüchternden Nachrichten aus Frankreich 1791 in Saint Dominique (heute Haiti) einen erfolgreichen Sklavenaufstand aus.

Schließlich beschloss der Konvent am 4.2.1794 die Sklaverei in den französischen Kolonien abzuschaffen. Eine Million bisheriger Sklaven waren frei und wurden französische Staatsbürger. Umgesetzt wurde dieses Dekret allerdings nur in Saint Dominique. Das lag auch an den militärischen Erfolgen der dortigen Sklaven unter ihrem Anführer Toussant Louverture. Er wurde der erste nicht weiße französische General und Gouverneur der Kolonie. 1802 änderte sich die Situation wieder: Napoleon gab den Interessen der weißen Händler und Pflanzer nach, führte die Sklaverei wieder ein und ließ Touissant verhaften. Allerdings organisierten die ehemaligen Sklaven einen Aufstand und konnten die französische Armee schlagen. 1804 wurde auf Haiti die erste unabhängige „farbige" Republik gegründet.

Q 1

Les Mortels sont égaux
Kolorierte Radierung eines unbekannten Künstlers, 1791

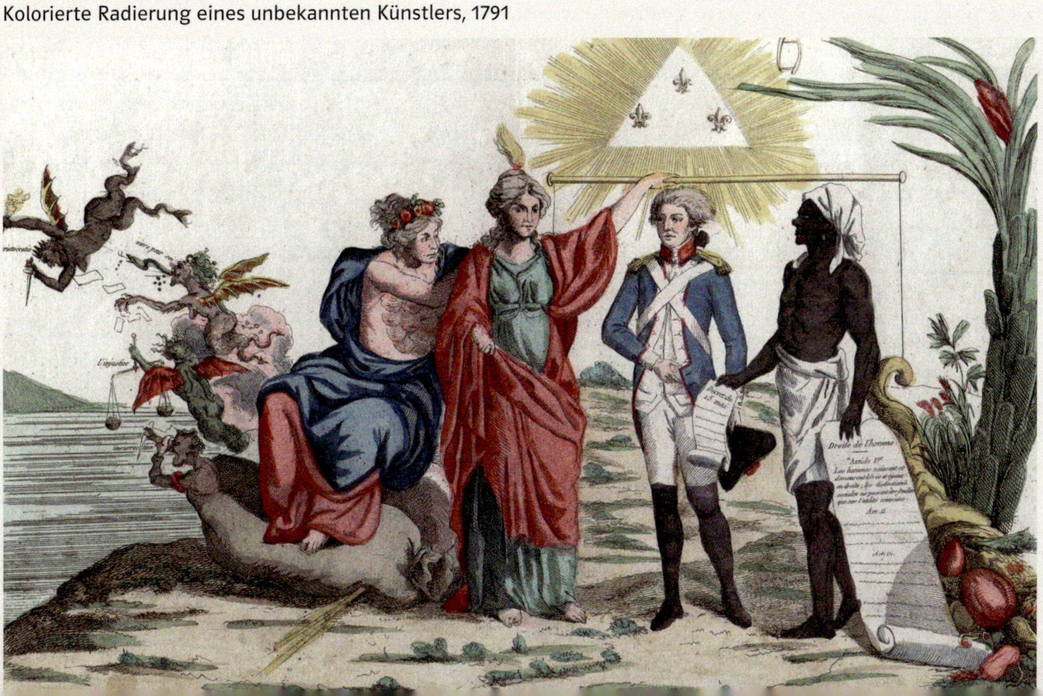

Anhand der Materialien können Sie einander widersprechende zeitgenössische Vorstellungen von den Rechten von Frauen erarbeiten.

1 Vergleichen Sie die Argumentationen von Q 2 und Q 4 und erläutern Sie das jeweilige Menschenbild bzw. die Vorstellungen vom Geschlechterverhältnis.
2 Arbeiten Sie aus Q 3 heraus, welche Benachteiligungen von Frauen explizit und implizit sichtbar werden.
3 Erläutern Sie, aus welcher gesellschaftlichen Schicht die von den Brüdern Lesueur dargestellten Frauen stammen (Q 5).
4 Recherchieren Sie zu den Debatten im Nationalkonvent zu dem Thema „Abschaffung der Sklaverei" oder dem Thema „Judenemanzipation" und stellen Sie sie im Kurs in Grundzügen dar.

Q 2

Frauen und Bürgerrechte

Der Philosoph, Mathematiker und Revolutionär Marquis de Condorcet (1743–1794) führt 1789 aus:

Die Menschen können sich an die Verletzung ihrer naturgegebenen Rechte so gewöhnen, daß unter denen, die sie verloren haben, keiner daran denkt, sie zurückzufordern, und nicht glaubt, ein Unrecht erlitten zu haben. Einige dieser Verletzungen sind sogar den Philosophen und Gesetzgebern entgangen, als sie sich mit dem größten Eifer damit befaßten, die Grundrechte der einzelnen Glieder des Menschengeschlechts zu etablieren, die sie zur alleinigen Grundlage ihrer politischen Institutionen machten. Haben sie z. B. nicht alle das Gleichheitsprinzip der Rechte verletzt, indem sie ganz einfach die Hälfte des Menschengeschlechts des Rechts beraubten, an der Gesetzgebung teilzunehmen, indem sie die Frauen vom Bürgerrecht ausschlossen? [...]

Die Menschenrechte leiten ihre Berechtigung doch allein daraus ab, daß Menschen sinnliche Wesen sind, sich moralische Ideen aneignen und mit diesen Ideen umgehen können. Da nun die Frauen die gleichen Fähigkeiten aufweisen, haben sie notwendigerweise auch die gleichen Rechte. Entweder hat kein Glied des Menschengeschlechts wirkliche Rechte oder sie haben alle die gleichen, und derjenige, der gegen das Recht eines anderen stimmt, mag er auch einer anderen Religion, einer anderen Hautfarbe oder dem anderen Geschlecht angehören, hat damit seine Rechte verwirkt. Es dürfte schwer zu beweisen sein, daß Frauen unfähig sind, das Bürgerrecht auszuüben. Warum sollte eine Gruppe von Menschen, weil sie schwanger werden kann und sich vorübergehend unwohl fühlt, nicht Rechte ausüben, die man denjenigen niemals vorenthalten würde, die jeden Winter unter Gicht leiden und sich leicht erkälten?

Angenommen, Männer weisen eine geistige Überlegenheit auf, die nicht notwendig Folge eines Unterschieds in der Erziehung ist (was noch lange nicht bewiesen ist und was bewiesen werden müsste, um nicht die Frauen ungerechterweise eines Naturrechts zu berauben), so kann diese Überlegenheit nur in zwei Punkten bestehen: man sagt, daß keine Frau eine wichtige Entdeckung in den Wissenschaften gemacht und sich als Genie in den Künsten, in der Literatur etc. ausgewiesen habe, aber zweifellos würde man niemals vorgeben, das Bürgerrecht nur den Genies zugestehen – man sagt außerdem, daß keine Frau das gleiche Spektrum von Kenntnissen hat und die gleiche Kraft des Verstandes wie Männer. Aber was folgt daraus anders, als daß mit Ausnahme einer wenig zahlreichen Gruppe von sehr begabten Männern völlige Gleichheit herrscht zwischen den Frauen und dem Rest der Männer. Und wenn man diese kleine Gruppe beiseite läßt, teilen sich Unterlegenheit und Überlegenheit gleichermaßen auf beide Geschlechter auf. Da es völlig absurd wäre, das Bürgerrecht und die Fähigkeit, öffentliche Ämter zu bekleiden, auf diese überlegene Klasse zu beschränken, warum sollte man nicht eher diejenigen unter den Männern, die einer großen Anzahl von Frauen unterlegen sind, statt der Frauen davon ausschließen?

Marquis de Condorcet, zit. nach: Hannelore Schröder: Die Frau ist frei geboren. Bd. 1. Beck, München 1979, S. 55–63.

Q 3

Rechte der Frau und Bürgerin

Erklärung von Olympe de Gouges (1748–1793) vom September 1791:

I. Die Frau ist frei geboren und bleibt dem Manne gleich an Rechten. Die sozialen Unterschiede können nur auf gemeinsamen Nutzen gegründet sein.

II. Der Zweck jeder politischen Vereinigung ist die Erhaltung der natürlichen und unantastbaren Rechte der Frau und des Mannes: Diese Rechte sind Freiheit, Eigentum, Sicherheit und vor allem das Recht auf Widerstand gegen Unterdrückung.

III. Das Prinzip aller Souveränität ruht wesentlich in der Nation, die nichts anderes ist als eine Vereinigung der Frau und des Mannes: Keine einzige Körperschaft, kein einziges Individuum kann Macht ausüben, die nicht ausdrücklich daraus hervorgeht.

IV. [Die Frau wird] an der Ausübung ihrer natürlichen Rechte gehindert durch die Grenzen, die die fortdauernde Tyrannei des Mannes ihr entgegensetzt.

Diese Grenzen müssen durch die Gesetze der Natur unter Vernunft neu gesetzt werden. […]

VI. Das Gesetz muß Ausdruck des allgemeinen Willens sein; alle Bürgerinnen und Bürger müssen an der Gesetzgebung persönlich oder durch ihre Vertretung mitwirken. Das Gesetz ist das gleiche für alle: Alle Bürgerinnen und alle Bürger […] müssen gleichen Zugang haben zu allen Würden, Stellen und öffentlichen Ämtern, entsprechend ihren Fähigkeiten und ohne andere Unterschiede als die ihrer Tugenden und Talente. […]

X. Keine/r darf wegen ihrer/seiner Meinung, wie grundsätzlich auch immer, verfolgt werden. Die Frau hat das Recht, das Schafott zu besteigen, sie hat gleichermaßen das Recht, die Tribüne zu besteigen, solange ihre Manifestationen die öffentliche Ordnung, festgelegt durch das Gesetz, nicht stören.

XI. Die freie Mitteilung der Gedanken und Meinungen ist eines der wertvollsten Rechte der Frau, da diese Freiheit die Legitimität der Väter hinsichtlich der Kinder sichert. Alle Bürgerinnen können in aller Freiheit sagen: Ich bin Mutter eines Kindes, das von Ihnen ist, ohne daß ein barbarisches Vorurteil sie zwingt, die Wahrheit zu verdunkeln, unter der Bedingung, daß sie den Mißbrauch dieser Freiheit verantworten muß, in Fällen, bestimmt vom Gesetz. […]

XVI. Eine Gesellschaft, in der die Garantie der Rechte nicht gesichert und die Teilung der Gewalten nicht festgelegt ist, hat gar keine Verfassung. Die Verfassung ist nichtig, wenn die Mehrheit der Individuen, aus denen die Nation besteht, nicht an der Verfassungsgebung mitgewirkt hat.

XVII. Das Eigentum gehört beiden Geschlechtern gemeinsam oder getrennt, jede Person hat darauf ein unverletzliches und heiliges Recht. Keiner/keinem darf es als ein wahres Erbe der Natur geraubt werden, […].

Olympe de Gouges, zit. nach Hannelore Schröder: Olympe de Gouges. Mensch und Bürgerin. Ein-Fach-Verlag, Aachen 1995, S. 107–119.

Q 4

Verbot der Frauenclubs

Der Pariser Sicherheitsausschuss begründet das Verbot der Frauenclubs, Oktober 1793:

Die häuslichen Aufgaben, zu denen Frauen von Natur aus bestimmt sind, gehören selbst zur allgemeinen Ordnung der Gesellschaft. Diese soziale Ordnung resultiert aus dem Unterschied, der zwischen Mann und Frau besteht. Jedes Geschlecht ruft nach der ihm eigenen Art von Beschäftigung, bewegt sich in diesem Kreis, den es nicht überwinden kann. Denn die Natur, die dem Menschen diese Grenzen gesetzt hat, befiehlt gebieterisch und hält sich an kein Gesetz. Der Mann ist stark, robust, mit einer großen Energie, mit Kühnheit und Mut geboren. Er meistert die Gefahren, die Rauheit der Jahreszeiten durch seine Konstitution. Er widersteht allen Elementen. Er ist für die Künste wie für die schweren Arbeiten geeignet. Und da er fast ausschließlich für die Landwirtschaft, den Handel, die Schifffahrt, die Reisen, den Krieg bestimmt ist, zu all jenem also, was nach Kraft, Intelligenz und Kompetenz verlangt, so scheint auch er allein zu jenen tief gehenden und ernsthaften Meditationen geeignet, die eine große Anstrengung des Geistes und lange Studien voraussetzen, denen Frauen nicht nachgehen können.

Welches ist der der Frau eigentümliche Charakter? Die Sitten und die Natur selbst haben ihr Aufgaben zugesprochen: die Erziehung der Menschen zu beginnen, den Geist und das Herz der Kinder auf die öffentlichen Tugenden vorzubereiten, sie von früh an zum Guten hinzulenken, ihr Gemüt zu entfalten, […] neben den Sorgen um den Haushalt, […]. Wenn die Frauen all diese Aufgaben erfüllen, haben sie sich um das Vaterland verdient gemacht. […] Erlaubt es die Sittsamkeit einer Frau, sich in der Öffentlichkeit zu zeigen und gemeinsam mit den Männern zu kämpfen, im Angesicht des Volkes über Fragen zu diskutieren, von denen das Wohl der Republik abhängt? Im Allgemeinen sind Frauen kaum zu hohen Vorstellungen und ernsthaftem Nachdenken fähig.

Zit. nach: Susanne Petersen: Brot und Kokarden – Frauenalltag in der Revolution. In: Viktoria Schmidt-Linsenhoff (Hrsg.): Sklavin oder Bürgerin? Französische Revolution und neue Weiblichkeit 1760–1830. übers. v. Ruth Jung. Jonas-Verlag, Marburg 1989, S. 35 f.

Q 5

Patriotischer Frauenclub
Gemälde von Jacque-Philippe und Pierre-Etienne Lesueur, um 1792.

In der Mitte wird Geld gesammelt. Die Frauen versammelten sich zweimal pro Woche, um u. a. Protokolle des Nationalkonvents zu lesen.

Napoleon Bonaparte – Retter, Eroberer oder Befreier?

Von 1799 bis 1815 beherrschte eine Person die europäische Bühne: Napoleon Bonaparte (1769–1821). In Frankreich errichtete er erneut eine Monarchie und krönte sich selbst zum Kaiser der Franzosen. Die Ausweitung des Krieges unter seiner Führung veränderte Europa nachhaltig.

Der Verfassertext nimmt zwei Aspekte in den Blick: a) die napoleonischen Eroberungen und die Vorherrschaft in Europa; b) die Errichtung und Legitimierung einer neuen Erbmonarchie in Frankreich.

1 Erstellen Sie mithilfe des Verfassertextes eine Zeitleiste. Teilen Sie dann das napoleonische Zeitalter begründet in drei Phasen ein: Phase der französischen Expansion, der Hegemonie und des Niedergangs.

2 Beschreiben Sie die Machtbasis Napoleons und die politischen Maßnahmen, mit denen Napoleon in der französischen Bevölkerung Rückhalt erlangte.

Konsulat und Kaiserreich in Frankreich

15 Jahre nach Beginn der Revolution wurde Frankreich wieder von einem Monarchen regiert: Kaiser Napoleon Bonaparte kam nicht aus dem Adel, machte wesentliche politische Mitbestimmungsrechte der Revolutionszeit wieder rückgängig – konnte sich aber dennoch auf die Zustimmung vieler Franzosen stützen. Wie konnte es dazu kommen?

Die bürgerliche Regierung des Direktoriums, die die Jakobinerherrschaft abgelöst hatte, verteidigte die Republik in der Zeit von 1795–1799 wiederholt gegen Aufstände von Royalisten und Jakobinern. Dabei stützte sie sich auf die Armee, in der ein junger Offizier Karriere machte: Napoleon Bonaparte. 1769 in Korsika geboren, war er bereits mit 24 Jahren General der Revolutionsarmee. Durch militärische Erfolge 1796/97 in Italien gegen Österreich wuchs seine Beliebtheit. Am 18. Brumaire, dem 9. November 1799, wagte er einen Staatsstreich und ließ das Direktorium auflösen. Als einer von drei Konsuln übernahm er die Macht in Frankreich. 1802 machte er sich zum Konsul auf Lebenszeit, 1804 zum Kaiser; seine Mitkonsuln unterstützten seine Ambitionen. Die Umgestaltung des politischen Systems ließ er durch Volksabstimmungen nachträglich billigen, und man muss davon ausgehen, dass ein großer Teil der Franzosen die Veränderungen billigte. Napoleons Machtbasis war aber die ihm treu ergebene Armee. Eine wirksame Propaganda und die Geheimpolizei stützten seine Herrschaft.

Viele Franzosen versprachen sich vom neuen Alleinherrscher stabile politische und wirtschaftliche Verhältnisse. Sie waren revolutionsmüde, und Napoleon versprach ihnen Ruhe nach innen und Ruhm Frankreichs nach außen. Napoleon erkannte die Rechte des Volkes formal an, indem er Volksabstimmungen durchführte, dem Volk also formal eine Entscheidungsgewalt zuerkannte. Diese Abstimmungen waren aber keine im heutigen Sinne demokratischen Entscheidungen. Napoleon ließ die Presse zensieren, eine öffentliche Werbung für abweichende Standpunkte war nicht gestattet. Dennoch gelang es dem neuen Herrscher, sich eine zufriedene soziale Basis zu sichern. Er versprach sowohl Opfern als auch vielen Gewinnern der Revolution Vorteile: Der Adel im Exil durfte zurückkehren; Napoleon beendete auch den Konflikt mit der Kirche; er garantierte die bestehenden Eigentumsverhältnisse, was denen zugutekam, die nach der Revolution zu Besitz gekommen waren. Das betraf Käufer von Ländereien des enteigneten Adels und der Kirche. Dass die Rückkehrer ebenfalls in irgendeiner Form entschädigt werden mussten, förderte ein Interesse der napoleonischen Führung an einer Ausweitung des Krieges, um Kriegsbeute an die Gefolgschaft verteilen zu können.

Dass Napoleon einige Errungenschaften der Revolution sichern wollte, kommt im französischen Gesetzbuch, dem Code Civil, von 1804 zum Ausdruck. Es garantierte die Gleichheit vor dem Gesetz (für Männer), die Freiheit des Eigentums, die Trennung von Kirche und Staat und die Einführung der Zivilehe. Der Code Civil beeinflusste die Rechtsentwicklung europaweit, da er auch in den französisch dominierten Staaten eingeführt wurde.

Napoleons Vorherrschaft (Hegemonie) in Europa

Napoleons politische Karriere basierte auf seinem Ruhm als General. Er besiegte in den Jahren 1805 bis 1807 die Großmächte Österreich (bei Austerlitz), Preußen (Jena, Auerstedt) und Russland (ebenfalls Austerlitz und Friedland). Lediglich England konnte er nicht besiegen, sondern erlitt in der Seeschlacht bei Trafalgar (1805) eine Niederlage, die die englische Seeherrschaft bestätigte.

1806 ließ Napoleon die „Kontinentalsperre" verhängen. Sie bedeutete das Verbot von Handel mit Großbritannien und bezweckte eine wirtschaftliche Abschottung des Kontinents gegenüber England, um die englische Industrie zu schwächen. Einige Historiker weisen darauf hin, dass diese Sperre die Industrialisierung deutscher Gebiete begünstigte, da die englische Konkurrenz vorübergehend ausgeschaltet war. Die eigentlich beabsichtigte nachhaltige Schwächung Großbritanniens blieb jedoch aus.

Napoleon und das Heilige Römische Reich

Die meisten Historiker stimmen darin überein, dass der Einfluss Napoleons auf die deutsche Geschichte des 19. Jahrhunderts kaum zu überschätzen ist. Das Heilige Römische Reich Deutscher Nation hatte seit dem Mittelalter keine reale Zentralgewalt mehr; der Kaiser in Wien „herrschte" nicht über die ihm formal unterstellten Fürsten; verschiedene Fürstenallianzen sorgten für ein Machtgleichgewicht in Mitteleuropa. Die Revolution und die Kriege seit 1792 stellten diese „Ordnung" infrage. Das Heilige Römische Reich war ein kompliziertes politisches Gebilde. Zahlreiche regionale Machtzentren – kirchliche und weltliche – prägten es. 1790 gab es hier etwa 1800 weltliche und geistliche Herrschaften – darunter geistliche Fürsten (Bischöfe), Reichsritter und Reichsstädte.

Am Ende des 18. Jahrhunderts gehörten dem Reich zwei Großmächte an: Brandenburg-Preußen unter dem Herrscherhaus der Hohenzollern und Österreich unter den Habsburgern, die zudem den Kaiser des Reiches stellten. Den Heeren Napoleons waren beide unterlegen. 1801 musste im Frieden von Lunéville anerkannt werden, dass alle linksrheinischen Gebiete zu Frankreich gehörten. 1803 ließ Napoleon durch den Reichsdeputationshauptschluss alle geistlichen Fürstentümer auflösen: Alle Bischöfe verloren ihre politischen Herrschaftsrechte; der Kirchenbesitz wurde zugunsten der öffentlichen Hand eingezogen (Säkularisierung). 112 Kleinstaaten und Reichsstädte verloren ihre Eigenständigkeit innerhalb des Reichsverbandes (Mediatisierung). Napoleon ließ vor allem profranzösische Staaten wie Württemberg, Baden und Bayern vergrößern, in deren Territorien allein es vorher etwa 350 selbstständige Kleinstaaten gegeben hatte.

Die militärischen Niederlagen Österreichs (1805) und Preußens (1806) besiegelten das Schicksal des Reiches. Die mittelgroßen deutschen Staaten band Napoleon im Juli 1806 politisch und militärisch durch einen „Rheinbund" an Frankreich: Die Rheinbundstaaten traten aus dem Reich aus, waren Frankreich gegenüber zu militärischem Beistand verpflichtet und mussten Truppenkontingente stellen. Kaiser Franz II. legte daraufhin am 30. Juli 1806 die Kaiserkrone des Heiligen Römischen Reiches nieder, blieb aber Kaiser von Österreich.

Einige deutsche Gebiete wurden nun unter Federführung Napoleons zu neuen Monarchien zusammengefasst wie z. B. das Königreich Westphalen 1807. Sie wurden wie auch Spanien und Italien an napoleontreue Monarchen vergeben, durchweg enge Weggefährten oder Verwandte Napoleons.

Widerstand, Russlandfeldzug und Sturz Napoleons

Die Herrschaft Frankreichs wurde anfangs von vielen Menschen akzeptiert, teilweise sogar begrüßt. Großer Widerstand entstand zuerst in Spanien. Dort hatte Napoleon 1808 seinen Bruder Joseph als König installiert. Ein von England unterstützter Aufstand führte dazu, dass Napoleon erstmals an Land einen größeren Konflikt verlor. In vielen anderen Gegenden Europas lösten die Belastungen durch Einquartierungen von Soldaten, durch den erzwungenen Kriegsdienst in der französischen Armee und die Truppenversorgung ebenfalls zunehmend Unmut und Widerstand der Bevölkerung aus.

1812 marschierte die napoleonische Armee in Russland ein. Der Feldzug führte bis nach Moskau, scheiterte aber dennoch, weil sich der Zar gar nicht zu einer Entscheidungsschlacht stellte. Von den 600 000 Soldaten der aus vielen Staaten gebildeten französischen Armee kehrten nur 100 000 zurück. Die Überlegenheit der Grande Armée war damit beendet, Napoleons Ruf der Unbesiegbarkeit endgültig zerstört. Nun verbündeten sich die Großmächte Russland, Preußen und Österreich und siegten bei der Völkerschlacht von Leipzig über die Franzosen und ihre Verbündeten (1813). Letztere traten aus dem Rheinbund aus und beteiligten sich am Kampf gegen Frankreich. Die Abdankung Napoleons am 6. April 1814 beendete seine Herrschaft.

Die Sieger verbannten Napoleon auf die Mittelmeerinsel Elba. Von dort entkam er noch einmal und versuchte, die Macht zurückzuerobern; für etwa 100 Tage war er tatsächlich noch einmal „Kaiser der Franzosen". Die Koalitionsarmee schlug die französischen Truppen aber beim belgischen Waterloo am 18. Juni 1815 endgültig. 1821 starb Napoleon als englischer Gefangener auf der Insel St. Helena im Südatlantik.

Die Materialien geben einen Überblich über Ziele und Erfolge Napoleons. Dass die „Taten Napoleons" durch die Nachwelt kontrovers beurteilt werden, machen die Materialien zum Code Civil deutlich (D 3, D 4).

1 Erläutern Sie die Ziele und die Erfolge Napoleons (Q 1, Q 2, Q 4). Setzen Sie diese zu seiner Behauptung aus dem Jahr 1799 in Beziehung: „Bürger, die Revolution ist auf die Grundsätze gebracht, von denen sie ausgegangen ist, sie ist beendet."

2 Beschreiben Sie anhand der Geschichtskarten D 1 und D 2 die Veränderung der Grenzen unter Napoleon. Beziehen Sie dabei folgende Begriffe aus dem Darstellungstext auf den Seiten 112 f. mit ein: Heiliges Römisches Reich, Reichsdeputationshauptschluss, Mediatisierung, Säkularisierung, Rheinbund, Kleinstaaterei, Kontinentalsperre.

3 Möglicherweise war Napoleon selbst der Auftraggeber der Gemäldes Q 3. Interpretieren Sie das Herrscherporträt und beurteilen Sie, inwiefern es einen Beitrag zu einem „Napoleonmythos" liefert.

4 Analysieren Sie die Darstellungen D 3 und D 4. Beurteilen Sie die Bedeutung des Code Civil für ein positives bzw. negatives Napoleonbild.

5 Der Begriff Mythos steht im alltagssprachlichen Gebrauch für etwas Verklärendes und Überhöhtes. Auch in der Historienmalerei haben Mythen ihren festen Platz. Erläutern Sie, wie der Maler formal und inhaltlich den Mythos Napoleon (Q 5) konstruiert.

D 1

Das Heilige Römische Reich Deutscher Nation 1790 vor Beginn der Koalitionskriege

Q 1

Zielvorstellungen

Vertrauliche Erklärung Napoleons gegenüber dem französischen Gesandten in der Toskana, 1. Juli 1797:

Glauben Sie, daß ich in Italien Siege erfechte, um damit das Ansehen der Advokaten des Direktoriums zu erhöhen, von Leuten wie Carnot und Barras [Mitglieder des Direktoriums]? Glauben Sie vielleicht, daß ich eine Republik begründen will? Welcher Gedanke! […] Das ist eine Wahnvorstellung, in die die Franzosen vernarrt sind, die aber auch wie so manches andere vergehen wird. Was sie brauchen, ist Ruhm, die Befriedigung ihrer Eitelkeit, aber von der Freiheit verstehen sie nichts. […] Das Direktorium soll es sich nur einfallen lassen, mir das Kommando über die Armee wegzunehmen! Dann wird man sehen, wer der Herr ist. Die Nation braucht einen Führer […], aber keine Theorien über Regierung, keine großen Worte, keine Reden von Ideologien, die die Franzosen nicht verstehen. […] Ich bin am Frieden nicht interessiert. Sie sehen, was ich bin, was ich jetzt in Italien vermag. Wenn Frieden geschlossen ist, wenn ich nicht mehr an der Spitze dieses mir ergebenen Heeres stehe, muß ich auf diese Macht, auf diese hohe Stellung, die ich mir verschafft habe, verzichten […]. Ich will gerne eines Tages die republikanische Partei schwächen, aber es soll zu meinem eigenen Nutzen sein und nicht zu dem der alten Dynastie. Vorläufig gilt es, mit den Republikanern zu gehen. […]

Zit. nach: Irmgard Hartig, Paul Hartig: Die Französische Revolution. Klett, Stuttgart 1993, S. 112 f.

Q 3

Der siegreiche Feldherr
„Der erste Konsul, die Alpen am Großen Sankt-Bernhard-Pass überquerend"; Ölgemälde von Jacques-Louis David, 2,59 x 2,21 m, 1800

David war der bedeutendste Maler im Dienst des Regimes. Gemäß der Überlieferung überquerte Napoleon den Pass auf einem Maultier und trug eine gewöhnliche Uniform und keinen Paraderock.

Q 2

Die Wohltaten Napoleons

1799 übernahm Napoleon nach einem Staatsstreich die Macht. François de Jaubert erklärt als Präsident der Gesetzgebenden Versammlung am 2.5.1804:

Eine Wahrheit, die die Geschichte bestätigt hat, ist, daß ein großer Staat Spaltungen nur mit einer erblichen Exekutivgewalt vermeiden kann. Das Wahlsystem ist nur eine fürchterliche revolutionäre Theorie. Jede Änderung läßt den persönlichen Ehrgeiz ausbrechen, nährt den Parteiengeist, eröffnet Möglichkeiten für Intrigen, […] schmeichelt der Eifersucht des Auslands, weckt dessen Hoffnungen. […]

[…] Denken wir nur daran, der Vorsehung zu danken, die uns seit langem den Chef einer neuen Dynastie angekündigt hat. Napoleon Bonaparte […] gibt dem Kontinent den Frieden, Afrika ist Zeuge neuer Wundertaten, sein Ruhm durchstrahlt Asien, er erfüllt die Welt […]. Ja, wer könnte all die Wunder nennen, die er seit seinem Aufstieg zum Konsulat vollbracht hat! Betrachten Sie, was vier Jahre hervorgebracht haben: Die Grundlagen der Verwaltung sind festgelegt, in die Finanzen ist Ordnung gebracht, die Armee ist organisiert; […] Europa ist befriedet, der Handel ist in Gang gebracht, die Industrie ermutigt, so auch die Künste und die Wissenschaften; die Altäre sind wieder aufgerichtet, […] das staatliche Unterrichtswesen ist neu aufgebaut; […] Frankreich erhält ein einheitliches bürgerliches Gesetzbuch, dem er den Stempel seines Genies aufgedrückt hat; jeglicher Parteiengeist ist ausgelöscht, alle Verbitterung beruhigt; alle Interessen sind in Übereinstimmung miteinander gebracht, alle Opfer unglücklicher Zeiten zurückgerufen […]. All diese Leistungen werden den kommenden Jahrhunderten die tiefe Ergebenheit erklären, von der die Franzosen für Napoleon Bonaparte durchdrungen sind, so auch die Zeugnisse der Liebe, die ihm die Nation entgegenbringt, diesen so stark ausgesprochenen Wunsch: daß jener, dem die Republik so großen Ruhm und so große Wohltaten verdankt, einwilligen möge, ihr Kaiser genannt zu werden und die ausführende Gewalt in seiner Familie festzulegen.

François de Jaubert, zit. nach: Irmgard Hartig, Paul Hartig: Die Französische Revolution. Klett, Stuttgart 1993, S. 117 f.

Q 4

Umgang mit der Presse

Brief Napoleons an den Polizeiminister Joseph Fouché, Mailand, 20.5.1805:

Herr Fouché, es ist mein Wille, daß von jetzt an das „Journal des débats“ nicht mehr erscheint, wenn es nicht am Abend vorher der Zensur unterzogen worden ist. Ernennen Sie einen Zensor, einen zuverlässigen, ergebenen und taktvollen Mann, dem die Besitzer der Zeitung 12.000 Francs Gehalt zahlen sollen. Unter dieser Bedingung ganz allein werde ich erlauben, daß diese Zeitung weiterhin erscheint. Übrigens soll sich die Zensur nicht auf das Feuilleton oder literarische Aufsätze erstrecken, sondern nur die Politik und den Teil der Literatur, der in einem schlechten politischen Geist erhalten ist. […] Teilen Sie diese Maßnahmen auch den anderen Zeitungen mit und machen Sie ihnen klar, daß ich, wenn sie die Absicht haben, allzu dumme, von schlechtem Geist getragene Meinung auszustreuen, ebenso mit ihren Blättern verfahren werde. Jede unangenehme und für Frankreich unheilvolle Meinung müssen Sie in Quarantäne nehmen […].

Zit. nach: Wolfgang Lautemann, Manfred Schlenke (Hrsg.): Amerikanische und Französische Revolution. Geschichte in Quellen. Bd. 4. bsv. München 1981, S. 606 f.

D 2

Hegemonie in Europa 1804–1815

Die Karte zeigt die französischen Eroberungen und Hegemonie.
In Spanien, Italien und Westfalen herrschten Brüder Napoleons als Könige

D 3

Code Civil – der doppelte Charakter

Der französische Historiker Georges Lefèbvre (1874–1959) schreibt in seiner Napoleonbiografie 1935:

Bonaparte nahm an seiner Ausarbeitung nur in Beziehung auf die Familie teil. Er legte Wert auf die Stärkung der Autorität des Vaters und des Ehemanns, ferner darauf, die nicht anerkannten Kinder von der Erbschaft auszuschließen und den Anteil der anerkannten herabzusetzen und, aus persönlichen Motiven, auch die Scheidung beizubehalten.[1]

Wie das ganze Werk Napoleons trägt der Code einen doppelten Charakter. Er bestätigt das Verschwinden der feudalen Aristokratie und nimmt die sozialen Prinzipien von 1789 auf: persönliche Freiheit, Gleichheit vor dem Gesetz, Laizität des Staates, Gewissensfreiheit und Arbeitsfreiheit. [...] Aber er bestätigt auch die Reaktion gegen das demokratische Werk der Republik; im Dienste der Interessen des Bürgertums konzipiert, befasst er sich vor allem damit, das Eigentumsrecht zu sanktionieren [...]. Sogar die Familie wird zu einem guten Teil unter diesem Gesichtswinkel betrachtet. Die sehr genaue Regelung des Ehekontrakts macht aus ihr eine Geldangelegenheit [...].

Immerhin, von denen, die nichts besitzen, weiß er nichts anderes zu sagen, als dass er ihre persönliche Freiheit verteidigt; indem er Arbeitsverträge und Dienstverhältnisse auf Lebenszeit untersagt, überlässt er in Wirklichkeit die Lohnarbeit [...] allen Zufällen der wirtschaftlichen Konkurrenz und sieht in ihr nur eine Ware wie jede andere auch. Er verabscheut die Idee, die sich im Jahre 1793 gebildet hatte, wonach jedem Staatsbürger ein „Lebensrecht" zustehe. Beim Lohnarbeiter gilt nur das Wort des Arbeitgebers.

Georges Lefèbvre: Napoleon. Übers. v. Peter Schöttler, Klett-Cotta, Stuttgart 2003, S. 133–135.

1 Napoleon ließ sich 1810 von seiner Frau scheiden, um die österreichische Prinzessin Marie-Louise zu heiraten.

D 4

Warum ich Napoleon liebe

Die Richterin am Bundesverfassungsgericht Jutta Limbach schreibt in einem Ausstellungskatalog 2011:

Wie kann eine friedliebende Frau einen kriegerischen Imperator lieben, der ohne Rücksicht auf seine leicht bekleideten Soldaten bis nach Moskau marschierte und sich mit ihnen im tiefsten Winter auf den Rückzug begab? Nein, ich liebe Napoleon nicht, aber als Juristin schätze ich ihn wegen seiner Verdienste auf dem Felde des Rechts. [...] In der Sorge, die Nachwelt könne seine wahren Verdienste verkennen, lobte er sich selbst und verwies auf den *Code Civil*, der zeitweilig als *Code Napoléon* firmierte. Seine wahre Großtat (gloire) seien nicht seine 40 gewonnenen Schlachten, sondern sein (mon) *Code Civil*. Nach mehreren vergeblichen Versuchen, das im Süden geltende Schriftrecht mit dem Gewohnheitsrecht des Nordens zu verbinden, hatte er als erster Konsul das Projekt 1800 erneut in Angriff genommen und dafür gesorgt, dass das Gesetzeswerk in kurzer Zeit mit 2281 Paragraphen formuliert wurde. Im Jahr 1804 trat der *Code Civil* in Kraft und stellte die Rechtseinheit in Frankreich her. Dieser Sieg über das Chaos war seinerzeit einzigartig. [...] In mehrfach revidierter Fassung gilt der *Code* in Frankreich bis heute. Bemerkenswert ist vor allem sein Einfluss auf das Privatrecht anderer Länder, auch außerhalb Europas. Der *Code* galt in Deutschland bis 1900 in den linksrheinischen Gebieten und der bayrischen Pfalz. [...] auch der Inhalt des *Code Civil* erfreute seine Leser (ich habe bewusst nur die männliche Form gewählt, denn die verheirateten Frauen wurden im *Code* als Rechtssubjekte zweiter Klasse behandelt). Die im *Code* proklamierte Rechtsgleichheit und Freiheit der Person sowie der Abschied von allen feudalen Reminiszenzen hatte ihm über die französischen Landesgrenzen hinaus Akzeptanz eingebracht. Der *Code Civil* ist ein Geschöpf der Aufklärung, die sich auch in der dort vorgeschriebenen Weltlichkeit des Staates äußert.

Jutta Limbach: Warum ich Napoleon liebe. in: Bénédicte Savoy (Hrsg.): Napoleon und Europa. Traum und Trauma. Übers. v. Tom Heithoff, hrsg. v. Kunst- und Ausstellungshalle der Bundesrepublik Deutschland, Prestel, München 2010, S. 19.

Q 5

Mythos Napoleon
Gemälde von Jean-Baptiste Mauzaisse, 1833

Neben Napoleon ist eine Figur dargestellt die in allegorischer Fom für die Zeit steht. Auf der Tafel steht: Code Napoleon.

Befreiung oder Fremdherrschaft in Deutschland?

Bereits die Französische Revolution beeinflusste das Heilige Römische Reich deutscher Nation. Aber erst durch die Herrschaft Napoleons erfuhren alle Staaten im Reich einen tiefen Umbruch. Der Historiker Thomas Nipperdey formulierte bezogen auf die Geschichte Deutschlands prägnant: „Am Anfang war Napoleon."

Der Verfassertext stellt die Veränderungen in den deutschen Staaten dar. Dabei wird deutlich, dass Entwicklungen im Sinne einer Modernisierung von Aspekten wie der Besatzung und Unterdrückung zu unterscheiden sind.

1 Recherchieren Sie arbeitsteilig die mit den folgenden Personen verbundenen Reformen in Preußen. Erstellen Sie ein Plakat zu: August v. Gneisenau, Gerhard v. Scharnhorst, Wilhelm v. Humboldt, Heinrich vom Stein, Karl August v. Hardenberg.

2 Recherchieren Sie Verlauf und Ergebnis des Feldzugs in Russland 1812. Verfassen Sie dann eine Bildunterschrift, die einem Ausstellungsbesucher den geschichtlichen Zusammenhang der Totentafel Q 1 erklärt.

Rezeption der Revolution – zwei deutsche Republiken

Die Französische Revolution wurde in Deutschland durch die Angehörigen des aufgeklärten Bürgertums positiv aufgenommen, da sie die Revolutionsideale Freiheit und Gleichheit teilten. Mit der Radikalisierung der Revolution setzte eine Distanzierung bis zur offenen Empörung über die „Terreur" ein. Auch wenn in verschiedenen Städten Jakobinerclubs entstanden, begann in den deutschen Staaten keine Revolution. Für die Bevölkerung änderte sich praktisch zunächst nichts. Als die französische Armee Belgien und das Rheinland eroberte, galt das nicht mehr. Den dortigen Bewohnern versprach der Konvent in Paris brüderliche Hilfe gegen ihre Herrscher.

Am 21.10.1792 eroberten die Franzosen unter General Custine Mainz. Zwei Tage später gründeten Mainzer Jakobiner die „Gesellschaft der Freunde der Freiheit und Gleichheit" mit der Eidesformel „Frei leben oder sterben!". 1792/93 wurde die Mainzer Republik ausgerufen. Im März 1793 wählten die Bürger im rheinhessisch-pfälzischen Gebiet (Mainz, Bingen, Landau) nach allgemeinem, gleichem und direktem Männerwahlrecht den Rheinisch-Deutschen Nationalkonvent. Diese Versammlung stellt das erste deutsche demokratisch gewählte Parlament dar. Somit steht die Mainzer Republik am Beginn einer demokratischen Tradition in Deutschland. Dieser Konvent beschloss, die Privilegien von Klerus und Adel aufzuheben und das Vermögen geflohener Adliger und Geistlicher zu beschlagnahmen. Am 18. 3.1793 erklärte er die Unabhängigkeit der Republik vom Heiligen Römischen Reich.

Innerhalb der Mainzer Bürgerschaft gab es allerdings auch Widerstand gegen die Veränderungen. Handwerker in den Zünften hatten zum Beispiel kein Interesse an der Gewerbefreiheit. Diese sollte eine freie Berufswahl garantieren und Marktbeschränkungen aufheben. Das hätte somit den geschlossenen Markt der Stadt der Konkurrenz von außen ausgesetzt.

Der Konvent stand vor der Frage, ob das Gebiet sich Frankreich anschließen oder selbstständig bleiben solle. Man entschied sich dafür, den Pariser Nationalkonvent um die Aufnahme in den französischen Staat zu bitten. Die Mainzer Republik wurde so Teil Frankreichs. Zeitgleich belagerten jedoch preußische Truppen Mainz und eroberten es am 30.3.1793. Die Republik war gescheitert; die Revolutionäre gerieten in Gefangenschaft oder flohen nach Paris. Eine zweite, prorevolutionäre Republik entstand 1797 im Rheinland.

Reformen in den Rheinbundstaaten

Das Heilige Römische Reich akzeptierte 1801 im Frieden von Lunéville die Abtretung der linksrheinischen Gebiete an Frankreich. Das siegreiche Frankreich ersetzte nicht nur die alte Herrschaftsform durch eine neue, sondern bewirkte auch Reformen. Das zeigten vor allem die Umgestaltung bzw. Modernisierung in den Rheinbundstaaten. Beispielhaft ist das neue Königreich Westphalen zu nennen, das Napoleon 1807 als Modellstaat gestaltete. Sein jüngerer Bruder Jérôme wurde dort König und erhielt die Aufgabe, die französische Herrschaft populär zu machen. Der Modellstaat sollte folgende Merkmale aufweisen: Ausbau einer zentralistischen Verwaltung, Reform der Rechtsordnung durch Einführung des Code Civil, Einführung einer Verfassung. Aus Untertanen sollten so „Staatsbürger“ werden, d.h., die Bürger sollten sich mit dem Staat identifizieren und die ständische Ordnung überwunden werden. Dazu dienten auch die in allen Reformstaaten eingeführten Verfassungen: Sie sahen gewählte Volksvertretungen (Kammern) vor und beschränkten die Fürstenherrschaft auf bestimmte Funktionen. Das Wahlrecht blieb zwar stark eingeschränkt und die Kammern besaßen eingeschränkte Mitwirkungsrechte, doch diese Entwicklung eröffnete den Weg zu parlamentarischer Mitbestimmung in den westlichen Teilen Deutschlands am Anfang des 19. Jahrhunderts.

Preußische Reformen

Durch eine katastrophale militärische Niederlage gegen Napoleon 1806 sah sich auch der Staat Preußen gezwungen, Staat und Gesellschaft zu reformieren. Die beiden führenden Reformpolitiker Freiherr vom Stein und Fürst von Hardenberg zielten auf das Wiedererstarken des besiegten Staates. Ein neues Menschbild war dazu die Voraussetzung: Der selbstständig denkende und handelnde Mensch sollte an die Stelle der unmündigen, unaufgeklärten Untertanen treten. Zum Beispiel sah eine Regierungs- und Verwaltungsreform vor, dass Städte eine lokale Selbstverwaltung erhielten. Durch die Agrarreform bzw. Bauernbefreiung wurden Bauern persönlich frei (blieben aber wirtschaftlich abhängig vom Gutsherrn). Wirtschaftsreformen beseitigten ständische Berufsschranken und garantierten Gewerbefreiheit. Mit der Judenemanzipation (1812) wurden die preußischen Juden rechtlich weitgehend gleichgestellt. Eine Heeresreform diente dazu „ein Heer aus freien Staatsbürgern“ zu bilden. Dazu erhielten Bürgerliche Zugang zur Offizierslaufbahn. Eine Bildungsreform zielte auf die „geistige Erneuerung“ Preußens ab. Man entwickelte u.a. das humanistische Gymnasium, das der umfassenden Bildung der Persönlichkeit verpflichtet sein sollte – aber nur für eine kleine soziale Elite von Bedeutung war. Die preußischen Reformen bezweckten die Erhaltung der Monarchie und waren insofern eine „Revolution von oben“. Der preußische Obrigkeitsstaat sollte liberalisiert, nicht abgeschafft werden.

Haltung der Bevölkerung und französische Herrschaft

Die französische Macht in Deutschland befand sich von 1806 bis 1812 auf ihrem Höhepunkt. Sie wurde von den Deutschen sehr unterschiedlich empfunden. Dafür waren die individuellen Lebensverhältnisse entscheidend. Für Bauern links des Rheins verbesserte sich die wirtschaftliche Situation durch die Abschaffung des Feudalsystems. Bedrückend wurde die französische Herrschaft durch hohe Steuern und Einquartierungen französischer Soldaten erlebt. Vor allem der erzwungene Dienst in der Armee Napoleons verringerte die Akzeptanz stark. Von den 500 000 Soldaten der Russlandarmee Napoleons 1812 bildeten die Deutschen den Hauptteil der nichtfranzösischen Kontingente, knapp 130 000 Mann. Die meisten Soldaten stellten Bayern (30 000), Westfalen (27 000) und Sachsen (26 000).

Zunächst war kaum eine Opposition der deutschen Bevölkerung gegenüber den französischen Eroberern entstanden. Nun aber entwickelte sich eine national motivierte Gegenwehr und eine deutsche Nationalbewegung entstand. Einige Schriftsteller wie Ernst Moritz Arndt forderten sogar einen „Volkskrieg“ gegen Frankreich. Die Angehörigen der Nationalbewegung beabsichtigten, ein neues Reich, einen deutschen Nationalstaat, zu errichten. Vielen war auch eine politische Mitbestimmung der Bürger in der Zukunft wichtig. Mit der Niederlage Napoleons im Russlandfeldzug 1812/13 fielen nicht nur viele Verbündete von Napoleon ab, auch die sich gerade formierende Nationalbewegung beteiligte sich an den Kämpfen: Erstmals nahmen national gesinnte Freiwillige an den Schlachten teil, um die als Fremdherrschaft verleumdete Hegemonie Frankreichs zu beenden.

Die antinapoleonischen Kriege 1813/14 wurden im 19. Jahrhundert als die „Befreiungskriege“ verklärt und die Franzosenzeit als „Fremdherrschaft“ verunglimpft. Viele heutige Historiker betonen hingegen auch die positiven Impulse dieser Zeit für die Modernisierung Deutschlands.

Q 1

Totentafel für Hans Huber
Anonym, Öl auf Holz, 1825

Die Materialien Q 2–Q 4 und D 1 erlauben es Ihnen, die Zielsetzungen der Mainzer Revolution und ihre historische Bedeutung zu erarbeiten. Mithilfe von Q 5 können Sie die Reformversuche in Preußen zur Französischen Revolution in Beziehung setzen. Die Quellen 6–8 lassen Aussagen zur Wirkung, Rezeption und Bewertung der französischen Hegemonie in Deutschland zu.

1 Analysieren Sie die Quellen Q 2 und Q 3.

2 Interpretieren Sie die Bildquelle Q 4 samt Unterschrift: „Nau wie soll mir's gefallen, s'is außer a Bauemche ohne Wurtzel, un a Kaepla ohne Kopf." Erläutern Sie in Bezug zu Aufgabe 1, welche Mängel der Mainzer Republik die Karikatur thematisiert.

3 Erläutern Sie mithilfe des Verfassertextes die politische Beurteilung der Mainzer Republik durch Franz Dumont. (D 1)

4 Diskutieren Sie, ob sich der 18. März, der Gründungstag der Mainzer Republik 1793, als Gedenktag eignen würde, um die Erinnerung an freiheitliche Traditionen in Deutschland zu fördern.

5 Beschreiben und analysieren Sie die Bildelemente von Bildquelle Q 5. Erläutern Sie die historischen Anspielungen mithilfe der Informationen auf den Seiten 112 f. (VT Kap. 7) und 118 f. (VT Kap. 8). Recherchieren Sie zur Klärung von Orts- und Personennamen im Internet. Beurteilen Sie das vom Zeichner entworfene Bild von Napoleon.

6 Zeigen Sie die in Q 6 genannten Motive und Ziele Hardenbergs für eine Reform Preußens auf und erläutern Sie, welche Prinzipien der Revolution er übernehmen und welche Fehler er vermeiden möchte.

7 Analysieren Sie die Position Arndts in Q 6 und ordnen Sie den Text historisch ein. Bewerten Sie die Haltung und formulieren Sie thesenhaft, inwiefern diese Sicht auf den französischen Nachbarn in der deutschen Geschichte fortwirkte.

8 Vergleichen Sie die Beurteilung Napoleons in den Texten Q 7 und Q 8.

9 „Befreiung oder Fremdherrschaft"? Nehmen Sie Stellung zur Sichtweise auf die Franzosenzeit bis 1813. Fertigen Sie vorbereitend eine zweispaltige Tabelle an, in der Sie Argumente festhalten, die die napoleonische Zeit als Befreiung/Modernisierung oder als Unterdrückung/Fremdherrschaft charakterisieren.

Q 2

An die gedrückte Menschheit in Teutschland

Der französische General Adam-Philippe de Custine eroberte am 18.10.1792 Mainz. Proklamation an die Stadt, 23.10.1792:

Als die Franzosen sich für den Krieg entschieden, taten sie dies wegen des ungerechten Angriffs seitens der Despoten. [...] Eine Nation, die als die erste allen Völkern der Welt als Beispiel gegeben hat, ihre Rechte zu ergreifen, bietet euch Brüderlichkeit und Freiheit. Euer eigener spontaner Wille wird über euer Schicksal entscheiden, und wenn ihr die Sklaverei den Gaben vorzieht, die ich euch biete, dann werde ich es Verträgen überlassen, welcher der Despoten euch die Ketten wieder anlegen wird.

Ich werde die alten Steuern aufrechterhalten, und ich werde nur denen eine Kontribution auferlegen, die euch gezwungen haben, alle Lasten allein zu tragen, und es deshalb selbst verstanden, sich allen Lasten zu entziehen. Ich werde alle bestehenden Behörden achten und unterstützen, bis eure freie Entscheidung zeigt, was der Wille des Volkes ist.

Ich werde diese Stadt in furchterregenden Verteidigungszustand setzen. Obwohl man unter euch das Gerücht verbreitet, ich wolle sie räumen, werde ich die Stadt gegen alle Anstrengungen unserer vereinigten Feinde halten. Möge sie die Prachtstraße der Freiheit zu allen Völkern des Deutschen Kaiserreichs werden! Mögen aus ihrem Schoße die ewigen Wahrheiten hervorgehen, möge ihr Anblick alle Menschen treffen, die im Joch der Knechtschaft schmachten! Ich bin stolz auf den schönen Titel eines französischen Bürgers; ich habe allen Rangunterscheidungen abgeschworen, die der Hochmut erfunden hatte; nur dies darf der Wunsch eines weisen Mannes sein: Leben im Gedenken seiner Mitbürger! Custine.

Adam-Philippe de Custine, zit. nach: Wolfgang Lautemann, Manfred. Schlenke (Hrsg.): Geschichte in Quellen Bd. 4. Amerikanische und Französische Revolution. bsv, München 1981, S. 471.

Q 3

Ein Mainzer Jakobiner

Georg Forster (1754–1818), Schriftsteller und Naturforscher, war Mitbegründer der Mainzer Republik. Rede im Mainzer Jakobinerclub am 15.11.1792:

Es ist wahr, man hat dem Deutschen von Jugend auf eine Abneigung gegen seinen französischen Nachbarn eingeflößt; es ist wahr, ihre Sitten, ihre Sprache, ihre Temperamente sind verschieden; es ist wahr, als die grausamsten

Ungeheuer noch in Frankreich herrschten, da rauchte unser Deutschland auf ihr Geheiß, da ließ ein Marquis de Louvois, dessen Namen die Geschichte aufbewahrt, damit die Völker ihm fluchen mögen, die Pfalz in Brand stecken, und Ludwig XIV., ein elender Despot, lieh seinen Namen zu diesem verhaßten Befehl. Laßt Euch aber nicht irreführen, Mitbürger, durch die Begebenheiten der Vorzeit; erst vier Jahre alt ist die Freiheit der Franken, und seht, schon sind sie ein neues, umgeschaffenes Volk; sie, die Überwinder unserer Tyrannen, fallen als Brüder in unsere Arme, sie schützen uns, sie geben uns den rührendsten Beweis von Brüdertreue, indem sie ihre so teuer erkaufte Freiheit mit uns teilen wollen – und dies ist das erste Jahr der Republik! So kann die Freiheit im Herzen der Menschen wirken, so heiligt sie sich selbst den Tempel, den sie bewohnt!

Was waren wir noch vor drei Wochen? Wie hat die wunderbare Verwandlung nur so schnell geschehen können, aus bedrückten, gemißhandelten, stillschweigenden Knechten eines Priesters, in aufgerichtete, lautredende, freie Bürger, in kühne Freunde der Freiheit und Gleichheit, bereit frei zu leben oder zu sterben! Mitbürger! Brüder! die Kraft, die uns so verwandeln konnte, kann auch Franken und Mainzer verschmelzen zu Einem Volk!

Unsere Sprachen sind verschieden; – müssen es darum auch unsere Begriffe sein? Sind Liberte und Egalite nicht mehr dieselben Kleinode der Menschheit, wenn wir sie Freiheit und Gleichheit nennen?

Georg Forster, zit. nach: Wolfgang Lautemann, Manfred Schlenke (Hrsg.): Geschichte in Quellen Bd. 4. Amerikanische und Französische Revolution. Bayerischer Schulbuchverlag, bsv, München 1981, S. 473, 480.

D 1

Thesen zur Mainzer Republik

Der Mainzer Historiker Franz Dumont (1945–2012) zur Mainzer Republik:

1. Die Mainzer Republik hat ein Doppelgesicht: sie war ein französischer Revolutionsexport und zugleich ein deutscher Demokratieversuch. [...]

3. Frankreichs „expansion révolutionnaire“ hatte von Anfang an zwei Seiten: die der Befreiung und die der Eroberung. Frankreich wollte seinen Nachbarn die Freiheit bringen, ebenso aber seine Grenzen erweitern.

4. Von ihrer neuen Staatsform überzeugt, verkündeten die Franzosen 1792 zunächst das Prinzip der Selbstbestimmung, gaben dieses aber auf, als sich die „Befreiten“ nicht so revolutionär zeigten wie erwartet („Zwangsbefreiung“ 1793)

5. Auf deutscher Seite beweist die Existenz von Jakobinern in den Städten und Dörfern um Mainz, daß die Französische Revolution auch noch in ihrer zweiten Phase in allen Schichten Anhänger fand. Die führenden Jakobiner waren allerdings Intellektuelle und Beamte.

6. Widerstand kam in der Mainzer Republik besonders von Zünften, Geistlichen und Großbürgern; Ursachen dafür waren Zufriedenheit mit dem Bestehenden, politische Passivität, Kirchentreue, Nationalismus und Wunsch nach Reformen statt nach Revolution.

7. Als erster deutscher Demokratieversuch scheiterte die Mainzer Republik vor allem an mangelnder Akzeptanz und inneren Widersprüchen (Besatzungsherrschaft, Zwangsbefreiung). Doch die 1793 erreichte Politisierung breiter Schichten war nicht mehr rückgängig zu machen.

8. In der „Franzosenzeit“ (1798–1814) wurden viele Programmpunkte der Mainzer Jakobiner realisiert, allerdings „von oben“. Diese Errungenschaften (u.a. Rechtsgleichheit, Gewerbefreiheit, unabhängige Justiz, Zivilehe) wurden unter der „Restauration“ erfolgreich verteidigt, und Hambacher Fest (1832) sowie 48er Revolution konnten daran anknüpfen. [...]

Zit. nach: Franz Dumont: Die Mainzer Republik 1792/93. Französischer Revolutionsexport und deutscher Demokratieversuch. Bearbeitet von Stefan Dumont und Ferdinand Scherf, hrsg. v. Präsidenten des Landtags Rheinland-Pfalz. (= Schriftenreihe des Landtags 55), Mainz 2013, S. 97 f.

Q 4

Karikatur eines Freiheitsbaumes

Am 3.11.1793 wurde in Mainz der erste Freiheitsbaum errichtet. Kolorierter anonymer Kupferstich, 1793.

Info: Hintergrundinformation zu Q 5
xt6b5b

Q 5

Der neue Universalmonarch

Radierung von J. M. Voltz (1784–1858), um 1813.
Titel: Der neue Universalmonarch auf dem zum Wohl der Menschheit errichteten Throne.

Q 6

Revolution im guten Sinne

Karl August Fürst von Hardenberg (1750–1822) war preußischer Außenminister. Er sprach sich für einen gemeinsamen russisch-preußischen Kampf gegen Napoleon aus. Nach der Niederlage Preußens und als Bedingung für den Frieden von Tilsit im Juli 1807 musste er auf Befehl Napoleons zurücktreten. Die Denkschrift „Über die Reorganisation des Preußischen Staates" verfasste er im Auftrag des Königs, 12.8.1807:

Der Staat, dem es glückt, den wahren Geist der Zeit zu fassen und sich in jenen Weltplan durch die Weisheit seiner Regierung ruhig hinein zu arbeiten, ohne daß es gewaltsamer Zuckungen bedürfe, hat unstreitig große Vorzüge, und seine Glieder müssen die Sorgfalt segnen, die für sie so wohltätig wirkt. Die Französische Revolution, wovon die gegenwärtigen Kriege die Fortsetzung sind, gab den Franzosen [demgegenüber] unter Blutvergießen und Stürmen einen ganz neuen Schwung. Alle schlafenden Kräfte wurden geweckt; das Elende und Schwache, veraltete Vorurteile und Gebrechen wurden – freilich zugleich mit manchem Guten – zerstört. Die Benachbarten und Überwundenen wurden mit dem Strome fortgerissen. Unkräftig waren alle die Dämme, welche man diesem entgegensetzte. [...] Der Wahn, daß man der Revolution am stärksten durch Festhalten am Alten und durch strenge Verfolgung der durch solche geltend gemachten Grundsätze entgegenstreben könne, hat besonders dazu beigetragen, die Revolution zu befördern und derselben eine stets wachsende Ausdehnung zu geben. Die Gewalt dieser Grundsätze ist so groß, sie sind so allgemein anerkannt und verbreitet, daß der Staat, der sie nicht annimmt, entweder seinem Untergange oder der erzwungenen Annahme derselben entgegensehen muß.

Also eine Revolution im guten Sinne, gerade hinführend zu dem großen Zwecke der Veredelung der Menschheit, durch Weisheit der Regierung und nicht durch gewaltsame Impulsion von innen und außen – das ist unser Ziel, unser leitendes Prinzip. Demokratische Grundsätze in einer monarchischen Regierung – dies scheint mir die angemessene Form für den gegenwärtigen Zeitgeist. War aber je ein Zeitpunkt günstig für solche Maßregeln, so ist es unstreitig der gegenwärtige, wo der Staat eine so große Veränderung erlitten hat und nach ganz neuen Grundsätzen handeln, einer gänzlichen Wiedergeburt unterliegen muß.

Karl August Fürst von Hardenberg, zit. nach: Wolfgang Lautemann, Manfred Schlenke (Hrsg.): Geschichte in Quellen Bd. 4. Amerikanische und Französische Revolution. bsv, München 1981, S. 625 f.

Q 7

Über Volkshass

Ernst Moritz Arndt (1769–1860), Schriftsteller und Literaturwissenschaftler, schrieb unter dem Eindruck der antinapoleonischen Kriege den Text „Über Volkshass und den Gebrauch einer fremden Sprache", 1813:

Es ist eine unumstößliche Wahrheit, daß alles, was Leben und Bestand haben soll, eine bestimmte Abneigung, einen Gegensatz, einen Haß haben muß; daß, wie jedes Volk sein eigenes, innigstes Lebenselement hat, es ebenso eine feste Liebe und einen festen Haß haben muß, wenn es nicht in gleichgültiger Nichtigkeit und Erbärmlichkeit vergehen und zuletzt mit Unterjochung endigen will. Ich könnte traurig hinweisen, wodurch die letzten Jahre über Deutschland gekommen sind. Wir liebten und erkannten das Eigene nicht mehr, sondern buhlten mit dem Fremden. [...]

Ich will den Haß gegen die Franzosen, nicht bloß für diesen Krieg, ich will ihn für lange Zeit, ich will ihn für immer. Dann werden Deutschlands Grenzen [...] sicher sein, denn das Volk wird immer einen Vereinigungspunkt haben, sobald die unruhigen und räuberischen Nachbarn überlaufen wollen. Dieser Haß glühe als die Religion des deutschen Volkes, als ein heiliger Wahn in allen Herzen [...].

Ernst Moritz Arndt, zit. nach: Hannah Vogt (Hrsg.): Nationalismus gestern und heute. C.W. Leske Verlag, Opladen 1967, S. 102 f.

Q 8

Wahrnehmung Napoleons

Der Arzt Adolf Kußmaul (1822–1902) berichtet in seinen Jugenderinnerungen 1889:

Es kam wohl vor, daß ich mit meinem Vater politisierte und die Schale meines patriotischen Zorns über den korsischen Abenteurer und den welschen Erbfeind im Westen ergoß; bei einer solchen Gelegenheit hielt er mir folgende Standrede.

„Wie gut ist es doch, daß du nicht vor 50 oder 60 Jahren zur Welt gekommen bist! Hättest du mit eigenen Augen das unglaubliche politische und wirtschaftliche Elend gesehen, worin wir damals steckten, so würdest du über Napoleon anders urteilen. Das Heilige Römische Reich war aus tausend Lappen und Läppchen zusammengeflickt, am buntesten und abscheulichsten am Oberrhein. Hier saßen hohl aufgeblasen im stolzen Gefühle ihrer Reichsunmittelbarkeit, aber in jämmerlich zerlumpten Gewändern, die Glieder und Stände des Reiches durcheinander: Herzöge und Fürsten, Grafen und Freiherren, gefürstete und ungefürstete Äbte und Bischöfe samt dem deutschen Ritterorden, freie Städte und Städtchen, das reichsunmittelbare Dörfchen Hammersbach nicht zu vergessen! Sollten sie aber für des Reiches Ehre und Sicherheit eintreten, so kargten sie schimpflich mit Heller und Pfennigen, pochten auf ihre Gerechtsame [= Vorrechte] und Freiheiten, und hielten mit den ganzen und halben Soldaten zurück, die sich zur Reichsarmee zu stellen hatten. – Lange vor dem Rheinbund, der deine Galle überfließen macht, öffneten weltliche und geistliche Kurfürsten den Franzosen als Alliierte die Tore des Reiches.

Aus dem politischen Elende floß das wirtschaftliche. Jedes Gebiet hielt fest an seinen Schlagbäumen, am eigenen Gericht und Galgen, am eigenen Maß und Gewicht, und legte Verkehr, Handel und Industrie des Nachbarn lahm, in dem Wahne, so das eigene Interesse zu fördern. – [...]

Ich bin kein schlechterer Patriot als du, aber wir Alten bewahren Napoleon ein dankbares Andenken. Nur seine eiserne Hand vermochte den Besen zu führen, der den Augiasstall[1] des Heiligen Römischen Reiches ausfegte. Ich lasse mir ihn nicht schelten, auch nicht die Franzosen; ohne sie gäbe es in Süddeutschland keine Verfassung, auch die badische nicht, die Großherzog Karl mit klugem Verständnis 1818 seinen Untertanen verliehen."

Adolf Kußmaul: Jugenderinnerungen eines alten Arztes. Stuttgart 1899, S. 87–89.

1 Aus der griechischen Mythologie: Die riesigen Ställe des Königs Augias waren seit Menschengedenken nicht mehr gereinigt worden und das Ausmisten der Ställe galt deshalb als nicht durchführbar. Der Halbgott Herakles schaffte es dennoch.

Umstrittene Erinnerung: Französische Revolution und Napoleon

Nicht nur Historiker streiten über die wissenschaftliche und politische Beurteilung der Revolution. Auch die Erinnerungskultur ist davon geprägt: Mal wird die Revolution als leuchtendes Vorbild für eine bessere Zukunft vereinnahmt, mal wegen ihrer Grausamkeit verurteilt. Napoleon wird mal als genialer Staatsmann verehrt, mal als Dämon verteufelt.

Der Darstellungsteil stellt an ausgewählten Beispielen die Erinnerungskultur und Forschungskontroversen zur Revolution und Napoleon dar.

1 Historiengemälde prägen die Erinnerungskultur von Völkern häufig in besonderer Weise. Interpretieren Sie das Gemälde Q 1 mithilfe der Methodenhinweise auf Seite 143.

2 Benennen Sie mithilfe des Verfassertextes Kontroversen zur Französischen Revolution und Napoleon.

Die Revolution in Forschung und Erinnerungskultur

Am 14. Juli jeden Jahres wird deutlich, wie stark die Revolution die Erinnerungskultur Frankreichs bis heute prägt. Der Nationalfeiertag verankert die Revolution, genauer den Sturm auf die Bastille, im kollektiven Gedächtnis aller Franzosen. Gleiches bewirkt die Marseillaise als Nationalhymne. Im 19. Jahrhundert existierte diese verbindende Gedenkkultur nicht für alle Franzosen. Vielmehr spaltete die Sichtweise auf die Revolution die Gesellschaft. Erst 1880 gelang es den Republikanern, den 14. Juli als Nationalfeiertag durchzusetzen, um den Sturz des absolutistischen Systems zu feiern. Konservative und Monarchisten lehnten das ab.

Die Geschichtsschreibung zur Französischen Revolution ist so uferlos wie kontrovers. Im 20. Jahrhundert standen sich in Frankreich vor allem die liberale und sozialistische Forschungsrichtung gegenüber. Die liberale Position ist dadurch gekennzeichnet, dass sie die ersten drei Jahre von der Phase der Radikalisierung trennt. Die Historiker François Furet und Denis Richet erklären, dass es zuerst eine „bürgerliche Revolution" im Sinne einer „Révolution de la liberté" gegeben habe. Errungenschaften seien u.a. die Abschaffung der Feudalrechte und die Erklärung der Menschenrechte. Der Krieg, die Radikalisierung der Sansculotten und das Ende der Monarchie habe schließlich ein „Ausgleiten" (déprage) der liberalen Revolution bewirkt. Die Diktatur der Jakobiner sei nur ein Zwischenspiel, bevor die Revolution 1795 zu ihrem Ausgangspunkt zurückgekehrt sei.

Sozialistisch orientierte Historiker sahen das anders. Für die Historiker Soboul oder Lefèbvre stellt die Jakobinerherrschaft den Höhepunkt der Revolution dar und nicht deren Entgleisung. Neben der Révolution de la liberté habe es nach Lefèbvre eine Révolution de l'égalité gegeben: In der ersteren ging es um die Durchsetzung moderner bürgerlichen Freiheiten, in der zweiten um die Einführung einer sozialen Demokratie.

Napoleon – Dämon oder Heros?

Die weltgeschichtliche Bedeutung Napoleon Bonapartes war schon vielen Zeitgenossen bewusst. Aber neben einer Stilisierung zum Genie gab es auch Charakterisierungen, die ihn als blutgieriges Monster und Prototyp eines Diktators verurteilten. Bis heute sehen viele Deutsche Napoleon in erster Linie als Eroberer, die Franzosen betonen eher seine Leistungen als Schöpfer moderner gesellschaftlicher Institutionen.

Auch in der historischen Forschung gibt es kontroverse Einschätzungen, die häufig in Zusammenhang stehen mit der jeweiligen Bewertung der Revolution bis 1794. Der französische Historiker Georges Lefèbvre meinte, Napoleon habe eine ziellose Eroberungspolitik betrieben, um zu persönlichem Ruhm zu gelangen. Der einflussreiche französische Napoleon-Biograf Jean Tulard sieht in ihm einen „mythischen Retter". Politische Mitwirkungsrechte seien den Bürgern in einer Krisensituation weitgehend vorenthalten worden und die Macht beim Militär und einem Anführer konzentriert worden. Gleichzeitig seien den Bürgern aber wirtschaftliche Freiheit und Schutz gewährt worden.

In der älteren deutschen Forschung wurde die napoleonische Zeit vor allem mit dem Begriff „Fremdherrschaft" verbunden. Historiker wie Schriftsteller arbeiteten daran, die „Befreiungskriege" geradezu zu einem Gründungsmythos der deutschen Nation zu machen. Heute sind deutsche Historiker eher daran interessiert, z. B. die Reformen in den Rheinbundstaaten daraufhin zu untersuchen, ob sie zu einer rechtlichen, sozialen und wirtschaftlichen Modernisierung Deutschlands beigetragen haben.

Mythos Napoleon

Im Jahr 2011 formulierte der konservative französische Staatspräsident Nicolas Sarkozy: „Napoleon besetzt einen ganz besonderen Platz im Herzen der Franzosen, in der Geschichte Frankreichs und im europäischen Gedächtnis."

Napoleon selbst hatte zu Lebzeiten einen erheblichen Anteil an der Bildung seiner eigenen Legende. Er erklärte sich 1799 zum „Vollender der Revolution" und begründete so den Mythos des Retters und ordnenden Herrschers. Zwischen 1806 und 1809 ließ Napoleon den Arc de Triomphe, einen Triumphbogen mitten in Paris, errichten. Die Reliefs darauf verherrlichen seine Kriege und rühmen die Grande Armée. Seinen Mythos ließ er auch durch Maler verbreiten. Viele von Napoleon in Auftrag gegebene Gemälde vermitteln bis heute das Bild des charismatischen Feldherrn.

Im Exil auf St. Helena versuchte er sein Handeln in Memoiren zu rechtfertigen. Dort behauptet er, nie etwas anderes als die Neuordnung Europas zum Ziel eines friedlichen Zusammenlebens der Völker im Sinn gehabt zu haben – quasi als ein Visionär der europäischen Einigung. Der Historiker Roger Dufraisse schreibt dazu: „Dadurch, dass er in seiner Weise, unter seiner Autorität und zum ausschließlichen Vorteil Frankreichs ein homogenes und geeintes Europa verwirklichen wollte, hat Napoleon für lange Zeit die Aufgabe der Baumeister eines freiwillig geeinten Europas erschwert, aber er hat ihnen einen Dienst erwiesen, indem er ihnen zeigte, dass sie unbedingt die Existenz der Vaterländer (franz. „patries") und ihre legitimen Ansprüche berücksichtigen müssen."

Q 1

Schlacht von Essling
Rückkehr Napoleons auf die Donau-Insel Lobau nach der Schlacht von Essling, 23. Mai 1809; Gemälde von Charles Meynier (1786–1832), Öl auf Leinwand, 68 x 76 cm, 1812.

23.5.1809 kam es zu einer Schlacht der Franzosen gegen die Armee Österreichs bei Aspern (fr. Essling) in der Nähe von Wien. Napoleon erlitt eine Niederlage, die er zu verschleiern versuchte. Mithilfe von Verstärkungstruppen konnte er die Österreicher kurze Zeit später entscheidend schlagen.

Seit über 200 Jahren machen sich Zeitgenossen, Nachlebende und vor allem auch Historiker ein Bild von der Französischen Revolution und von Napoleon. Die Materialien regen dazu an, sich mit der weltgeschichtlichen Bedeutung der Revolution und der Rolle Napoleons zu beschäftigen, Urteile anderer zu überprüfen und zu eigenen Sach- und Werturteilen zu gelangen.

1 Analysieren Sie arbeitsteilig die Darstellungen von Vovelle (D 1) und Winkler (D 2) und fassen Sie sie strukturiert zusammen.

2 Vergleichen Sie Vovelles und Winklers Beurteilung der Revolution. Nehmen Sie selbst begründet Stellung zur Bedeutung der Französischen Revolution.

3 Jean Tulard gab seiner Napoleonbiografie (vgl. D 3) den Untertitel: „Mythos des Retters". Erläutern und beurteilen Sie die Formulierung.

4 Vergleichen Sie D 3 und D 4 bezogen auf die Frage, wie das Verhältnis von Einzelpersönlichkeit und allgemeiner Gesellschaftlicher Entwicklung dargestellt wird.

5 Fassen Sie D5 thesenhaft zusammen und erläutern Sie, wie sich das Napoleonbild der Deutschen bis heute wandelte und die kollektive Erinnerung von den jeweiligen historisch-politischen Verhältnisse geprägt wurde.

6 Analysieren Sie arbeitsteilig die Bildquellen Q 2–Q 4 und ordnen Sie die Materialien in den jeweiligen Kontext der deutschen Geschichte ein. Stellen Sie Ihrem Kurs die jeweilige Bezugnahme auf die Revolution vor und bewerten Sie.

7 Einige historische Personen erhalten den Namenszusatz „der Große". Verständigen Sie sich über mögliche Kriterien dafür anhand Ihnen bekannter Beispiele. Wenden Sie diese Kriterien auf Napoleon Bonaparte an und erörtern Sie abschließend schriftlich, ob Sie Napoleon den Beinamen „der Große" verleihen würden.

D 1

Ein begeisterndes Vorbild

Der französische Historiker Michel Vovelle beurteilt die Revolution, 1982:

Innerhalb von zehn Jahren markiert die Französische Revolution eine entscheidende und im wesentlichen irreversible Wende nicht nur in der Geschichte Frankreichs, sondern auch durch das, was sie aufbaut oder ankündigt. Als eine mit Unterstützung der Volksmassen vollzogene bürgerliche Revolution entspricht ihre Bilanz den besonderen Bedingungen Frankreichs am Ende des 18. Jahrhunderts [...]. Sie ist die Revolution der Freiheit und der Gleichheit und sie begründet am Ende des Jahrhunderts der Aufklärung eine neue Gesellschaftsordnung. Ihre Botschaft ist aber nicht monolithisch: In ihr verbinden sich nacheinander der Diskurs der verfassungsgebenden Revolution – mit der Verfassung von 1791 und zuvor schon mit der Erklärung der Menschenrechte 1789 –, darauf folgt die jakobinische Verfassung von 1793 bzw. des Jahres I – die bereits mehr als nur eine Variante des ursprünglichen Textes ist, vielmehr den Höhepunkt des Traums von der sozialen Demokratie markiert – und schließlich die Verfassung des Jahres III, die wieder zur Orthodoxie der neuen bürgerlichen Wertvorstellungen zurückkehrt. Die Revolution ersetzt die ungleichen Hierarchien der Gesellschaft des Ancien Regime durch das Prinzip der Gleichheit: „Die Menschen werden frei geboren und bleiben frei und gleich an ihren Rechten." Dies setzt die Beseitigung aller früheren Privilegien und Abhängigkeiten voraus. Mit dieser Gleichheit ist vor allem die zivile Gleichheit in jeder Form gemeint: auch die der Protestanten und der Juden (hier gibt es den stärksten Widerstand). Bedenken und Einschränkungen machen die Verfassungsgeber allerdings bei den Sklaven und der Gleichheit der Schwarzen oder Mulatten geltend: Erst der jakobinische Konvent wird – kurzfristig – im emanzipatorischen Sinne entscheiden. Damit deutet sich an, dass die bürgerliche Revolution der Gleichheit auch Grenzen setzt. In politischer Hinsicht hat zwischen 1793 und dem Jahre II nur eine einzige Erprobung des allgemeinen Wahlrechts für männliche Erwachsene stattgefunden: 1791 und im Jahre III herrscht dagegen das Zensuswahlrecht, das aktive und passive Bürger aufgrund eines Zensus unterscheidet. Diese politische Beschränkung bedeuten in Wahrheit soziale Schranken, die die Grenzen der bürgerlichen Demokratie zu diesem Zeitpunkt markieren.[...]. Erst durch die Revolution ist die moderne französische Nation entstanden und herangereift. Sie ist der Prototyp und das begeisternde Vorbild aller großen nationalen Revolutionen des 19. Jahrhunderts.

Michel Vovelle: Die Französische Revolution. Soziale Bewegungen und Umbruch der Mentalitäten. Übers. v. Peter Schröttler, Frankfurt/M. 1985, S. 51–54. © Oldenbourg, München/Wien 1982.

D 2

Die Ideen von 1789

Heinrich August Winkler, dt. Historiker, schreibt in seinem Werk „Geschichte des Westens", 2009:

Die meisten Zeitgenossen im übrigen Europa, die den Aufbruch von 1789 begrüßt hatten, zogen spätestens aus der Erfahrung der Jahre 1793/94 die Folgerung, dass sich eine *solche* Revolution nicht wiederholen durfte. Die Entwicklung Frankreichs in den Jahren 1789 bis 1794 bestätigte die gemäßigten Beobachter in ihrer Überzeugung, dass mit Reformen von oben den Völkern besser gedient war als mit dem Versuch der Selbstbefreiung. Und quer durch Europa mehrten sich die Stimmen derer, die den tieferen Grund des Terrors in der geistigen Bewegung sahen, auf die sich die Revolutionäre aller Schattierungen berufen hatten und weiter beriefen: die Aufklärung.

Doch es war nicht *die* Aufklärung, sondern nur eine bestimmte Richtung derselben, die in einem ursächlichen Zusammenhang mit der Schreckensherrschaft stand. Bei Rousseau war vieles von dem gedanklich angelegt, was Robespierre in die Tat umzusetzen versuchte. Wenn sich das Gemeinwohl nicht aus dem Ausgleich auseinanderstrebender Interessen ergab, sondern aus der überlegenden Einsicht eines obersten Gesetzgebers, dann durfte dieser auch dem Volk vorschreiben, was es vernünftigerweise wollen musste. [...]

Die Französische Revolution hatte [...] ein Gefühl des Zusammenhalts hervorgebracht, von dem man vermuten durfte, dass es Nachahmer finden würde. Die Franzosen empfanden ihren Nationalismus als verträglich mit den Interessen der anderen europäischen Völker, ja sich selbst als Vorkämpfer der Befreiung des Menschengeschlechts. Folgerichtig konnte im Prinzip Franzose werden, wer sich glaubwürdig zu den Werten der Französischen Revolution bekannte. [...]

Das revolutionäre Frankreich wurde, indem es der Bindung an die Nation einen höheren Rang zusprach als anderen Bindungen, zur Pioniernation des modernen Nationalismus. Da die Aufklärung die Bindekraft der alten Autoritäten, der Kirche wie der Herrscher von Gottes Gnaden, in großen Teilen Europas erschüttert hatte, gab es auch andernorts ein Bedürfnis nach neuen Formen des Zusammenhalts. Die Frage war, ob sich der Nationalismus auch jenseits der französischen Grenzen mit dem Bekenntnis zu den Menschen- und Bürgerrechten verbinden oder auf rein nationale Werte wie die eigene Sprache und Kultur berufen würde. [...]

Heinrich August Winkler: Geschichte des Westens. C.H. Beck, München 2009, S. 364–366.

D 3

Napoleon – der Mythos des Retters

Der französische Historiker Jean Tulard geht in seiner Deutung Napoleons auf Interessen gesellschaftlicher Gruppen ein, 1979:

Das mittlere Bürgertum, der wohlhabende Bauernstand und einige kluge Geschäftsleute waren die großen Nutznießer der Französischen Revolution gewesen. Die einen wie die anderen hatten mit Hilfe des Geldes, das sie 1789 schon besaßen, Nationalgüter erworben und sich einen umfangreichen Grundbesitz zusammengekauft in einer Zeit, in der der Wert beweglicher Güter dahinschmolz, und sie hatten sich zum Schutzherren der Kleinbauern gemacht, indem sie ihnen Geld liehen. Der Zusammenschluss des Bürgertums und des Bauernstandes war die einzige Möglichkeit, die Revolution zu beenden, sei es in der Sammlung um einen Mann oder um ein Prinzip. Man fand den Mann: Bonaparte. Das Prinzip kannte man schon: das Eigentum. Napoleon mußte die erworbenen Vorteile bewahren, indem er eine Rückkehr in die Vergangenheit unmöglich machte und den weiteren Vormarsch dieser Revolution abbremste. Denn, das wurde oft hervorgehoben, diese hatte bewirkt, daß die Armen noch ärmer und die Reichen noch reicher wurden. Der Vierte Stand, das städtische und ländliche Proletariat, mußte einbezogen werden. Die „Enragés" hatten [...] gezeigt, daß dieses Proletariat bereit war, das für „heilig" erklärte Prinzip des Eigentums in Frage zu stellen.

Bonaparte gelangt die Ablenkung durch den Krieg, der außerhalb der natürlichen nationalen Grenzen stattfand, die Energien verzehrte und auf das Schlachtfeld ableitete; der so hervorgerufene Mangel an Arbeitskräften begünstigte das Ansteigen der Gehälter: [... Der] Teil des Volkes, der nicht die Schrecken von Eylau und das Unglück an der Beresina erlebte, hatte den Eindruck, in einem neuen goldenen Zeitalter zu leben.

Jean Tulard: Napoleon oder Mythos des Retters. Eine Biographie. 2. Aufl., übers. v. Caroline Vollmann, Wunderlich Verlag, Tübingen 1979, S. 515 f.

D 4

Am Anfang war Napoleon

Der deutsche Historiker Thomas Nipperdey erläutert die Bedeutung Napoleons für das 19. Jahrhundert, 1983:

Am Anfang war Napoleon. Die Geschichte der Deutschen, ihr Leben und ihre Erfahrungen in den ersten eineinhalb Jahrzehnten des 19. Jahrhunderts, in denen die ersten Grundlagen eines modernen Deutschlands gelegt worden sind, steht unter seinem überwältigenden Einfluß. [...] Selten haben alle Bereiche des Lebens so sehr im Zeichen der Machtpolitik und des Drucks von außen gestanden; auch die großen Reformen, die Staat und Gesellschaft umbildeten, sind, freiwillig oder unfreiwillig, davon geprägt worden. Gewiß, die Grundprinzipien der modernen Welt sind mit der Französischen Revolution ins Leben (und ins Bewußtsein der Zeitgenossen) getreten, sie hat in der Weltgeschichte Epoche gemacht. Aber für die Deutschen ist der Umsturz der alten Ordnung reale Erfahrung erst unter Napoleon und in der Form des Militärimperiums geworden. [...] Die fast tausendjährige Geschichte des Heiligen

Römischen Reiches deutscher Nation war zu Ende. Altmodisch, schwerfällig, ohne wirkliche Macht war es der Revolutionierung der europäischen Verhältnisse nicht gewachsen; der ungeheure Machtdruck der französischen Armeen der Revolution wie Napoleons, die Sprengkraft der inneren Gegensätze, des preußisch-österreichischen Dualismus wie des Souveränitätsstrebens der Territorialfürsten, die Überlebtheit der zersplitterten Herrschaftsorganisation von Reichskirche, Reichsadel und Reichsstädten – das vernichtete seine Existenz.

Thomas Nipperdey: Deutsche Geschichte 1800–1866, Bürgerwelt und starker Staat, C.H. Beck, München 1983, S. 11 f.

D 5

Wandel des Napoleonbildes in Deutschland

Der Historiker Hagen Schulze zur Entwicklung des deutschen Napoleonbilds von 1815 bis heute, 2001:

Gemessen an der Raserei der Freiheitskriege nimmt es fast Wunder, wie bald sich die Gefühle beruhigten und einer durchaus gemischten, nicht selten sogar positiven Wahrnehmung Napoleons Platz machten. Allerdings erweist sich die Widersprüchlichkeit der Erinnerungen an Napoleon als das einzig durchgehende Element. Gewiss, der Napoleon der preußischen Schulbücher wurde weiterhin in den schwärzesten Farben gemalt, und die kleindeutsch-preußische Geschichtsschreibung sah im gesamten 19. Jahrhundert den Korsen als „den welschen Bedrücker mit all seinen Schergen und Vasallen“ an, aber das hatte hauptsächlich den Anstrich des Offiziösen. […]

Namentlich im Rheinland, das links des Rheins dem Empire unmittelbar angehört hatte sowie in den napoleonischen Modellstaaten, vor allem im Großherzogtum Berg, haftete die Erinnerung an die napoleonische Herrschaft nicht nur an deren Schattenseiten; die Einführung der französischen Verfassung und des Code Civil, die Abschaffung der Frondienste, die gleiche Verteilung der Steuern, die Beseitigung der adligen Privilegien und die Öffentlichkeit der Gerichte – alles das wurde von nicht wenigen Rheinländern, mit den Worten des Düsseldorfer Physikprofessors Drewer, „als einiger Ersatz für die verlorene Nationalität angesehen“, und die französische Verwaltung wurde als durchaus erträglich empfunden – oft ziviler und rücksichtsvoller als die preußischen Beamten, die sich mit dem liberalen, bürgerlichen, katholischen Geist der Rheinländer schwertaten. […] Als eigentliche Träger der Napoleon-Verehrung treten die Vereine der Veteranen hervor, verbunden durch die gemeinsamen militärischen Erlebnisse, Siege und Niederlagen im französischen Heer und durch die völlig unbefragt fortdauernde Treue zum Kaiser, in dessen Zeichen sie gekämpft hatten. […]

Die Rheinkrise des Jahres 1840 war ein Einschnitt. […] Die Anstalten der [französischen] Regierung Thier, im Jahr 1840 nach dem Rheinland zu greifen, eigentlich nur eine Fußnote in der Geschichte der französisch-deutschen Beziehungen, rief unter den Rheinländern einen Sturm patriotischer Entrüstung hervor. […] Den politischen Napoleonslegenden war seitdem der Boden entzogen, auch wenn die volkstümlichen Erinnerungen an das Abenteuer Napoleon nur langsam verblassten. […]

Der deutsch-französische Krieg 1870/71 wirkte endgültig dahin,

Q 2

Proletarier aller Länder
Österreichische Maifestzeitung 1897. Nach Walter Crane, um 1890.

Louis Napoleon [Enkel Napoleons und als Napoleon III. franz. Kaiser von 1852–1870] in deutscher Betrachtung zum politischen Scharlatan herabzuwürdigen, ein Zerrbild, das bis heute nachwirkt. […] Dass der populäre westdeutsche Napoleonkult in diesem Meinungsklima, gemischt aus Spott und Hass, nicht Bestand haben konnte, liegt auf der Hand, zumal die Veteranen ausstarben und die Großen der Reichsgründerzeit, vor allem Bismarck und Wilhelm I., die Heldenrolle einnahmen, die zuvor der erste Napoleon besetzt hatte. […]

Mit Hitlers Machtergreifung war der starke Mann Wirklichkeit geworden; die „Korsomanie“, die bisher in Deutschland geherrscht hatte, kühlte sich ab. Es blieb einem seiner Vasallen, dem Leiter der NS-Parteikanzlei Philipp Bouhler, vorbehalten, den Gleichklang des Führers mit Napoleon in seiner ansonsten belanglosen Biografie des Korsen, die 1939 erschien, zu konstatieren. Der größte Wunsch des Kaisers sei es gewesen, den Ausgleich mit England zu finden, konnte man da lesen, und Krieg habe er nur geführt, weil die britische Einkreisungspolitik ihn dazu gezwungen habe. Der Russlandfeldzug von 1812 sei gescheitert, weil er mit den damaligen Mitteln noch nicht durchführbar gewesen sei, und jedermann las: Heute wäre ein Krieg gegen die Sowjetunion ohne Weiteres erfolgreich. Gewiss, Napoleon herrschte durch Gewalt, aber „in ihm war lebendig der Dämon der Geschichte. Er zwang ihn, Europa seine Stempel auf zu prägen […]“. Auch weiterhin bediente sich die NS-Propaganda gerne des napoleonischen Vorbilds, namentlich, wenn es um den Kampf gegen England, um die deutsche Herrschaft im „Großraum Europa“ oder um die deutsche Politik gegenüber dem besiegten Frankreich ging. Aber das hieß nicht, dass nicht auch ein napoleonisches Feindbild produziert werden konnte, wenn die Schwankungen der Politik dies erforderten […]. Aber jenseits der propagandistischen Tagesparolen ließ sich ein Bild nicht auslöschen: der Kaiser 1812 auf der Flucht aus Russland, Vorspiel seines Untergangs. Der Feind, den er am meisten fürchtete, bekannte Hitler einmal, sei nicht Stalin, sondern Napoleon – denn jeder seiner Generäle sei von der Erinnerung an Napoleons Untergang besessen, und er müsse sie von dieser Zwangsvorstellung befreien, indem er beweise, dass sich die Ereignisse von 1812 nicht wiederholen könnten.

Das deutsche Napoleonbild überstand den Zweiten Weltkrieg nicht unbeschädigt, die Parallele mit Hitler schien vielen allzu plausibel. War Napoleon nicht der Vorläufer aller modernen Diktatoren gewesen, hatte er nicht Europa unterworfen wie später Hitler, war nicht die bonapartistische Mischung von Gewaltherrschaft und Plebiszit kennzeichnend für die Despotien des 20. Jahrhunderts? […] Doch da war keine Gefahr – der Bedarf an großen Männern war in Deutschland für lange Zeit gedeckt. Für einen Napoleonkult gab es so wenig Bedürfnis wie für sein Gegenteil: Napoleon wanderte aus den deutschen Geschichtsbildern allmählich aus, wurde zum historischen Fall und damit hauptsächlich Gegenstand der Geschichtswissenschaft. Eine große Napoleonbiografie ist von deutschen Historikern nicht geschrieben worden; statt dessen hat eine ganze Phalanx von Universitätslehrern geduldig, quellenfest und von der Öffentlichkeit völlig unbemerkt das Bild des napoleonischen Deutschland und des Kaisers versachlicht und revidiert: Die Rheinbundstaaten […] wurden jetzt als eigenständige Erben sowohl der Französischen Revolution als auch eigener Traditionen entdeckt und den preußischen Reformen entgegengestellt. Bei der Beurteilung Napoleons werden heute in aller Regel die Wohltaten, die Deutschland Napoleon verdankt, stärker gewichtet als die Übel der napoleonischen Herrschaft.

Hagen Schulze: Napoleon. in: Deutsche Erinnerungsorte 2. Hrsg. v. Etienne François und Hagen Schulze. C.H. Beck, München 2001, S. 28–46.

Q 3

Frankreichs Schuld

Titelblatt einer Beilage der NS-Zeitschrift „Illustrierter Beobachter“, Ende 1939/Anfang 1940.

Q 4

Das Volk – Der Souverän

Plakat des Grafikers Frank Leuchte (1942–1992) – verwendet bei einer Demonstration am 4.11.1989 in Ost-Berlin. Der Künstler hat das Motiv ursprünglich zum 200. Jahrestag der Revolution entworfen.

Grafiken zu den Modulen

1600 | 1650 | 1700 | 1750

21.11.1620
Mayflower-Vertrag

1685
Code noir, Rechtsgrundlage für Sklaverei in den französischen Kolonien, bis 1848 in Kraft

1754–1763
French and Indian War in Nordamerika

1756–1763
Siebenjähriger Krieg in Europa

22.03.1765
Stamp Act (Stempelsteuer-Gesetz)

18.03.1766
Declaratory Act

05.03.1770
Massaker von Boston: amerikanische Zivilisten von britischen Truppen getötet

10.09.1774
Erster Kontinentalkongress: Delegierte der 13 Kolonien Nordamerikas

04.07.1776
Unabhängigkeitserklärung der USA

16.07.1787
Pariser Parlament (Gerichtshof) fordert die Einberufung der Generalstände

17.09.1787
Verfassung der Vereinigten Staaten von Amerika wird verabschiedet

September 1791
Erklärung der Rechte der Frau und Bürgerin von Olympe de Gouges veröffentlicht

05.12.1791
Eine „Bill of Rights“ ergänzt die Amerikanische Verfassung

21.01.1793
Hinrichtung König Ludwig XVI. von Frankreich

04.02.1794
Abschaffung der Sklaverei in den französischen Kolonien

28.07.1794
Hinrichtung Robespierres

06.08.1806
Heiliges Römisches Reich deutscher Nation wird aufgelöst

16.–19.10.1813
Völkerschlacht bei Leipzig

1800 — 1850

16.12.1773
„Boston Tea Party“. Aus Protest gegen die englische Zollpolitik werden 342 Kisten Tee im Hafen von Boston ins Wasser geworfen

1775–1783
Amerikanischer Unabhängigkeitskrieg zwischen den 13 Kolonien und der britischen Kolonialmacht

03.09.1783
Im „Frieden von Paris“ erkennt England die Unabhängigkeit der Vereinigten Staaten an

05.05.1789
Eröffnung der Generalstände in Versailles

20.06.1789
Ballhausschwur

14.07.1789
Sturm auf die Bastille

26.08.1789
Erklärung der Menschen- und Bürgerrechte in Frankreich

21.09.1792
Ausrufung der ersten französischen Republik

09.11.1799
Staatsstreich Napoleons

02.12.1804
Napoleon krönt sich selbst zum Kaiser

23.06.1812
Beginn des Russlandfeldzugs der französischen Armee mit Verbündeten

18.06.1815
Schlacht von Waterloo. Endgültige Niederlage Napoleons

A Voraussetzungen der US-amerikanischen Unabhängigkeitserklärung

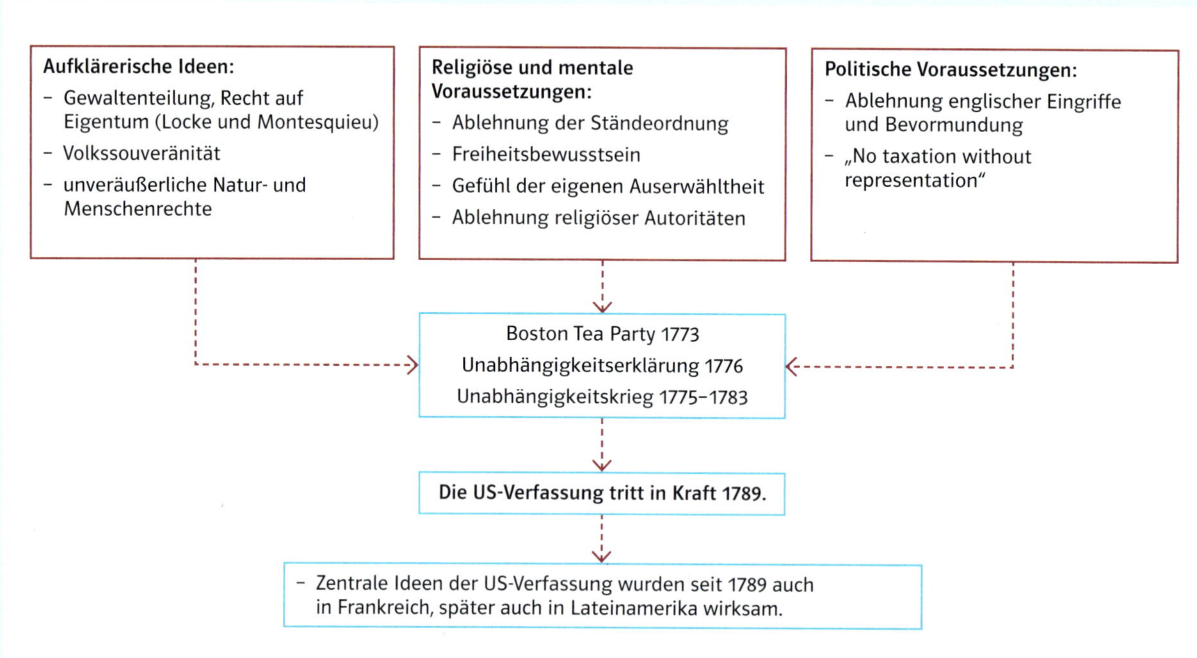

B Revolutionäre Ereignisse in Frankreich 1789 bis 1793

Datum	Bezeichnung	Was ist geschehen?	Was war revolutionär?
17. und 20.06.1789	Nationalversammlung und Ballhausschwur	Der dritte Stand erklärt sich zur Nationalversammlung. Die Abgeordneten schwören, Frankreich eine Verfassung zu geben.	Ausschluss von Adel und Klerus; Revolte gegen die Ständegesellschaft; Ablehnung des Absolutismus
14.07.1789	Sturm auf die Bastille	Bürger von Paris bewaffnen sich und erstürmen die Bastille, ein Gefängnis und Pulverlager.	Bewaffnung des Volkes; Zerstörung eines Symbols despotischer Herrschaft
26.08.1789	Erklärung der Menschen- und Bürgerrechte	Die Nationalversammlung beschließt die Menschen- und Bürgerrechtserklärung.	Von Natur gegebene Menschenrechte und Volkssouveränität = Bruch mit Ständegesellschaft, Absolutismus und Gottesgnadentum
03.09.1791	Verfassung	Einführung der konstitutionellen Monarchie mit Zensuswahlrecht	Auch der König untersteht einer Verfassung; Einführung der Gewaltenteilung
21.09.1792	Absetzung des Königs	Frankreich wird Republik.	Sturz der Monarchie; Einführung einer neuen Staatsform
17. und 21.01.1793	Verurteilung und Hinrichtung des Königs	Ludwig XVI. wird vom Konvent zum Tode verurteilt und hingerichtet.	Tötung des Herrschers; demonstrative Verletzung des bisher als heilig geltenden Monarchen

C Phasen der Französischen Revolution 1789–1804

Phase 1: Verwirklichung des Verfassungsstaates	– drohender Staatsbankrott/Hungerrevolten – Mai 1789 Einberufung der Generalstände in Versailles – 20. Juni 1789 Ballhausschwur – 14. Juli 1789 „Sturm auf die Bastille" – – – April 1790 Verstaatlichung der Kirchengüter – – – 26. August 1789 Erklärung der Menschen- und Bürgerrechte – –
Phase 2: Konstitutionelle Monarchie	– 3. September 1791 erste französische Verfassung
Phase 3: Phase der radikalen Demokratie/La Terreur	– 20. April 1792 Kriegserklärung an Österreich – – 10. August 1792 Sturm der Tuilerien – September 1792 Abschaffung der Monarchie durch Nationalversammlung/Proklamation der Republik – – 6. April 1793 Bildung des Wohlfahrtausschusses – – 17. September 1793 Gesetz gegen die Verdächtigen –
Phase 4: Zeit der Direktoriumsherrschaft	– 19. November 1794 Schließung des Jakobinerclubs –
Phase 5: Konsulatsregierung unter Napoléon Bonaparte	– 9./10. November 1799 Staatsstreich Napoléons – 15. Dezember 1799 Napoléon Bonaparte wird „Erster Konsul" – – – 2. Dezember 1804 Napoléon lässt sich zum „Kaiser der Franzosen" krönen

1 Vervollständigen Sie das Phasenmodell C (Leerzeilen) oder entwerfen Sie ein eigenes Phasenmodell.

Methodentraining: Politische Reden analysieren

Politische Reden bilden eine Textsorte, die sehr häufig im Geschichtsunterricht der Oberstufe vorkommt. Auch als Grundlage von Klausuren sind politische Reden sehr beliebt. Die im Geschichtsunterricht der Oberstufe am häufigsten vorkommende Form ist die Parlamentsrede, etwas seltener die öffentliche Rede eines Politikers oder einer Politikerin. Alle Reden verlangen einen besonderen methodischen Zugriff.

Politische Reden sind sehr stark auf ihre Adressaten bezogen. Die Redner wollen meist nicht ergebnisoffen informieren, sondern vielmehr überzeugen oder gar überreden. Oft beabsichtigt ein Redner oder eine Rednerin sogar hauptsächlich, die Zuhörer in eine besondere Stimmung zu versetzen und auf dieser Grundlage zu einer bestimmten Handlung zu bewegen, etwa einem bestimmten Abstimmungsverhalten im Parlament.

Der Redner wählt daher Informationen und Argumente für seine Rede unter dem Gesichtspunkt der Wirksamkeit aus. Das gilt auch für seine Stilmittel und für den Aufbau der Rede.

Neben den politischen Reden gibt es viele andere Arten von Reden, z. B. Festreden oder Reden vor Gericht. „Politisch" im weiteren Sinne ist eine Rede, wenn der Redner das Ziel hat, eine gemeinsame (= politische) Angelegenheit verbindlich zu regeln, z. B. durch ein Gesetz oder einen Beschluss. Im engeren Sinne geht es bei politischen Reden um staatliche Angelegenheiten.

Zu Beginn können Sie mithilfe der folgenden Arbeitsvorschläge die äußeren Besonderheiten der Quellenart „Rede" erarbeiten:

1. Überlegen Sie, in welchen Situationen oder zu welchen Anlässen Sie schon einmal Reden gehört haben. Erstellen Sie eine Liste. Was haben diese Situationen und Anlässe gemeinsam?
2. Tragen Sie in Kleingruppen zusammen, von welchen historischen politischen Reden Sie gehört haben. Sie können auch Ihr Schulgeschichtsbuch zur Hand nehmen und dort nach Beispielen suchen. Formulieren Sie thesenhaft, warum manche Reden wichtige historische Quellen geworden sind.
3. Überprüfren Sie – soweit möglich – am Beispiel einer vor der Erfindung der Tonaufzeichnung gehaltenen Rede deren Überlieferungsweg. Stellen Sie Vermutungen darüber an, inwieweit der Wortlaut der gehaltenen Rede mit dem Wortlaut der abgedruckten Rede (als schriftlicher Quelle) übereinstimmen kann.
4. Überprüfen Sie an einer von Ihnen ausgewählten „wirkmächtigen" Beispielrede, in welchem Verhältnis Redner und Zuhörerschaft standen, z. B. hinsichtlich ihrer Machtposition zueinander und ggf. zu weiteren Bevölkerungsgruppen. Stellen Sie dar, welchen Einfluss dieses Verhältnis auf Inhalt und Stil der Rede gehabt hat (aufrüttelnd, anklagend, rechtfertigend, drohend, flehend, einschüchternd, belehrend, beschwörend, beschwichtigend etc.).

Wir haben als Beispielquelle eine berühmte Rede aus der Zeit der Französischen Revolution ausgewählt. Wenn Sie das entsprechende Modul (noch) nicht bearbeitet haben, können Sie (aufbauend auf Ihren Vorkenntnissen aus der Sekundarstufe I) die Seiten 90/91 und 96/97 lesen, um die Rede einordnen zu können.

5 Analysieren Sie die Rede, indem Sie gemäß Tabelle 1, Arbeitsschritte 1–9 eine äußere Quellenanalyse durchführen, auf die besonderen Merkmale einer Rede achten und die Ergebnisse in einer sogenannten „quellenkritischen Einleitung" formulieren (also zukünftigen Lesern die Arbeit abnehmen, die Sie gerade geleistet haben).

6 Analysieren Sie die Rede in einem weiteren Schritt, indem Sie gemäß Tabelle 1, Arbeitsschritt 10 und 11 eine innere Quellenanalyse durchführen.

7 Analysieren Sie die Rede in einem dritten Schritt, indem Sie unter Bezugnahme auf die entsprechenden Passagen der Rede erläutern, auf welche historischen Ereignisse sich der Redner bezieht.

8 Untersuchen Sie die sprachliche Gestaltung (Wortwahl, Satzbau, rhetorische Mittel). Versuchen Sie, die rhetorischen Mittel zu den vermutlichen Intentionen Robespierres in Beziehung zu setzen.

9 Legen Sie den weiteren historischen Kontext der Rede dar. Fällen Sie dabei Sachurteile über Ursachen und Folgen der Rede und ihrer Inhalte, besonders z. B. zu der Frage, wodurch der Redner veranlasst wurde, genau dies und genauso zu reden, oder spezieller z. B. auch, warum und wozu er des Königs Kopf fordern zu müssen meinte.

10 Fällen Sie Werturteile über Robespierre und die Inhalte seiner Rede. Vorbereitend dazu können Sie zunächst die empirische Triftigkeit („Faktencheck") und logische Stimmigkeit der Aussagen der Rede überprüfen und eventuell anzweifeln. Danach können Sie die politische und ethische Position Robespierres unseren heutigen Wertvorstellungen von Menschen- und Bürgerrechten, Menschlichkeit oder Gerechtigkeit, auch hinsichtlich der Todesstrafe z. B. bei Hochverrat, vergleichen. Danach sind Sie in der Lage, eine eigene begründete Bewertung der Rede vorzunehmen.

Arbeitsschritte zur Quellenanalyse	
1. Wer? (Autor)	Was wissen wir über den Autor? Welches Amt, welchen Beruf, welche Fähigkeiten und Kenntnisse hat er, die im Kontext der Quellenanalyse relevant sein könnten?
2. Woher? (Überlieferungsweg)	Woher kommt die (uns vorliegende) schriftliche Textversion der Rede? Wie ist sie entstanden? Von der Hand des Redners, als Gedächtnisprotokoll eines Zuhörers, als Stenographie, als abgetippter Audio-Mitschnitt? Stimmt die schriftliche Version überhaupt mit der mündlichen überein oder wurde sie z. B. vom Autor überarbeitet? Wer hat sie veröffentlicht?
3. Für wen? (Adressat)	Wie viele Zuhörer gab es? Wer waren diese? War das Auditorium frei zugänglich oder handelte es sich um eine ausgewählte Zuhörerschaft? Verlief die Rede „interaktiv", gab es also Beifall, Zwischenrufe, „walk-outs" (Raum verlassen aus Protest), auf die der Redner während der Rede wiederum reagieren konnte? Welche soziale/politische und räumliche Position relativ zu dem Redner haben die Zuhörer? Baut der Redner zu den Zuhörern ein „Wir-Gefühl" (= „in-group") auf, um sich von anderen abzugrenzen (= „out-group")?
4. Wo? (Ort)	Stand man im Freien oder in einem Saal? (Vorsicht: Ausnahmen Radio-, Fernsehansprachen!) Konnte überhaupt jeder den Redner auch sehen bzw. akustisch verstehen? War das Auditorium frei zugänglich oder handelte es sich um einen geschlossenen Raum? In welcher Stadt, in welchem Land?
5. Was? (Quellenart)	Dokument (Überrest): Der Redner hegt in der Regel keine Überlieferungsabsicht gegenüber der Nachwelt – oder doch?

6. Was? (Textsorte)	Typische politische Reden sind etwa: Volksrede (vor einer Menschenmenge), Parlamentsrede, aber auch z. B. die Fernsehansprache. Andere Formen der Rede sind die Gedenkrede, Festrede, Lehrrede, Gerichtsrede, militärische Rede, z. B. des Feldherrn vor der Schlacht.
7. Was? (Thema)	In der Regel wählt der Redner das Thema dem Anlass und seiner Intention (überreden, überzeugen) entsprechend aus: Adressatenbezug und Intentionen bestimmen die Inhalte und thematische Ausrichtung viel weitgehender als in anderen schriftlichen Quellen.
8. Wann? (Anlass bzw. engerer situativer Kontext)	Warum wurde die Rede überhaupt „angesetzt"? Warum finden sich Redner und Zuhörer überhaupt gleich- und rechtzeitig ein? Was geschah zuvor, von dem Redner und Zuhörer gemeinsam (aber wir evtl. noch nicht) wissen? Was geschah anschließend (Wirkung der Rede auf Hörer, politisch-historische Folgen)?
9. Warum? (Intention)	Wozu will der Redner seine Hörer überreden, wovon will er sie überzeugen? Warum will er sie überhaupt überreden bzw. überzeugen? Was hätte er davon? Tipp: Begnügen Sie sich nicht damit festzustellen, der Redner wolle sein Ansehen verbessern oder seine Macht erhalten oder ausbauen, das ist zu allgemein.
10. Struktur	Reden sind meist sehr deutlich und klar gegliedert, Einleitung, Hauptteil und Schluss oft scharf unterscheidbar. Typisch sind auch Anreden zu Beginn (z. B. „Liebe Genossen!") und Appelle zum Schluss (z. B. Goebbels: „Nun, Volk, steh' auf – und Sturm, brich los!"). Gliedern Sie die Rede nach der Funktion ihrer Teile.
11. Inhalt	Welche (Haupt-)Argumente bringt der Redner vor? Gegen welche Positionen bezieht er implizit oder explizit Stellung?

Q 1

Maximilien de Robespierre: Rede im Konvent am 3. Dezember 1792

Der im September neu gewählte Nationalkonvent hatte sich im Hochverrats-Prozess gegen den (gerade abgesetzten) König Ludwig XVI., „den Bürger Louis Capet", zum Gerichtshof erklärt. Robespierre war Abgeordneter des Konvents.

Die Versammlung ist ohne ihr Wissen von der eigentlichen Frage weit abgewichen. Es gibt hier keinen Prozess zu führen. Ludwig ist kein Angeklagter. Ihr seid keine Richter. Ihr seid lediglich Vertreter des Staates und Repräsentanten der Nation und könnt auch nichts anderes sein. Ihr habt kein Urteil für oder gegen einen Menschen zu fällen, sondern eine Maßnahme im Interesse der Öffentlichkeit zu ergreifen und einen Akt auszuführen, der für das Schicksal der Nation bedeutungsvoll ist.

In einer Republik ist ein abgesetzter König nur für zwei Dinge zu verwenden: er kann entweder die Ruhe im Staatb stören und die Freiheit erschüttern oder beides zugleich festigen. [...]

Ludwig war König, nun aber ist die Republik gegründet; die berühmte Frage, die euch beschäftigt, ist allein durch diese Worte schon entschieden. Ludwig ist wegen seiner Verbrechen abgesetzt worden; er bezeichnete das französische Volk als Rebellen; er hat zur Bestrafung dieses Volkes seine Mittyrannen herbeigerufen; aber der Sieg und das französische Volk haben entschieden, daß er allein der Rebell war: Ludwig kann also nicht gerichtet werden; er ist bereits verurteilt; oder aber die Republik kann nicht freigesprochen werden. Wenn man jetzt vorschlägt, einen Prozeß gegem Ludwig XVI. zu beginnen, ganz gleich welcher Art er sein könnte, dann ist das ein Rückschritt zum königlichen [...] Despotismus; es handelt sich um eine konterrevolutionäre Idee , denn sie läuft darauf hinaus, der Revolution selbst einen Prozeß zu machen. Wenn Ludwig tatsächlich Gegenstand eines Prozesses sein kann, dann kann er auch freigesprochen werden; er kann unschuldig sein; was sage ich: er wird solange als unschuldig betrachtet, bis er abgeurteilt ist; aber wenn wenn Ludwig freigesprochen wird, wenn er für unschuldig gehalten werden kann, was wird dann aus der Revolution? Wenn Ludwig unschuldig wäre, so wären alle Verteidiger der Freiheit Verleumder, dann würden die Rebellen zu Freunden der Wahrheit und zu Verteidigern der unterdrückten Unschuld, und alle Manifeste der fremden Höfe wären nur gerechtfertigte Proteste gegen eine herrschende Partei. Sogar die Inhaftierung, die Ludwig bis zu diesem Augenblick erdultet hat, wäre eine ungerechte Qual; die Verbündeten, das Volk von Paris und alle Patrioten des französuischen

Reiches wären schuldig: dieser ganze große Prozeß, der vor dem Tribunal der Natur zwischen dem Verbrechen und der Tugend und zwischen der Freiheit und der Tyrannei geführt wird, wäre schließlich zugunsten des Verbrechens und der Tyrannei entschieden.

Bürger, nehmt euch in Acht, ihr lasst euch hier von falschen Vorstellungen täuschen. Ihr verwechselt die Regeln des zivilen und positiven Rechts mit den Grundsätzen der Menschenrechte; ihr verwechselt die Beziehung der Bürger untereinander mit dem Verhältnis einer Nation zu einem Feind, der gegen sie konspiriert. Ihr verwechselt auch die Situation eines Volkes, das sich in einer Revolution befindet, mit der Lage eines Volkes, dessen Regierung gefestigt ist. Ihr verwechseltb eine Nation, die unter Beibehaltung ihrer Regierungsform einen öffentlichen Beamten bestraft, mit einer Nation, die die Regierung selbst zerstört. [...]

Wenn eine Nation gezwungen gewesen ist, auf das Recht des Aufstandes zurückzugreifen, tritt sie dem Tyrannen gegenüber in den Naturzustand zurück. Wie könnte dieser Tyrann sich auf den Gesellschaftsvertrag berufen? Er hat ihn selbst gebrochen. Die Nation kann den Vertrag bestehen lassen, wenn sie es für angemessen hält und soweit er die Beziehungen der Bürger untereinander betrifft; aber die Tyrannei auf der einen Seite und der Volksaufstand auf der anderen bewirken, dass der Vertrag, soweit er den Tyrannen betrifft, eindeutig gebrochen wurde; beide Seiten treten wieder in einen Kriegszustand miteinander. Die Gerichte und die Gerichtsordnungen behalten ihre Zuständigkeit nur für die Mitglieder der Bürgerschaft. Welche Gesetze treten also an die Stelle der Verfassung? Die Gesetze der Natur, die auch die Grundlage der Gesellschaft bilden: Sie betreffen das Wohl und Wehe des Volkes. Das Recht, den Tyrannen zu bestrafen und ihn abzusetzen, leitet sich genauso aus ebendemselben Naturrecht her; das eine besagt nichts anderes als das andere. [...]

Man sagt, es handele sich um einen Fall von größter Bedeutung und ‚an müsse mit Weisheit und bedächtiger Umsicht urteilen. Aber ihr allein seid es, die einen großen Fall daraus machen. [...] Ihr macht einen großen Fall daraus, aber was findet ihr daran eigentlich so groß? Ist es die Schwierigkeit? Nein. Ist es die strittige Persönlichkeit? In den Augen der Freiheit ist Ludwig die schlechteste Person; in den Augen der Menschheit gibt es keinen Schuldigeren. [...] Ein großer Fall wäre dagegen der Plan einer Volksgesetzgebung; ein großer Fall wäre der eines vom Despotismus unterdrückten Unglücklichen. Was ist das Motiv dieser ewigen Verzögerungen, die ihr uns anempfehlt? Fürchtet ihr, die Meinung des Volkes zu verletzen? Als ob das Volk etwas anderes fürchtete als die Schwachheit und den Ehrgeiz seiner Beauftragten; als ob das Volk eine gemeine Herde von Sklaven wäre und einfältig an einem hinterhältigen Tyrannen noch hinge, nachdem es ihn längst verbannt hat. [...]

Ich meinerseits verabscheue die Todesstrafe, mit der ihr in euren Gesetzen so großzügig umgeh; und ich empfinde für Ludwig weder Liebe noch Hass; ich hasse nur seine Missetaten. Ich habe von der Versammlung, die ihr immer noch die konstituierende nennt, die Abschaffung der Todesstrafe gefordert, und es ist nicht mein Fehler, wenn diese Versammlung die simpelsten Grundsätze der Vernunft als moralische und politische Ketzerei erschienen sind. Aber ihr, die ihr niemals auf den Gedanken gekommen seid, die Abschaffung der Todesstrafe zugunnsten so vieler Unglücklicher zu fordern, deren Vergehen weniger ihre eigenen als die der Regierung sind, wie kommt ihr nun darauf, den größten aller Verbrecher zu verteidigen? Ihr verlangt eine Ausnahme von der Todesstrafe gerade für den einzigen, der sie rechtfertigen könnte. Ganz gewiß, die Todesstrafe ist im allgemeinen ein Verbrechen, und zwar aus dem einzigen Grunde, weil sie nach den unzerstörbaren Grundsätzen der Natur nur in dem Fall gerechtfertigt werden kann, wo sie für die Sicherheit der einzelnen Menschen oder der sozialen Körperschaft nötig ist. Die allgemeine Sicherheit fordert die Todesstrafe niemals für gewöhnliche Verbrechen, denn die kann die Gesellschaft jederzeit durch andere Mittel verhindern, da sie die Schuldigen unfähig machen kann, ihr weiterhin zu schaden. Aber hier geht es um einen entthronten König inmitten einer Revolution, die nichts weniger als durch gerechte Gesetze untermauert ist, um einen König, dessen Name allein schon die Geißel des Krieges auf die beunruhigte Nation heraufbeschwört; weder das Gefängnis noch das Exil kann seine Existenz für das allgemeine Wohl gleichgültig machen; aber diese grausame Ausnahme von den gewöhnlichen Gesetzen, die die Gerechtigkeit billigt, kann nur dem Wesen seiner Verbrechen zugeschrieben werden. Nur mit Bedauern kann ich diese verhängnisvolle Wahrheit aussprechen ... Aber Ludwig muß sterben, weil das Vaterland leben muß. [...]

Ich schlage hiermit vor, über das Schicksal Ludwigs sofort eine Entswcheidung zu treffen. [...] Ich fordere den Nationalkonvent auf, Ludwig augenblicklich zum Verräter an der französischen Nation und zum Verbrecher gegen die Menschheit zu erklären; ich fordere, dass man in dieser Hinsicht an ihm ein deutliches Exempel vor der Welt statuiert, und zwar genau auf dem Platz, wo am 10. August die edlen Märtyrer der Freiheit gestorben sind, damit dieses denkwürdige Ereignis durch ein Mahnmal geweiht wird, das dazu ausersehen sein soll, in den Herzen der Völker das Gefühl für ihr Recht und den Abscheu vor den Tyrannen zu nähren, in den Seelen der Tyrannen aber eine heilsame Furcht vor der Gerechtigkeit des Volkes zu wecken.

Maximilien de Robespierre: Ausgewählte Texte, übers. v. Manfred Unruh, Merlin Verlag, Hamburg 1971, S. 310–329.

Zu Aufgabe 5:

Eine hilfreiche Vorarbeit ist neben der Herausarbeitung der von Robespierre vertretenen These die unterscheidende Kennzeichnung der „Pro- und Contra-Textstellen".

angenommene gegnerische Position	Robespierres Position
Prozess führen	keinen Prozess führen
Ludwig = Angeklagter, Abgeordnete = Richter	Abgeordnete = Staatsmänner, Repräsentanten der Nation
Urteilsspruch	Maßnahme zugunsten des Gemeinwohls
feierliche, anspruchsvolle Debatte	„kurzen Prozess": Ludwig Rebell und Tyrann, oder Republik fraglich
für die Dauer eines Prozesses gilt Ludwig als unschuldig und das Urteil als offen	für diese Dauer wäre die Republik ein Verbrechen

Auch für die Pro- und Contra-Argumente zur Todesstrafe als Strafmaß kann eine solche tabellarische Argumenten-Sammlung hilfreich sein. Die inhaltliche Struktur ließe sich folgendermaßen darstellen:

Abschnitt	Inhalt	Funktion
Z. 32–54, 72	Robespierre warnt die Versammlung vor a) Fehlern, wie z. B. einen ordentlichen Gerichtsprozess gegen Ludwig führen zu wollen; b) Verwechslungen, wie z. B. der zwischen positivem und natürlichem Recht und c) entsprechenden Gefahren für die Republik, die sich bei einem Freispruch Ludwigs selbst ins Unrecht setzen würde	Darlegung der Ausgangslage
Z. 84–100	R. stellt drohende Irrtümer richtig: das Volk befinde sich gegen Ludwig im Natur- und Kriegszustand, seine Verurteilung brauche keine Bedenkzeit mehr	Widerlegung der Gegenposition, die für einen Prozess wäre
Z. 162–176	R. erörtert die Todesstrafe für Ludwig	Darlegung des gerechten Strafmaßes
Z. 191	R. zieht sein Fazit: Ludwig müsse sterben	Ziehen der Konsequenz
Z. 200–215	R.s Schlussappell: R. formuliert seine Forderung, was der Nationalkonvent nun genau beschließen solle, und benennt, was damit bezweckt werden soll: Mahnmal für „Märtyrer der Freiheit" (Z. 204) und Schrecken für die Tyrannen	pathetische Bekräftigung der Forderungen durch Berufung auf „große Werte" wie Freiheit und Gerechtigkeit

Zu Aufgabe 4:

Arbeitsschritt:	
1. Wer? (Autor)	Robespierre ist Anwalt, gebildet und rhetorisch geschult, stammt aber aus ärmlichen Verhältnissen. Er ist kritisch gegen Adelsprivilegien und das ancien regime eingestellt, er ist Abgeordneter im Konvent und führendes Mitglied des Jakobinerklubs.
2. Woher? (Überlieferungsweg)	Die vorliegende schriftliche Version stimmt wahrscheinlich mit der mündlich vorgetragenen überein, da Robespierre abzulesen pflegte. Das Manuskript hat also vermutlich den Wortlaut der Rede überliefert.
3. Für wen? (Adressat)	Es wird einige Hundert Zuhörer gegeben haben, wie für Parlamente üblich. Sicherlich gab es Interaktion zwischen Zuhörerschaft und Redner. Die Rede wird „von gleich zu gleich" gehalten, von einem Abgeordneten zu seinen Kollegen. Der Redner spricht seine Zuhörer in der zweiten Person („ihr") und als „Bürger" an. Die „out-group", von der Robespierre sich abgrenzt, sind der „Tyrann"und seine „Mittyrannen" (Z. 26, 212 f.).
4. Wo? (Ort)	Der Konvent versammelte sich in einem Saal in Paris, es ist aber nicht sicher, dass jeder den Redner auch gut sehen bzw. akustisch verstehen konnte.
5. Was? (Quellenart)	Dokument (Überrest): Der Redner hegt keine Überlieferungsabsicht gegenüber der Nachwelt.
6. Was? (Textsorte)	Rede, typische politische Rede: Parlamentsrede
7. Was? (Thema)	ob Ludwig ein Prozess zu machen ist und welches Strafurteil über ihn gefällt werden müsste.
8. Wann? (Anlass bzw. engerer situativer Kontext)	Der Fluchtversuch des Königs hat die 1791 beschlossene parlamentarische Monarchie unmöglich gemacht, weil Ludwig jeden Kredit verspielt hat. Der im Sept. 1792 neugewählte Konvent muss nun eine neue, republikanische Verfassung ausarbeiten und zunächst über das Schicksal des Königs befinden. Dies letztere ist das Sitzungsthema des Konvents am 3. Dez. 1792. Die Versammlung folgt nach sehr knapper Abstimmung Robespierre und lässt den König ohne längeren Aufschub am 21. Januar 1793 hinrichten.
9. Warum? (Intention)	Der Redner will den Konvent von der Notwendigkeit eines Todesurteils gegen Ludwig ohne ordentlichen Gerichtsprozess überzeugen. Er gibt vor, damit dem Volkswohl, der Revolution und der Republik dienen zu wollen.

Rhetorische Fragen
Z. 47f.: Was wird dann aus der Revolution?
Prämissen-Setzung
Z. 36f.: Ein rechtsgemäßer Prozess führe zurück zu „Verfassungswillkür" (In Wahrheit ist ein regelgerechter Gerichts- oder Hochverratsprozess das beste Mittel gegen Willkür)
Z. 3f.: „ Hier ist kein Prozess zu führen." (In Wahrheit ist die Frage des Rechts im Prozess zu entscheiden)

Zu Aufgabe 8:

Die Rede ist in den weiteren historischen Kontext des Revolutionsgeschehens in Frankreich seit dem Sommer 1789 einzuordnen. Mit dem Prozess gegen Ludwig gelang es Robespierre und seinen Anhängern erstmals, die weiteren revolutionären Entwicklungen in ihrem Sinne, nämlich dem radikalen, jakobinischen Sinne, entscheidend zu beeinflussen. Mit seiner Rede beschaffte Robespierre den Jakobinern eine, wenn auch knappe, Mehrheitsposition im Konvent gegen die konkurrierende Fraktion der gemäßigten Girondisten. Der Machtkampf gegen die „Gironde" war damit eröffnet, die Jakobiner waren fortan so gut aufgestellt, dass sie diesen Kampf gewannen und die Revolution im Bündnis mit den Sansculotten in die radikale Phase steuerten. Die folgende Terrorherrschaft und Diktatur Robespierres wurde dann durch die Verurteilung und Hinrichtung Robespierres am 27./28. Juli 1794 beendet. Auch Robespierre bekam dabei keinen ordentlichen Gerichtsprozess.

Zu Aufgabe 6:

Robespierre redet vor dem Nationalkonvent. Dies ist das dritte, aus der Revolution hervorgegangene Parlament, seit sich die Generalstände im Juni 1789 zur Nationalversammlung umfunktioniert hatten. Der Konvent sollte nach dem Scheitern der parlamentarisch-monarchischen Verfassung eine neue republikanische Verfassung ausarbeiten und in Kraft setzen. Außerdem musste er sich mit dem Schicksal des Königs Ludwig XVI. und des französischen Königtums generell befassen. Mit seiner Entgegensetzung von Gerichtsprozess einerseits und politischen Maßnahmen zugunsten des Gemeinwohls andererseits bezieht sich Robespierre auf die Tatsache, dass Frankreich sich seit der Ausrufung der Republik am 21.09.1792 in einem verfassungspolitischen Schwebezustand befand:

Eine republikanische Verfassung gab es noch nicht und die parlamentarisch-monarchische Verfassung konnte definitiv nicht weiter gelten. Mit den ausländischen Höfen sind in erster Linie Preußen und Österreich gemeint, die zu diesem Zeitpunkt militärisch gegen Frankreich vorgingen und das monarchische Herrschaftsprinzip verteidigten. Auch für diese wäre ein Freispruch Ludwigs eine Bestätigung und Rechtfertigung ihrer Politik, so stellt es Robespierre jedenfalls dar. Seit dem 10. August 1792 befand sich Ludwig in der Gewalt der Abgeordneten, was Robespierre meint, wenn er von der „Haft" des Königs spricht. Mit dem „Feind", der gegen die Nation konspiriere, bezieht sich Robespierre auf den König und dessen Auslandskorrespondenz, in welcher Ludwig auf seine Wiedereinsetzung hinarbeitete.

Zu Aufgabe 7:

in-group-Vokabular	out-group-Vokabular
	Z. 67 Tyrannei
	Z. 52 Rebellen
	Z. 198 Verräter
Z. 51 Verteidiger der Freiheit	
Z. 60 Volk von Paris	
Z. 65 Tugend	Tyrann (häufiger)
Z. 67 Volksaufstand	Verbrechen, Missetaten (häufiger)
Z. 130 unterdrückte Unglückliche	Stumpfsinn
100 000 tugendsame Bürger	(Einzel-)Person Ludwig
Z. 76 Nation	

Rationalisierung/Emotionalisierung
Rationalisierung Z. 144: „weder Liebe noch Hass"
Emotionalisierung Z. 212: Aufruf zu „Abscheu" und der Bereitung „heilsamer Furcht"

Berufung auf Allgemeingültiges/Universales
Z. 91 „Gesellschaftsvertrag"
Z. 106 „Gesetze der Natur"
Z. 111 „Naturrecht"

Benutzung von pauschalisierenden Schlagwörtern
z. B. immer wieder: „Tyrann", ohne den Begriff zu definieren oder z. B. zwischen ehemaliger Funktion (König) und individueller Schuld zu unterscheiden

Methodenhinweise im Überblick

Quellen

Textquellen

Textquellen sind eine Großgattung von Quellen. Es gibt eine Vielzahl unterschiedlicher Textquellenarten. Jede von ihnen legt über andere Dinge Zeugnis ab und muss unter diesem Gesichtspunkt betrachtet werden.

Zeitungen:
historische Momentaufnahmen eines ganzen Spektrums von Lebensbereichen (Politik bis Kleinanzeigen)

Zeitzeugenaussagen:
nachträglich „hergestellte" und zunächst mündliche Quelle aus subjektiver Erfahrungsperspektive, persönliche Erinnerungen oft mit späteren Kenntnissen und Erfahrungen gemischt und durch nachträgliche Änderungen und Rechtfertigungen beeinflusst

Analyseschritte

Beschreiben
→ Angaben zum Verfasser
→ Entstehung (Zeit, Ort, Zusammenhang)
→ Textsorte
→ Adressat(en)

Untersuchen
→ Thema
→ Aussage
→ Intention
→ sprachliche Gestaltung (Wortwahl, Satzbau, rhetorische Mittel)

Deuten und Bewerten
→ zentrale Information/Botschaft des Textes
→ Einordnen in den historischen Kontext
→ unter Beachtung von Perspektivität ein eigenes Sach- und Werturteil formulieren

Briefe:
subjektive Sicht auf Ereignisse und Personen, Gefühle und Befindlichkeiten des Verfassers

Flugblätter:
adressatenorientierte, komprimierte Darstellung von Überzeugungen und Zielen politischer oder konfessioneller Gruppierungen, Kritik an Gegnern

Gesichtspunkte für die Analyse (Beispiele)

Bildquellen

Bildquellen sind eine Großgattung von Quellen. Es gibt eine Vielzahl unterschiedlicher Bildquellenarten. Jede von ihnen legt über andere Dinge Zeugnis ab und muss unter diesem Gesichtspunkt betrachtet werden.

Fotos:
vordergründig rein technische Dokumentation historischer Realität, dennoch stark beeinflusst durch Darstellungsabsichten des Fotografen und ggf. Veröffentlichungskontext; private Fotografie als wichtige Quelle zur Alltagsgeschichte

Gemälde:
subjektive Sicht, künstlerische Freiheiten können stark verfremden, bei Historienmalereien erfährt man weniger über das dargestellte historische Faktum als über die Vorstellungen des Künstlers

Analyseschritte

Beschreiben

- → erster Eindruck
- → hervorstechende Elemente
- → bemerkenswerte Einzelheiten
- → Künstler/Urheber
- → Entstehung (Zeit, Ort, Zusammenhang)

Untersuchen

- → Thema
- → Bildgattung
- → dargestellte Personen, Ereignisse, Gegenstände
- → Bildaufbau
- → Perspektive
- → Figurendarstellung
- → Größenverhältnisse
- → Licht- und Farbwirkungen

Deuten und Bewerten

- → Gesamtaussage des Bildes
- → zeittypische Sichtweisen, Vorstellungen, Haltungen
- → eigenes Sach- und Werturteil

Plakate:
adressatenorientierte, komprimierte Darstellung von Überzeugungen und Zielen politischer oder konfessioneller Gruppierungen, Kritik an Gegnern, aber auch zeittypische Produktwerbung in bildlicher und grafischer Verdichtung

Karikaturen:
kritische und tendenziöse Urteile über Personen und Ereignisse der Zeit in Form von Verfremdungen und Anspielungen

Gesichtspunkte für die Analyse (Beispiele)

Darstellungen

Statistiken

Beschreiben	Untersuchen	Deuten und Bewerten
→ Thema → Zeitpunkt/Zeitraum → Größen/Einheiten → Art der Darstellung (absolute Zahlen, Prozentzahlen, Indexwerte)	→ Herkunft der Statistik → Besonderheiten und wichtige Veränderungen in den Zahlenangaben → ggf. Umrechnungen (Prozentzahlen, Indexwerte) → ggf. Übertragung in Diagramm-Darstellung	→ zentrale Aussagen über das Thema → Gründe für dargestellte Entwicklungen (historischer Kontext) → offene Fragen

Karten

Beschreiben	Untersuchen	Deuten und Bewerten
→ Thema → dargestellter Raum → Größen/Einheiten → dargestellte Zeit	→ Entnahme von Informationen im Hinblick auf Untersuchungsfrage → Berechnungen (z. B. Entfernungen, Flächen, Häufigkeiten)	→ Zusammenfassung zentraler Aussagen → Verknüpfung mit vorhandenen Kenntnissen → Probleme der Kartendarstellung

Sachtexte

Beschreiben	Untersuchen	Deuten und Bewerten
→ Verfasser → Thema → Aufbau	→ genaue Fragestellung → Argumentationsgang → Urteile → Belege und Begründungen → sprachliche Mittel	→ zentrale Aussagen → Plausibilität

Fernsehdokumentationen

Beschreiben	Untersuchen	Deuten und Bewerten
→ Thema/Fragestellung → Entstehung (Zeit, Ort, Zusammenhang)	→ verwendete Dokumente (Filmquellen, Bildquellen, Textquellen) → Zeitzeugenaussagen → Experten → Sprecherkommentar → nachgespielte Szenen → Ton/Musik	→ Deutung des historischen Geschehens → geschlossene Deutung oder Offenheit für weitere Deutungen

Spielfilme

Beschreiben	Untersuchen	Deuten und Bewerten
→ Thema → Entstehung (Zeit, Ort, Zusammenhang) → inhaltliche Akzentsetzungen → wichtige Personen → zentrale Szenen	→ Darstellung der Hauptpersonen → filmische Mittel (Kameraführung, Ton/Musik, Licht)	→ Deutung des historischen Geschehens → historische Genauigkeit → gegenwartsbezogene Botschaft

Internetseiten

Suchen	Überprüfen	Auswerten
→ geeignete Schlagwörter → geeignete Seite, geeignetes Portal	→ wichtige sachbezogene Informationen → Glaubwürdigkeit intern (Institution, Verfasser, Nachweise) → Glaubwürdigkeit extern (Vergleich unterschiedlicher Seiten, Vergleich mit anderen Informationsmedien)	→ Auswahl von Informationen → Einfügen in eigenes Konzept → Nachweis von zitierten oder paraphrasierten Passagen → Verwendung und Nachweis von Bildern oder anderen Visualisierungen

Ausstellungen

Beschreiben	Untersuchen	Deuten und Bewerten
→ Thema → Aufbau → wichtige Objekte	→ Auswahl von Objekten → Präsentation von Objekten → Erläuterung von Objekten → Verbindung von Themenbereichen („roter Faden“) → ergänzende Medien und Materialien	→ Anregungspotenzial → Lernpotenzial → Konzept insgesamt

Aufgaben verstehen – die Operatoren

(Übernahme aus dem Kerncurriculum für das Gymnasium – gymnasiale Oberstufe, die Gesamtschule – gymnasiale Oberstufe, das Berufliche Gymnasium, das Abendgymnasium, das Kolleg Geschichte Niedersachsen)

Anforderungsbereich I

Operator	Beschreibung der zu erwartenden Leistung
beschreiben	strukturiert und fachsprachlich angemessen Materialien vorstellen und/oder Sachverhalte darlegen
gliedern	einen Raum, eine Zeit oder einen Sachverhalt nach selbst gewählten oder vorgegebenen Kriterien systematisierend ordnen
wiedergeben	Kenntnisse (Sachverhalte, Fachbegriffe, Daten, Fakten, Modelle) und/oder (Teil-)Aussagen mit eigenen Worten sprachlich distanziert, strukturiert und damit unkommentiert darstellen
zusammenfassen	Sachverhalte auf wesentliche Aspekte reduzieren und sprachlich distanziert, strukturiert und unkommentiert wiedergeben

Anforderungsbereich II

Operator	Beschreibung der zu erwartenden Leistung
analysieren	Materialien, Sachverhalte oder Räume kriterienorientiert oder aspektgeleitet erschließen und strukturiert darstellen
charakterisieren	Sachverhalte in ihren Eigenarten beschreiben, typische Merkmale kennzeichnen und diese dann gegebenenfalls unter einem oder mehreren bestimmten Gesichtspunkten zusammenführen
einordnen	begründet eine Position/ein Material zuordnen oder einen Sachverhalt begründet in einen Zusammenhang stellen
erklären	Sachverhalte so darstellen – gegebenenfalls mit Theorien und Modellen –, dass Bedingungen, Ursachen, Gesetzmäßigkeiten und/oder Funktionszusammenhänge verständlich werden
erläutern	Sachverhalte in ihren komplexen Beziehungen an Beispielen und/oder Theorien verdeutlichen (auf Grundlage von Kenntnissen bzw. Materialanalyse)
herausarbeiten	Materialien auf bestimmte, explizit nicht unbedingt genannte Sachverhalte hin untersuchen und Zusammenhänge zwischen den Sachverhalten herstellen
in Beziehung setzen	Zusammenhänge zwischen Materialien, Sachverhalten aspektgeleitet und kriterienorientiert herstellen und erläutern
nachweisen	Materialien auf Bekanntes hin untersuchen und belegen
vergleichen	Gemeinsamkeiten, Ähnlichkeiten und Unterschiede von Sachverhalten kriterienorientiert darlegen

Anforderungsbereich I – III

Operator	Beschreibung der zu erwartenden Leistung
interpretieren	Sinnzusammenhänge aus Quellen erschließen und eine begründete Stellungnahme abgeben, die auf einer Analyse, Erläuterung und Bewertung beruht

Anforderungsbereich III

Operator	Beschreibung der zu erwartenden Leistung
beurteilen	den Stellenwert von Sachverhalten oder Prozessen in einem Zusammenhang überprüfen, um kriterienorientiert zu einem begründeten Sachurteil zu gelangen
entwickeln	zu einem Sachverhalt oder zu einer Problemstellung eine Einschätzung, ein konkretes Lösungsmodell, eine Gegenposition oder ein Lösungskonzept inhaltlich weiterführend und/oder zukunftsorientiert darlegen
erörtern	zu einer vorgegebenen Problemstellung eine reflektierte, abwägende Auseinandersetzung führen und zu einem begründeten Sach- und Werturteil kommen
Stellung nehmen	Beurteilung mit zusätzlicher Reflexion individueller, sachbezogener und/oder politischer Wertmaßstäbe, die Pluralität gewährleisten und zu einem begründeten Werturteil führen
überprüfen	Inhalte, Sachverhalte, Vermutungen oder Hypothesen auf der Grundlage eigener Kenntnisse und mithilfe zusätzlicher Materialien auf ihre sachliche Richtigkeit bzw. auf ihre innere Logik hin untersuchen

Operatoren zur Perspektivenübernahme

Operator	Beschreibung der zu erwartenden Leistung
Tagebucheintrag	Gegenüber der Situationsbeschreibung steht die Kommentierung aus ganz persönlicher Sicht im Vordergrund. Sie äußern sich über ein Geschehnis, das Sie erlebt haben, über die Begegnung mit einer Person, die Sie beeindruckt hat, oder über Ihre persönliche Lage und Befindlichkeit.
Brief	Sie berichten einem Ihnen zumeist bekannten, vielleicht vertrauten Adressaten über ein Ereignis, einen Sachverhalt oder eine fremde Position und nehmen dazu Stellung. Der Adressat muss sowohl Ihre Wiedergabe als auch Ihre Beurteilung ohne weitere Informationen nachvollziehen können. In einem öffentlichen Brief nehmen Sie zu einer aktuellen Frage pointiert Stellung. In einem Leserbrief formulieren Sie aus persönlicher Perspektive und auf der Basis eigener Erfahrung Ihre Meinung zu einem Thema, über das in der betreffenden Zeitung berichtet worden ist oder das in der öffentlichen Diskussion steht.
Leitartikel	Hierbei handelt es sich um Meinungsartikel: Sie beurteilen ein Ereignis, einen Sachverhalt oder eine fremde Position; dabei richten Sie sich an ein weites Publikum, das Sie zu überzeugen versuchen. Besonderes Augenmerk müssen Sie auf die Formulierung von Schlagzeile, Dachzeile (zweite Überschrift unter der Schlagzeile) und Vorspann (kurzer, fett gesetzter Einleitungstext, der das Wesentliche knapp zusammenfasst) richten; hier werden die Deutungsrichtung und Wirkungsabsicht des Textes signalisiert.
Rede	Sie formulieren ein bestimmtes – politisch, sozial, über das Geschlecht begründetes – Interesse einer Person. Die Argumentation ist stärker zielgerichtet als beim Zeitungsartikel, der Einsatz der (auf den mündlichen Vortrag ausgerichteten) Rhetorik ausgeprägter. Sie sollten die Rede auch halten.
Flugblatt	Sie verdichten eine Position, eine Meinung auf wenige, eingängige Schlagwörter. Ein Flugblatt zielt auf öffentliche Wirksamkeit ab. Dazu gehört auch eine funktionale Gestaltung.
Plakat	Wie ein Flugblatt, allerdings in einem größeren Format und in der Regel stärker bildorientiert. Es geht um die funktionale Verknüpfung von Text, Bild und Grafik, die der wirkungsvollen öffentlichen Vermittlung einer Botschaft dienen soll.
Interview	In Form des fingierten Interviews können historisch Handelnde, Beteiligte oder Augenzeugen in konzentrierter und leicht verständlicher Form Auskunft über ihre Beweggründe, Erlebnisse und Meinungen geben. Sie müssen dafür sowohl Fragen als auch Antworten entwerfen.
Reportage	Persönlich gefärbter Bericht, der auf eigenen Beobachtungen und Recherchen zu einem Thema beruht. Allgemeine Informationen werden mit konkreten Beispielen, Äußerungen von Handelnden oder Betroffenen und subjektiven Eindrücken verbunden. Dabei können Sie sehr gut auch Fotos einbeziehen.

Verzeichnis der Namen, Sachen und Begriffe

Verwendete Abkürzungen

A = Abbildung; amerik. = amerikanisch; brit. = britisch; dt. = deutsch; engl. = englisch; frz. = französisch; geb. = geboren; gegr. = gegründet; gen. = genannt; HRR = Heiliges Römisches Reich; kanad. = kanadisch; Mass. = Massachusetts; mexik. = mexikanisch; Nationalk. = Nationalkonvent; niederl. = niederländisch; nordamerik. = nordamerikanisch; preuß. = preußisch; Provinzialk. = Provinzialkongress; röm. = römisch; schott. = schottisch; schwed. = schwedisch; schweiz. = schweizerisch; Ü = Übersicht/Schaubild; unbek. = unbekannt; W. Politik = Wirtschaftspolitik

Hinweise

→ Verweis auf ein anderes Stichwort

Hinter den Personennamen sind die Lebensdaten gesetzt.